中国农村居民消费变化的因素分析及政策模拟

袁小慧◎著

中共中央党校出版社
国家行政管理出版社
NATIONAL ADMINISTRATION PRESS

图书在版编目（CIP）数据

中国农村居民消费变化的因素分析及政策模拟 / 袁小慧著 . --北京：国家行政管理出版社：中共中央党校出版社，2021. 12

ISBN 978-7-5150-2570-4

Ⅰ. ①中… Ⅱ. ①袁… Ⅲ. ①农村-居民消费-研究-中国 Ⅳ. ①F126. 1

中国版本图书馆 CIP 数据核字（2021）第 244511 号

中国农村居民消费变化的因素分析及政策模拟

责任编辑 刘海燕
责任印制 陈梦楠
责任校对 马 晶
出版发行 中共中央党校出版社
地　　址 北京市海淀区长春桥路 6 号
电　　话 （010）68922815（总编室）　（010）68922233（发行部）
传　　真 （010）68922814
经　　销 全国新华书店
印　　刷 北京盛通印刷股份有限公司
开　　本 710 毫米×1000 毫米　1/16
字　　数 228 千字
印　　张 16
版　　次 2021 年 12 月第 1 版　2021 年 12 月第 1 次印刷
定　　价 68. 00 元

微 信 ID：中共中央党校出版社　**邮　箱**：zydxcbs2018@163. com

序

党的十九届五中全会明确提出要加快构建以国内大循环为主体、国内国际双循环相互促进的新发展格局，充分发挥国内超大规模市场优势，坚持扩大内需这个战略基点。这既是我国在新发展阶段实现全面建设社会主义现代化国家奋斗目标的长远谋划，也是面对世界百年未有之大变局以及中华民族伟大复兴战略全局的“两个大局”下做出的必然选择。社会生产的最终目的是为了满足人民日益增长和变化的消费需求，消费问题关系到国民经济的宏观运行情况。然而，在中国经济迅速增长的同时，消费特别是农村居民消费表现却显得不尽如人意。

改革开放以来，中国经济取得的成就举世瞩目，但是，消费作为拉动经济增长的三驾马车之一表现得不尽如人意，经济增长过度依赖投资和出口，从而表现出最终消费率不仅持续下滑，从改革开放初期的61.4%逐步下降到2017年的53.6%，而且远远低于美国、英国、日本、德国、韩国等发达国家。究其原因，居民消费特别是农村居民消费不足是主要根源。尽管改革开放以来国家出台的一系列宏观经济政策，确实使农村居民消费水平和生活方式有了很大提高，但是，距离高质量发展的要求还有很大距离，特别是当前我国正处于从全面建成小康社会的第一个百年奋斗目标向实现社会主义现代化建设第二个百年奋斗目标转变的关键时期、重要阶段，农村居民消费不足问题依然是当前我国国内需求不足的重要方面，是制约经济社会高质量发展的短板，必须补齐。

鉴于此，本研究以“十三五”规划、“十四五”规划为基础，在考虑居民消费需求异质性的经济增长理论和消费经济理论框架下，分析改革开放以来我国农村居民消费变化特征，并综合基于计量模型的局部均衡分析方法和基于投入产出分析的一般均衡分析方法，对改革开放以来我国农村居民消费变化情况进行多维度、多视角的综合分析，挖掘制约农村居民消费的影响因素，并将局部均衡分析筛选出的主要影响因素在一般均衡分析框架下进行具体政策模拟和冲击分析，定量分析不同政策的影响效应，进而给出相应的对策建议，以促进农村消费总量提高和结构优化，进而推进我国经济持续稳定增长。主要研究结论如下：

第一，对经典消费理论和相关文献研究进行梳理，给出全文研究的理论基础和研究支撑，在此基础上，进一步对改革开放以来我国农村居民消费行为特征、消费变化趋势等归纳分析。研究发现，改革开放以来我国农村居民消费变化呈现出一定的阶段性、区域性、结构性特征。对我国农村居民消费变化的描述性统计分析表明，尽管农村居民消费的总体规模在不断扩大，消费结构不断升级，逐步呈现出从生存型消费为主向发展型和享受型消费并存的结构模式，但是，农村居民消费需求率、消费增长速度仍然偏低，城乡差距、区域差距等结构性问题仍然存在。因此，扩大农村居民消费成为促进形成强大国内消费市场的重要方向，在进一步激活中部、西部和东北地区农村居民消费潜力的同时，尤其要考虑到新生代农民在消费观念、消费行为、消费结构等方面与农村传统劳动力的区别，创造和满足这部分新生代农村居民消费需求。

第二，进一步挖掘造成农村居民消费不足、消费差异的主要影响因素。尽管根据文献回顾和分析研究，可以初步筛选出制约我国农村居民消费需求增长的影响因素，但对于相关因素的影响程度及其作用机制，还需要结合局部均衡分析和一般均衡分析两种方法进一步进行定量分析，研究其作用机理。目前，学者们常用计量经济模型对于居民消费影响因素进行定量分析，尽管方法简单灵活，但直接或隐含着“在其他条件不变的情况下”的假设条件，属于局部均衡分析，选取指标的差异往往导致所得结论不尽相同，甚至完全相反。因此，有必要放松“其他条件不变”的假设条件，进一步采用一般均衡分析方法进行影响因素分析。

第三，从局部均衡分析视角看，收入分配、政府支出、消费习惯以及城镇化、工业化水平等是影响农村居民消费变化的重要因素，但是，其影响效应存在地区差异。具体而言，农民增收对居民消费有显著的促进作用，但东部和西部地区农村居民消费主要受工资性收入水平影响更大，而中部和东北地区农村居民消费受经营性收入水平影响更大；工业化和城镇化进程对扩大农村居民消费需求有显著的积极影响，并呈现出东高西低的特征；农村居民消费受前期消费习惯影响较大，呈现出西高东低的特征；政府教育科学、医疗卫生和社会保障等民生性支出对农村居民消费影响存在类别差异和地区差异，从而表现出挤入效应和挤出效应并存。

第四，从一般均衡分析视角看，技术效应是推动农村居民消费水平提升和消费结构升级的主要因素，而消费规模效应却在一定程度上使得农村居民消费减少。相比之下，最终需求结构和总量效应对不同产业部门消费变化影响存在差异性，以电力、燃气、水的生产和供应业、金属产品制造业、交通运输及仓储、邮政业等为代表的基础设施和基础性产业，其农村居民消费受规模效应、技术效应、结构效应和总量效应等因素影响程度相对较大。同时，基于消费主导向投资和出口主导转变的这种最终需求结构变化，并没有对农村居民消费带来正向影响效应，反而在一定程度上抑制了农村居民消费。此外，研究进一步以农村居民农产品消费为例的分析表明，相对于屠宰及肉类蛋类加工业和其他食品加工制造业等加工农产品而言，农村居民对渔业和林业等初级农产品的消费受各因素影响程度更大。

第五，以计量经济模型筛选出来的主要影响因素为依据，以构建中国农村居民消费社会核算矩阵（SAM）模型为基础，在一般均衡分析框架下将乘数分析和结构性路径分析方法相结合，可以较好地对扩大农村居民消费政策的外生冲击进行情景模拟。乘数衡量的是一个部门受到外生影响而产生波动时对经济中其他部门影响的大小，结构性路径分析则进一步打开黑箱，揭示账户之间作用影响的传导路径，在分析政策冲击影响时将两种方法相结合，并将政策冲击后的情景与基准情景作比较静态分析，探讨相关政策变化带来的影响。

第六，对收入分配政策的影响效应分析表明，“重视弱者”的收入分配政策更有利于农村居民消费总体提升，特别是对农村居民的居住消费影响比较大，其次是文教娱乐和食品消费，其传导路径主要通过不同收入户农村居民账户和不同商品活动账户之间的交叉作用影响。所以，以食品、居住等必需品为主的生存性消费仍是农村居民的主要消费模式，但同时，文教娱乐、交通通信等发展型、享受型消费逐步成为农村居民消费热点。此外，从政策冲击的传导路径看，收入分配政策对农村居民的不同商品（服务）消费影响传导路径中，直接路径的传导效率相对较高。

第七，对政府财政价格补贴政策的影响效应分析表明，交通通信类消费品价格变动对居民影响较大，其次是食品和衣着，相比之下，文教娱乐和医疗保健影响较小。同时，从价格补贴政策对不同收入户农村居民影响看，不同收入群体对价格的敏感程度不同，农村居民收入水平越低，物价敏感程度越高，从而表现出价格补贴政策对这部分群体影响较大。从政策冲击的传导路径看，价格补贴政策最直接的主要影响是要素收入变化，进而表现为对不同收入户居民的消费成本变动影响，因此，价格补贴政策对农村居民的影响效应主要依赖于以要素账户为中介的传导路径。由于农村居民中低收入户更多的是以农业劳动力的形式参与到生产活动中，所以，相比之下，实施食品类价格补贴政策更有利于低收入户农村居民消费水平提高。

第八，对政府教育投资支出政策的影响效应分析表明，不同类型劳动力要素受影响情况存在差异。总体上来说，对技术工人的财政教育投资支出政策影响更为明显。进一步比较可以发现，对农业劳动力和生产工人的外生政策冲击影响使得居住类商品（服务）账户变化较大，而对技术工人的政策影响主要表现为文教娱乐账户变化。在政策冲击的传导路径看，与财政价格补贴政策相似，都依赖于以要素账户为中介的传导路径。具体而言，政府教育投资支出政策对收入水平中等及以上农村居民收入户消费影响更大，但政策影响的传导速度不够快。而低收入户和中低收入户农村居民尽管对政策冲击的敏感度更高，劳动力收入随着人力资本提升也相应增加，但整体水平仍然不高，使得政策冲击对消费变化的影响不够明显。因此，对于低收入户和中低收入户农村居民，除了教育投资政策之外，还必须依赖更多途径，从根本上提高收入水平，改善消费相对滞后的现象。

第九，结合前文分析以及发达国家的经验启示，提出构建扩大我国农村居民消费长效机制的对策性建议。一是拓宽农村居民收入来源方式，构建稳定的农村居民增收机制。促进农村劳动力转移就业，增加农村居民的工资性收入，提升农村生产经营环境和效率，增加农村居民的经营性收入，积极创造条件，增加农村居民的非劳动收入；二是深化供给侧结构性改革，提升农村居民消费供给质量。优化农村生产力布局，调整农业产业结构，强化科技引领，促进工业和服务业产业结构转型升级，加速提升产品结构和品质，满足农村居民日益变化的消费需求；三是加强农村基础设施建设，改善农村消费基础和消费环境。做好顶层设计，科学制定农村基础设施建设规划，协调投入主体之间的关系，完善农村基础设施建设的投融资机制，规范农村基础设施管理，完善运营配套制度；四是加快完善农村社会保障体系建设，促使公共资源更多惠及农村弱势群体。推进农村社会保障制度改革，加快城乡社保制度一体化进程，加大农村社会保障投入力度，强化财力保障，加强立法力度，推进农村社会保障法律体系建设，加大宣传力度，提高农村居民参保率；五是落实服务型政府，形成扩大消费需求的政府治理依据。坚持服务理念，强化创新社会管理中贯彻群众路线，服务到位，强化扩大农村居民消费环境建设。

目　录

第一章　绪　论

第一节　概念界定

一、农村居民

农村居民是相对于城镇居民而言的，二者共同构成了整个社会的劳动力主体。对于城镇居民和农村居民的界定，国家统计局制定的《中国统计年鉴》主要统计指标解释中有明确的定义。其中，农村居民指农村常住户，具体而言，就是“长期（一年以上）居住在乡镇（不包括城关镇）行政管理区域内的住户，以及长期居住在城关镇所辖行政村范围内的农村住户。同时，户口不在本地而在本地居住一年及以上的住户也包括在本地农村常住户范围内；有本地户口，但举家外出谋生一年以上的住户，无论是否保留承包耕地都不包括在本地农村住户范围内”。因此，根据国家统计局规定，持有农村户口而在城镇工作的农民工显然包括在农村居民范围，统计局公布的相关农村居民消费数据中包含了对农民工这类特殊群体的统计，只不过在统计时按照农村住户长期居住所在地进行归属。

二、居民消费

消费主要有政府消费和居民消费两种，居民消费又包括农村居民消费和城镇居民消费。根据国家统计局《中国统计年鉴》中主要统计指标解释，“居民消费支出指常住住户在一定时期内对于货物和服务的全部最终消费支出。居民消费支出除了直接以货币形式购买的货物和服务的消费支出外，还包括以其他方式获得的货物和服务的消费支出，即所谓的虚拟消费支出。居民虚拟消费支出包括如下几种类型：单位以实物报酬及实物转移的形式提供给劳动者的货物和服务；住户生产并由本住户消费了的货物和服务，其中的服务仅指住户的自有住房服务；金融机构提供的金融媒介服务”。现实生活中，居民以货币形式支出很大一部分体现在购房支出或新建住房，但是，按照国家统计局统计原则和规定，住房属于固定资产，其购买行为属于投资，而不属于消费，相应的货币支出属于固定资产投资，与住房有关的消费支出主要是由于住房带来的服务资金流，例如，房租、水、电、燃料、物业管理等方面的支出，也包括自有住房折算租金。这种将购房支出或新建住房统计在投资中是符合统计原则的，同时这也是国际上对住房统计的通行做法。

三、居民消费需求不足

居民消费需求足与不足是相对于其他需求而言的。根据 GDP 支出法核算法则，GDP 为国内需求（居民消费、政府消费、投资）和国外需求（净出口）之和，因此，居民消费需求足还是不足，一方面，反映了内需与外需的关系，另一方面，反映了国内需求结构上消费与投资的关系。对此，可以通过量化的方式加以显现，即通过居民消费占 GDP 比重（居民消费率）与投资、净出口指标占 GDP 比重加以比较。尽管如此，对于居民消费达到多少，居民消费结构达到怎么样的结构关系，没法给出具体的标准，但是，只要国家的统计体系没有发生本质性的变化，在具有相同统计口径的居民消费率、投资率和净出口率等时间序列数据就是可比的，通过比较居民消费率的前后变化，以及与投资率、净出口率之间的变化趋势比较，甚至于其他国家之间的比较（如下文中图 1—1、图 1—2 所示），可以得到中国居民消费率是否过低的基本认知和判断。显然，中国的农村居民消费率呈现出明显的下降趋势，农村居民消费需求不足是一个不争的事实。

第二节 研究背景、目的和意义

一、研究背景

当前我国正面临世界百年未有之大变局、中华民族伟大复兴的战略全局的变化，我国立足长远主动谋划，于2020年10月26日至29日召开的党的十九届五中全会中明确提出，构建以国内大循环为主体、国内国际双循环相互促进的新发展格局，坚持扩大内需这个战略基点。这既是我国在新发展阶段实现全面建设社会主义现代化国家奋斗目标的长远谋划，也是面临“两个大局”下做出的必然选择。内需是我国经济发展的基本动力，扩大内需是满足人民日益增长的美好生活需要的必然要求，必须充分挖掘国内市场潜力，全面促进消费、增强投资后劲，并为此提出了一系列政策和措施。

对照我国改革开放以来的发展历程，尽管总体经济取得的成就举世瞩目，但是，消费作为拉动经济增长的三驾马车之一表现得不尽如人意。改革开放以来，中国经济快速增长，国内生产总值从1978年的3679亿元增加到2011年的473104亿元，平均增长速度达到9.7%，上升为世界第二大经济大国。但是，受全球性金融危机影响，经济增长速度有所下滑，不过增长率仍保持在6.7%以上。截至2019年底，国内生产总值已达到990865亿元，按可比价格计算，比上年增长6.1%。尽管2020年面临着严峻复杂的国际形势以及新冠肺炎疫情的严重冲击，中国仍实现了2.3%的经济增速，成为唯一正增长主要经济体，并实现国内生产总值突破百万亿元。

消费问题关系到国民经济的宏观运行情况。然而，在经济迅速增长的同时，面临的突出问题仍很严峻：一方面，以居民收入和消费为标志的人民社会福祉的提升程度远低于经济增长提高幅度的现实，有悖于“满足人民日益增长的美好生活需要”的宗旨。钱纳里、赛尔昆（1988）的实证研究表明：当人均GDP为1000美元左右时，世界绝大多数国家居民的最终消费率均在70%以上，就连储蓄率很高的东亚国家也在65%以上①。相比之下，我国与该研究结论相距甚远，2019年我国人均GDP开始突破1万美元，但是，最终消费率只有55.4%左右，其中，居民消费率仅为38.8%，居民消费提升明显落后于经济增长；另一方面，全球化经济危机所带来的出口受阻以及投资过热所带来的产能过剩等问题，使我国清醒的认识到，必须提升和扩大居民消费，使之成为维持中国高速增长的重要引擎之一。尽管我国经济增长明显，但消费在拉动经济增长中的表现显得差强人意，经济增长过度依赖投资和出口，从而表现出最终消费率持续下滑，从改革开放初期的61.4%逐步下降到2019年的55.4%。同时，从国际比较看，我国的最终消费率也远低于很多发达国家，如图1—1所示，美国、英国、日本、德国、韩国这些发达国家家庭最终消费率始终保持在50%以上，且波动相对平缓，而中国家庭最终消费率不仅相对较低，而且呈现出明显的下降趋势，从改革开放初期的50%左右减少到2010年的35%，尽管随后居民消费率有所回升，但仍低于40%，相对发达国家仍然较低。

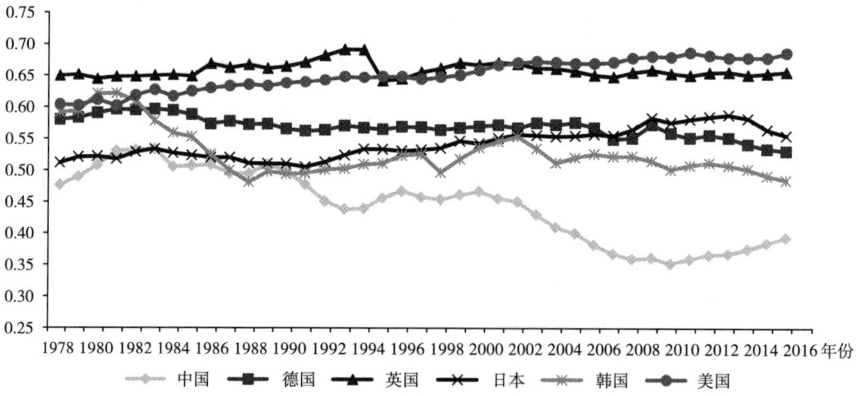

图1—1　改革开放以来中国与其他发达国家家庭居民消费率比较

数据来源：根据世界银行网站各国居民最终消费支出与GDP数据计算得出。

① 〔美〕霍利斯·钱纳里、〔以〕莫伊斯·赛尔昆：《发展的型式1950—1970》，经济科学出版社1988年版，第31页。

扩大居民消费长效机制是经济发展的必然结果，是经济发展进入新常态的必然要求。自从改革开放以来，投资、消费、出口三驾马车共同拉动中国经济迅速发展，然而，不可否认的是，这三驾马车并非齐头并进，特别是在加入WTO后经济高速增长仅十年中，我国最终消费对GDP增长的贡献率平均为34.7%，资本形成的贡献率为42.4%，出口的贡献率为22.9%，过度扩张而无效的投资导致产能过剩、物价上涨，过度依赖大量低附加值的产品出口导致国内资源浪费、环境污染，是诱发国内经济受2008年金融危机重创的重要原因。而从2009年至2019年，特别是党的十八大召开之后，消费对GDP增长的贡献呈上升趋势，这足以说明相对于投资和出口而言，消费才是促进经济可持续发展的最终动力，同时也说明扩大居民消费是由经济发展的规律所决定的，产生于经济系统内部，而不是人为因素所能干涉的。因此，构建扩大居民消费长效机制是我国经济发展的内在要求。

进一步研究可以发现，中国居民消费率偏低其根本在于农村居民消费不足。一方面，从消费支出水平看，到2019年底，占全国人口39.4%的农村居民，其消费支出却只占全国38.6万亿元消费支出总量的24.4%。同时，农村居民人均消费支出增长速度也明显下降，1980年农村居民人均消费支出增长率达到20.1%，到2019年增长速度降至9.9%，农村居民消费需求明显增长放缓。另一方面，从居民消费率的变化看，图1—2显示，1978年以来城镇居民消费率不断上升，从改革开放初期的18.3%逐步增长到2019年的30.5%，与此同时，农村居民消费率却呈现出相反的变动趋势。尽管20世纪80年代初期农村居民消费率要高于城镇居民，达到30%以上，但是，随着工业化、城市化建设的不断推进，经济增长中农村居民消费增长的贡献作用明显减弱，特别是20世纪90年代之后，农村居民消费率降幅明显，从“八五”“九五”期间的17%左右降至“十五”期间的12.8%、“十一五”期间的9.1%以及“十二五”期间的8.3%，其中，2010年农村居民消费率为1978年以来的最低水平，仅为8.2%。虽然“十三五”期间农村居民消费率快速下滑趋势有所缓解，但大多年份也都是在8.5%左右。所以，农村居民消费需求不足是新发展格局下扩大内需这个战略基点的主攻方向之一。

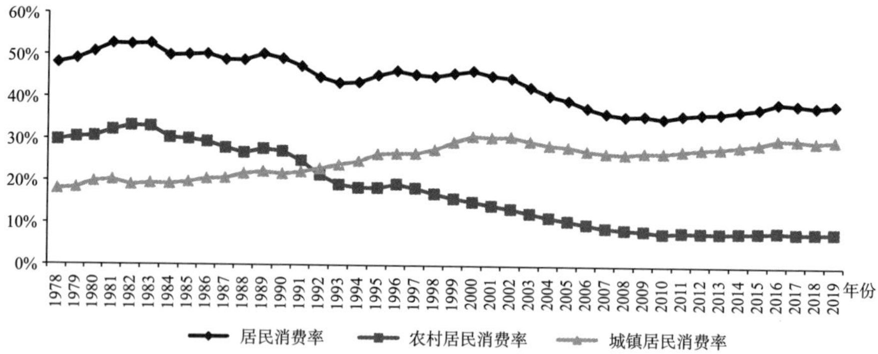

图1—2 改革开放以来中国居民消费率的变化趋势

数据来源：根据《中国统计年鉴》（2020）计算得出。

根据第七次全国人口普查数据，当前我国14亿多人口中仍然有近5.1亿人分布在广阔的农村，这一基本国情决定了农村消费需求与国民经济增长之间存在着内在的、强劲的互动关系。宁军（2010）研究显示："农村人口每增长1元消费支出，将对整个国民经济带来2元的消费需求；农村人口对任何家电产品的普及多增加一个百分点，就可增加238万台（件）消费需求。以调查结果为基础，以每户家庭四口人计算，假设平均每户家庭愿意增加2000元的消费支出，则每个人增长500元消费支出，全国5.6亿农村人口将增加2800亿元消费支出，通过产业关联的作用，对整个国民经济增长将产生巨大作用"。可见，这个庞大的消费群体，存在着巨大的消费潜力，农村市场如果得到充分开发，将对我国扩大内需战略产生决定性影响。

中国整体居民消费率偏低，特别是农村居民消费需求增长缓慢，究其原因，这不仅是城镇化进程中农村居民逐渐向城镇转移的结果，而且还受到其他相互作用关系的影响。一方面是收入变化带来的影响，国民收入初次分配和再分配均呈现出向政府倾斜趋势。根据中国国民收入核算的资金流量表（实物交易）分别计算出收入初次分配和收入再分配环节中企业、政府和居民收入分配构成情况。表1—1显示，尽管居民获得国民收入占比一直最高，但从动态变化趋势看，1995年开始，收入初次分配中政府收入占比逐步上升，特别是到2012年增加到15.5%，相对于1995年上升了2.2个百分点。相比之下，居民在收入初次分配中获得的收入占比却呈现出较为明显的下降趋势，特别是2000年后企业收入在国民收入初次分配中比重的上升加剧了居民收入占比的下降趋势。而在收入再分配环节，政府收入增加得更快，2016年政府收入在收入再分配中比重达到20%。因此，不管是收入初次分配还是再分配环节，都呈现出不断向政府收入倾斜的趋势，同时，企业收入份额也在不断扩大，从而挤压了居民收入份额的增加。

表1—1　1992—2018年国民收入初次分配和再分配构成

年份（年）	收入初次分配			收入再分配		
	企业收入（%）	政府收入（%）	居民收入（%）	企业收入（%）	政府收入（%）	居民收入（%）
1992	18	15.9	66.1	13.4	17.9	68.7
1993	22	15.6	62.4	18.1	17.2	64.7
1994	21.8	13.3	64.9	18.6	14.5	66.9
1995	23.2	12.4	64.4	19.7	14.1	66.2
1996	20	12.8	67.2	16.4	14.6	69
1997	21.8	12.5	65.7	17.7	14.3	68
1998	20.5	12.9	66.6	17.5	14.2	68.3
1999	20.7	13.1	66.2	19.2	14.1	66.7
2000	21.2	13.1	65.7	19.4	14.5	66.1
2001	23.1	12.7	64.2	20.6	15	64.4
2002	23.4	14	62.6	21.1	16.3	62.6
2003	24.2	13.7	62.1	21.9	16.1	62
2004	26.9	13.9	59.2	24.3	16.6	59.1

续 表

年份（年）	收入初次分配			收入再分配		
	企业收入（%）	政府收入（%）	居民收入（%）	企业收入（%）	政府收入（%）	居民收入（%）
2005	26.6	14.1	59.3	23.7	17.4	58.9
2006	26.9	14.3	58.8	23.7	17.9	58.4
2007	27.5	14.6	57.9	23.9	18.8	57.3
2008	28.3	14.1	57.6	24.5	18.3	57.2
2009	27.3	13.9	58.8	23.8	17.5	58.7
2010	26.9	14.6	58.5	23.6	18	58.4
2011	25.8	15	59.2	21.9	18.8	59.3
2012	24.7	15.5	59.8	20.6	19.2	60.2
2013	24.1	15.2	60.7	19.8	18.9	61.3
2014	24.7	15.2	60.1	20.5	18.9	60.6
2015	24.2	14.9	60.9	19.8	18.5	61.6
2016	24.3	14.5	61.3	17.9	20.0	62.1
2017	25.7	13.4	60.9	20.7	19.6	58.9
2018	26.0	12.8	61.2	20.8	18.7	59.4

数据来源：根据《中国统计年鉴》计算得出。

另一方面是高储蓄、高投资带来的影响。如图 1—3 所示，农村居民储蓄率的增长速度明显快于收入增长率和消费增长率。尽管收入水平在不断提升，但农村居民面临的养老、医疗卫生支出却在不断增加，图 1—4 表明，农村居民人均卫生费用增长率大部分年份均超过可支配收入增长率，因此，为应对越来越高昂的医疗卫生成本，应对未来看病、养老等不确定性风险，农村居民不得不将更多的收入储蓄起来。

而储蓄又转化为投资，所以，可以进一步对不同行业的投资资金流向进行比较，结果发现，制造业和房地产业成为全社会固定资产投资的重心，投资占比分别达到 30%和 25%左右，而与农村居民养老、教育、医疗卫生等密切相关的公共服务投资明显较低，投资仅占 1%左右。因此，面对持续下降的农村居民消费倾向和消费支出占比，如何扩大农村居民消费需求是关键。

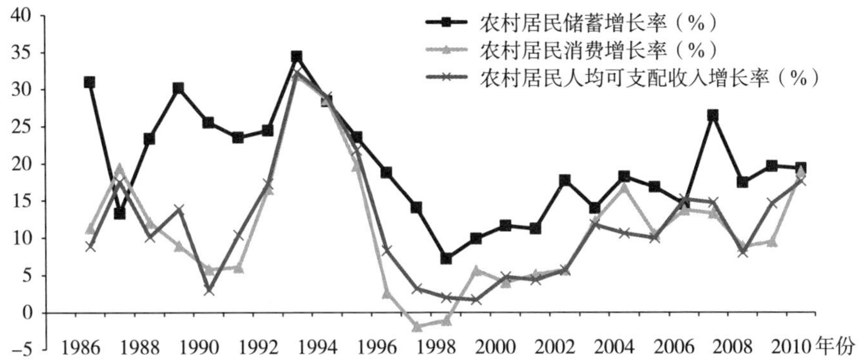

图 1—3 1987—2011 年农村居民储蓄、消费以及收入增长率

数据来源：根据《中国统计年鉴》计算得出。

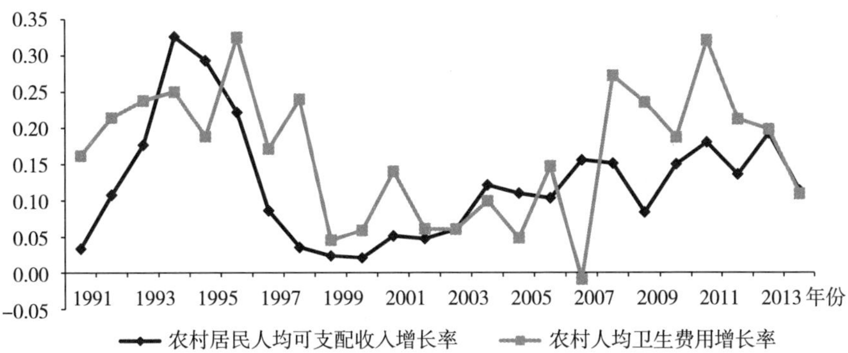

图 1—4 1991—2014 年农村居民人均卫生费用增长率与人均可支配收入增长率

数据来源：根据《中国统计年鉴》计算得出。

当然，多年来国家也陆续出台了一系列扩大内需的政策，特别是 1998 年全球金融危机后，但是，吴敬琏（2010）、范剑平（2010）指出，由于长期以来形成的各种抑制消费增长的体制机制性因素的存在，以及各种障碍性因素盘根错节，现实中扩大内需效果并不理想。尽管如此，2007 年全球金融危机和全面建设小康社会的背景促使我国必须将扩大消费需求放在重中之重的地位。面临全球性的经济危机，我国进一步出台了一系列促进经济增长的措施，例如 4 万亿元投资，尽管固定资产投资的增长对刺激经济能起到立竿见影的作用，但是固定资产的迅猛增长，也会增加经济运行的潜在风险。从长远来看，扩大国内消费才是保持经济平稳较快发展的有力保障。党的十七大明确指出："要加快转变经济增长方式，坚持扩大国内需求特别是消费需求的方针，促进经济增长由主要依靠投资、出口拉动向依靠消费、投资、出口协调拉动转变"，党的十八大进一步强调"要牢牢把握扩大内需这一战略基点，加快建立扩大消费需求长效机制，释放居民消费潜力"。《中华人民共和国国民经济和社会发展第十二个五年规划纲要》（简称"十二五"规划）也是首次把消费放在投资之前，把扩大消费需求作为战略重点，并在《中华人民共和国国民经济和社会发展第十三个五年规划纲要》（简称"十三五"规划）中引导消费朝着智能、绿色、健康、安全方向转变，以扩大服务消费为重点带动消费结构升级。2017 年 10 月 18 日党的十九大召开，进一步强调消费对经济增长的重要性，并提出"完善促进消费的体制机制，增强消费对经济发展的基础性作用"的明确要求，同时强调要坚持在经济增长的同时实现居民收入同步增长、在劳动生产率提高的同时实现劳动报酬同步提高。2018 年 9 月 20 日，中共中央、国务院正式出台了《关于完善促进消费体制机制进一步激发居民消费潜力的若干意见》，指出："当前居民消费呈现出需求持续扩大、结构加快升级、消费率稳步回升、消费对经济发展基础性作用进一步增强的特征。加快完善促进消费体制机制，对深化供给侧结构性改革、建设现代化经济体系、推动高质量发展、更好满足人民日益增长的美好生活需要都具有重要意义"。随后，2018 年 12 月 19 日召开的中央经济工作会议进一步明确指出，"我国市场规模位居世界前列，今后潜力更大"，并将"促进形成强大国内市场"作为 2019 年我国重要工作任务之一。

当前我国正面临世界百年未有之大变局、中华民族伟大复兴的战略全局的变化，党的十九届五中全会提出，"坚持扩大内需这个战略基点，进一步挖掘和充分发挥我国超大规模市场优势潜力，形成和完善国内大循环这个主体"。其中，形成强大消费市场为支撑的国内市场，则是构建以国内大循环为主体、国内国际双循环相互促进的新发展格局的重要保障。显然，我国居民消费特别是农村居民消费距离新发展格局下高质量发展要求还有很大距离。因此，培育国内市场，特别是农村居民消费市场，挖掘内需潜力，成为多个宏观经济部门工作的重中之重。

当然，中央对农民问题一直很重视，自 2004 年起中央一号文件连续 17 年以农业、农村、农民（简称“三农”）为主题，凸显出“三农”问题在中国重中之重的地位。党的十七届三中全会关于推进农村改革发展若干重大问题的决定中更具体提出，“没有农业现代化就没有国家现代化，没有农村繁荣稳定就没有全国繁荣稳定，没有农民全面小康就没有全国人民全面小康，把农村建设成为广大农民的美好家园，必须切实改善农民生产生活条件，保证农民安居乐业，为实现国家长治久安打下坚实基础”。党的十八届三中全会针对农村居民提出“让广大农民平等参与现代化进程，共同分享现代化成果，要加快构建新型农业经营体系，赋予农民更多财产权利”，着重改善居民消费能力和环境。而党的十九大首次提出“实施乡村振兴战略”，深化农村土地制度、集体产权制度改革，构建现代农业产业体系，保障农民财产权益，拓宽增收渠道。随后，2018 年中央一号文件、2019 年中央一号文件聚焦实施乡村振兴战略做出具体部署。面对新时代我国社会主要矛盾的转变，实施乡村振兴战略，是解决人民日益增长的美好生活需要和不平衡不充分的发展之间矛盾的必然要求，是实现“两个一百年”奋斗目标的必然要求，是实现全体人民共同富裕的必然要求。2020 年是全面建成小康社会的目标之年，也是全面打赢脱贫攻坚的收官之年，中央一号文件再次聚焦“三农”领域重点工作，并做出重要部署。为了巩固拓展脱贫攻坚成果，2021 年中央一号文件进一步提出全面推进乡村振兴加快农业农村现代化的发展要求。

除此之外，为了扩大农村市场、刺激农村居民消费，国家还有针对性地出台了一系列惠农政策。改革开放以来，国家一直重视农业农村发展，不仅在生产环节加大农业基础设施投入，促进生产能力提升，而且在流通环节通过粮食补贴等形式给予政策支持，特别是2004年粮食直补制度全面推广以及2006年全面取消农业税之后，对促进农业生产和农民增收等意义重大，影响深远。自2016年起，农业部进一步将粮食补贴、良种补贴以及农资补贴等农业补贴合并为农业支持保护补贴，并将补贴金额于每年的6月30日前直接存入农民的一卡通里面。同时，随着国家大力推动农业机械化和现代化，提高种植效率和产量，对农机购置补贴力度不断加大。除此之外，1986年国家出台的《中华人民共和国义务教育法》以及2006年进一步修订的《中华人民共和国义务教育法》，有效地保障了农村居民的基础教育消费需求。为了进一步促进农村居民家电消费，从2007年12月开始，分别选择山东、河南、四川3省作为财政补贴家电下乡产品试点地区，对试点地区农村居民购买的彩电、电冰箱（含冰柜）和手机三大类消费品，给予销售价格13%的财政补贴，2008年，财政部、商务部、工业和信息化部印发了《关于全国推广家电下乡工作的通知》，家电下乡政策得到全面推广，既拉动了农村居民对耐用消费品的消费，又促进了居民生活质量提升。2008年3月，国务院出台了《汽车摩托车下乡实施方案》，明确指出："2009年3月1日至12月31日，农民报废三轮汽车或低速货车并换购轻型载货车，以及购买微型客车的，按换购轻型载货车或微型客车销售价格的10%给予补贴，单价5万元以上的，每辆定额补贴5000元。同时，对报废三轮汽车每辆定额补贴2000元，报废低速货车每辆定额补贴3000元"。特别是，伴随着党的十九大首次提出的"实施乡村振兴战略"，国家陆续出台了一系列改善农村生产生活的惠农政策，例如，2017年底，财政部发布了《2018年中央财政农村危房改造补助预算指标的通知》，国家出资对农村的低保户、五保户、建档立卡的特困户、残疾人贫困家庭等农户的危房改造提供补贴。2018年8月，国家人社部、财政部联合出台了《关于进一步加大就业扶贫政策支持力度，着力提高劳务组织化程度的通知》，将返乡创业的补贴政策落到实处，让更多有想法的农民回乡创业，带动农村市场发展。

养老难、看病难一直是困扰农村居民的主要问题，因此，构建和完善农村社会保障体系是长久以来的重中之重，但是，中国的城乡二元结构使得农村社会保障制度建设明显滞后于城市。改革开放初期，土地保障和家庭保障成为农村居民家庭的主要依赖，直到 20 世纪 80 年代末，农村社会养老保障制度才开始萌芽，1992 年正式初步建立社会保障体系改革制度，1993 年《中共中央关于建立社会主义市场经济体制若干问题的决定》中明确提出："到 2020 年覆盖城乡居民的社会保障体系基本建立，对于有条件的地方，根据农民资源，可以实行个人储蓄积累养老保险发展和完善农村合作医疗制度"。随后，国家出台了一系列加强农村社会保障制度建设的政策，2003 年出台了《关于建立新型农村合作医疗制度的意见》，2007 年出台了《关于在全国建立农村最低生活保障制度的通知》，2009 年颁布了《国务院关于开展新型农村社会养老保险试点的指导意见》，2016 年发布了《关于做好农村最低生活保障制度与扶贫开发政策有效衔接的指导意见》，这些都标志着农村社会保障体系建设进入全新的发展阶段。同时，随着经济社会的发展，相应的农村社会保障基本标准多次调整，以适应不断变化的农村居民消费需求。2019 年国务院发布《关于推进养老服务发展的意见》，积极推进农村养老服务体系建设，进一步加大农村养老服务设施供给，启动实施农村特困供养服务设施（敬老院）改造提升工程，提升服务水平，加大对农村养老服务的支持力度，推动农村"医养结合"工作，让农村老年人享受越来越优质的养老服务。

总的来说，改革开放以来国家出台的一系列宏观经济政策，确实使得农村居民消费水平和生活方式有了很大提高，但是，距离高质量发展的要求还有很大距离，特别是当前我国正处于从第一个百年奋斗目标全面建成小康社会向第二个百年奋斗目标实现社会主义现代化建设进军的转型时期、关键阶段，农村居民消费不足问题依然是当前我国国内需求不足最根本、最深层的原因，是制约我国经济社会高质量发展的短板，必须补齐。这些既是国内外学者集中关注的研究领域，也是我国实现社会主义现代化建设目标中政府层面迫切需要解决的一个实际问题。

二、研究目的

我国长期以来形成的城乡二元经济结构下，农村市场发展滞后，农村消费需求相对于城镇居民依然不足。面对新发展格局下加快培育完整内需体系的发展要求，农村市场蕴含着巨大的消费潜力与市场开发扩张的空间。因此，扩大内需的战略基点应着重发力于刺激农村消费需求、扩大农村消费市场，实现农村经济快速增长。鉴于此，有必要对我国农村居民消费情况加以分析。针对中国农村居民消费不足的事实，研究在对改革开放以来中国农村居民消费变化的特征描述基础上，实证分析到底是哪些影响因素制约了中国农村居民消费？面对政府已经出台的一系列例如价格补贴政策、农村最低生活保障制度、教育、医疗、养老等公共性支出政策的实施，对于扩大农村居民消费效果到底如何？同时，对于具体的政策效应又是通过怎样的传导机制来影响农村居民消费的，不同路径的传导效用又怎么样？在此基础上进一步提出相应的对策性建议，不仅为扩大农村居民消费需求提供理论基础和实证依据，同时为已有消费政策的调整和有效实施提供决策依据。

三、研究意义

（一）理论意义

第一，基于我国农村居民消费需求不足的现实，研究在考虑城乡、地区以及不同收入分组居民消费需求异质性的基础上，将消费理论、需求理论、市场需求因素理论相融合，从宏观上揭示农村居民消费水平、消费结构、消费模式等方面特征，探讨影响农村居民消费需求的因素并进行政策分析，进一步丰富了消费经济学的研究内容，同时也是对“三农”理论的充实和完善；第二，基于影响因素分析方法的多样性，研究采用系统广义矩阵方法对动态面板模型进行估计，从不同来源收入构成、政府不同类型的民生性支出、工业化、城市化以及不确定性风险等方面，在局部均衡分析方法的基础上寻求相关经济变量与农村居民消费之间的影响关系，为研究提供理论支撑和实证支持。但是，考虑到局部均衡分析方法中假定其他市场条件不变的局限性，所以，研究进一步在投入产出分析、社会核算矩阵（Social Accounting Matrix，SAM）等一般均衡分析框架下，从结构、规模、技术等多方面综合考虑影响因素，并对局部均衡分析下筛选出来的重要影响因素通过 SAM 模型进行政策模拟。研究将局部均衡分析与一般均衡分析相结合，进一步拓展了消费经济学的研究方法；第三，基于传统因素分解方法中存在的时间、要素不可逆的局限性，在基于一般均衡分析基础上，尝试将 Montgomery 思想应用到结构分解中，从而保证了测算结果的唯一性和可操作性。同时，为了更好地反映影响农村居民消费变化程度结构性因素，又将投入产出技术与 Montgomery 因素分解方法相结合，对不同期间农村居民消费情况进行比较，进一步拓宽投入产出分析方法的应用；第四，对于政策冲击效应的模拟分析，研究尝试以投入产出表为基础，并进一步拓展构建社会核算矩阵（SAM）模型，通过乘数分析和结构性路径分析，对设定的不同情境进行政策模拟分析，并对不同路径进行比较，进一步丰富政策模拟分析方法的应用。

（二）现实意义

第一，“三农”问题是关系国计民生的根本性问题，一直是研究和关注的焦点。党的十九大报告明确指出：“农业农村农民问题是关系国计民生的根本性问题，必须始终把解决好‘三农’问题作为全党工作重中之重。”因此，在此背景下探讨我国农村居民消费问题，既是“三农”问题的深入思考，也是当前我国实施扩大内需政策、实施乡村振兴战略的重要方向，具有重大的现实意义。自 2007 年国际金融危机的持续蔓延以来，世界经济增长明显减速，国内外经济环境日益恶劣，突如其来的疫情冲击进一步加剧了全球经济的恶化。与此同时，以美国为代表的发达国家对中国不断挑起贸易争端，从技术、原材料、关键领域等多方面加以封锁，严重影响了国际贸易秩序，使得过去依靠投资、出口拉动我国经济增长的模式不再适用。因此，扩大内需，促进形成强大国内消费市场，实现我国国民经济平稳较快发展，成为当前和今后一段时间要着力解决的现实问题；第二，面对日益严峻复杂的国内外经济环境，我国的宏观经济政策在处理消费问题上出现了三种结构性转变，即在内外需结构之中更加重视扩大国内消费需求，在最终需求结构中更加重视投资拉动向消费拉动转变，在城乡结构中更加重视农村居民消费需求增加。这些消费需求的结构性转变以及宏观经济政策的偏重变化，不仅仅显示出消费对于国民经济的重要性，而且反映出农村居民消费市场的广阔前景。因此，面对当前国内外依旧疲软的经济环境，扩大居民消费，尤其是农村居民消费，无论对中国经济长期持续健康发展，还是对推进全面建成小康社会，以及实现社会主义现代化建设目标都具有重要的战略意义；第三，本文通过构建中国 SAM 模型，设计不同情景模拟，定量分析影响我国农村居民消费变化的政策效应，为政府部门对于为已有消费政策的调整和有效实施提供决策依据。

第三节　研究思路和分析框架

一、研究思路

本研究以“十三五”规划为基础，在考虑居民消费需求异质性的经济增长理论和消费经济理论框架下，综合运用定性分析与定量分析相结合、局部均衡分析与一般均衡分析相结合等方法，对我国农村居民消费增长的影响因素及其政策效应进行分析。首先，研究对凯恩斯主义、新古典学派等消费理论进行梳理，并以此为基础，运用面板数据模型分别从收入来源、政府公共支出类型、居民消费习惯等方面考察不同因素对农村居民消费需求的影响，进而筛选出主要影响因素，但该方法是建立在假设其他条件不变的前提下，属于局部均衡分析视角，因此，研究进一步放宽假设条件，运用基于投入产出分析基础上的结构分解分析（SDA）以及Montgomery分解方法，从一般均衡视角分析我国农村居民消费增长的影响因素；其次，结合局部均衡分析结论和一般均衡分析方法，研究进一步构建中国农村居民消费SAM模型，在一般均衡分析框架下，分别对局部均衡分析筛选出的主要影响因素进行政策模拟，定量分析不同政策的冲击效应；最后，得出本研究的总体结论，并提出扩大农村居民消费需求的对策性建议。

二、分析框架

根据以上研究思路，本研究的具体分析框架如下：

1. 绪论。

本部分主要是对本文的选题背景、研究意义、研究思路、研究方法、内容安排、创新之处等进行描述。

2. 理论基础和文献综述。

本部分是对消费需求及其相关政策理论基础、我国农村居民消费行为及其影响因素、因素分解方法等进行回顾和梳理，这是本研究的理论基础。

3. 我国农村居民消费变化的描述性统计分析。

本部分主要是对改革开放以来我国农村居民消费行为特征、消费变化趋势等进行归纳分析。同时，结合前期文献回顾，我们发现居民消费存在着异质性，本部分又分别从不同地区、不同收入分组角度对我国农村居民消费变化进行比较分析，这是本研究的分析基础。

4. 从局部均衡角度对我国农村居民消费变化的影响因素进行分析。

根据前面文献回顾和分析研究，可以初步筛选出制约我国农村居民消费需求增长的影响因素，但对于相关因素的影响程度及其作用机制，还必须通过计量经济学的方法进一步对影响我国农村居民消费需求因素进行实证分析，研究其作用机理。

5. 从一般均衡角度对我国农村居民消费变化的影响因素进行分析。

虽然采用计量经济模型分析影响因素比较简单灵活从而被广泛应用，但是，该分析方法直接或隐含了假设其他条件不变的前提，属于局部均衡分析视角，其分析结果会受到指标选取的不同而存在差异性。因此，有必要进一步放宽“其他条件不变”的假设条件，从一般均衡分析视角进行影响因素分析。本部分正是基于一般均衡思想，分别采用投入产出技术基础上的结构分解分析（Structural Decomposition Analysis，SDA）以及 Montgomery 分解方法，对我国农村居民消费增长的影响因素进行分解，并测算出相应的影响程度及其贡献率。

6. 对我国农村居民消费变化的政策冲击分析。

第四章从局部均衡角度可以筛选出对我国农村居民消费影响相对较大的因素，结合第五章的一般均衡分析视角，本章进一步在一般均衡分析框架下对不同影响因素进行政策模拟。由于我国扩大内需方式既包括以经济手段为主的市场调节，也包括以社会手段为主的政府治理方向，而反映居民消费相关政策效应的主要表现为政府治理方面。因此，本部分通过构建中国农村居民消费社会核算矩阵（SAM）模型，分别从收入分配政策、政府支出政策、价格政策变化等方面，设计不同的政策情景模拟，定量分析我国农村居民消费变化的政策效应，进而为已有消费政策的调整和有效实施提供依据。

7. 发达国家经验做法及启示。

分别以美国、日本、德国等发达国家为例，探讨相关国家在不同时期对于扩大居民消费特别是农村居民消费方面的经验做法，并从中分析对中国的启示。

8. 结论及对策性建议。

对本研究进行总结，归纳研究得出的主要结论，并提出构建扩大我国农村居民消费长效机制的对策性建议，从而使本研究在理论和实践上都具有针对性。

第四节 研究方法及说明

一、研究方法

第一，采用定性分析与定量分析相结合的方法。研究在对我国农村居民消费变化特征及其与经济增长关系研究方面，采用定性层面的分析，而在充分的理论探讨后，对相关影响因素及其政策效应的分析，则采用了定量的分析方法。一方面，通过数理统计、计量模型分析以及结构分解等方法，对定性分析的结果进行实证检验，从而使得理论分析更加完善；另一方面，运用SAM模型及其乘数分析和结构性路径分析对相关政策情景进行定量分析，评估其可能带来的宏观经济影响。

第二，采用理论分析和实证分析相结合的方法。以凯恩斯主义的消费理论、新古典学派的消费理论、发展经济学的消费理论等为理论基础，并在实证分析中进一步结合中国实际情况进行拓展应用，例如考虑不同收入分组、不同地区以及不同生产要素账户等。

第三，采用局部均衡分析和一般均衡分析相结合的方法。常用的计量经济模型通常建立在其他条件不变的情况下考察单个经济体变量之间的相互关系和影响，属于局部均衡的分析方法，而一般均衡分析方法考察的是各个经济单位之间的相互影响和关系，在分析问题时各有优势。因此，研究中将两种方法结合起来，在局部均衡分析基础上，对消费差距、影响因素等进行定量分析，力求揭示其中的规律性，然后进一步从一般均衡视角全面综合分析不同经济体之间的相互影响和政策效应。

第四，采用静态分析和动态分析相结合。改革开放以来我国农村居民消费变化有其产生和发展的演变规律，存在着一定的阶段性、区域性、结构性等特征，因此，研究时必须动态分析农村居民消费的演变进程和影响因素；同时，对于农村居民消费现状的分析又必须结合具体的时点，属于静态分析，特别是通过对不同时点农村居民消费状况进行比较，探寻其演变特征，采用的是比较静态分析方法。

二、实证分析方法的进一步说明

（一）局部均衡分析的优势与不足

均衡最初是力学中的概念，后被学者们应用于经济分析中，描述经济机制的两种相反的力量处于平衡或一致的状态，而且这种状态是一种不再变动而且没有必要再变动的状态。西方经济学中的均衡分为局部均衡和一般均衡。其中，局部均衡是指某一特定经济部门所获得的均衡，它是完全将某一经济部门孤立起来，不与其他部门发生任何联系，以研究该经济部门如何在其他情况不变的条件下，逐渐调整其行为从而最终实现均衡。该思想最早由马歇尔提出，他认为在分析经济问题时，完全可以采用把一个整体分成若干部分，集中力量去分析某一部分，而“假定其他事项不变”的思路和方法。把其他部分暂时存而不论，等到这一部分研究完毕以后，再用同样方法去分析另一部分。这样，把研究对象一部分一部分地进行分析，最后把这些局部分析结果综合起来，即得出整个研究的结论[①]。西方经济学中的供求均衡、消费者均衡、生产者均衡、各种类型的商品和劳务市场均衡以及生产要素市场均衡，都属于局部均衡思想，一个市场的供求状况或价格变化对其他市场不会发生或者几乎不会发生影响的情况。例如，在价格理论中，局部均衡假设所有其他商品和生产要素的供求状况和价格都固定不变，单独考察一种商品的供求状况对价格的决定作用[②]。所以，基于局部均衡理论这种假设其他条件不变分析某一特定市场的分析方法，可以使所要分析的经济问题变数数目大大减少，涉及的经济变量和方程比较少，推理趋于简单化。

---

① 陈璋、张晓娣：《投入产出分析若干方法论问题的研究》，《数量经济技术经济研究》2005年第9期。

② 参见高鸿业：《西方经济学》，中国人民大学出版社2011年版。

但是，这种简化处理是建立在一定假设前提下的，使得局部均衡方法在实际应用分析时存在一定的缺陷。在市场或相关市场系统的局部均衡模型中，需要确定的内生变量为价格、利润、产量和其他研究者感兴趣的变量，对此，局部均衡模型假设上述内生变量的变化对事先设定的需求曲线或成本曲线没有影响。但事实上，其他市场的急剧变化以及由此产生的变化对该特定市场的影响很大。此外，为了便捷处理，局部均衡中会将一些内生的变量视为外生变量处理，例如个人财富等变量，影响了分析的科学性和合理性。

（二）一般均衡分析的优势与不足

与局部均衡理论思想相反，一般均衡理论则是将经济社会体系看做是一个整体，从各种商品市场和生产要素市场之间相互依存和相互影响这一前提出发，研究所有市场的均衡同时形成的结果。该思想最早由法国经济学家瓦尔拉斯提出，并成为西方经济学最核心的概念和思想。该理论认为，各种经济现象之间的关系都可以表现为各种商品和要素之间的数量关系，任何一种商品和要素的供给、需求和价格都不是独立的，而是相互作用决定的。当所有商品和生产要素市场都达到均衡时就形成一般均衡的状态，而这时的价格就是均衡价格。因此，不能简单地采用因果的方法去寻求每个经济变量的决定因素，而必须把这些经济变量间的关系表现为函数关系，以代数联立方程式的形式建立了一个一般均衡数学模型。美籍经济学家里昂惕夫提出的投入产出分析方法以及在此基础上进一步拓展的社会核算矩阵（Social Accounting Matrix，简称SAM）模型正是基于一般均衡理论思想下的简化形式，而可计算一般均衡分析（Computable General Equilibrium，简称CGE）模型和动态随机一般均衡模型（Dynamic Stochastic General Equilibrium，简称DSGE）则是更为一般的均衡分析方法的应用。

尽管如此，一般均衡分析也存在着一些不足之处，例如，一般均衡理论形而上学地假定经济能在完全自由竞争的前提下自发地达到绝对均衡，各种商品的供给与需求都能同时达到均衡，从而实现一般均衡的价格。这种假设根本不符合经济发展的实际，因为竞争远不是“完全的”，竞争的完全性是一个难以达到的极点[①]。同时，一般均衡模型下的经济变量和方程数目比较多，也给研究增加了一定难度。

（三）本研究中两种方法结合的分析逻辑

由于局部均衡分析和一般均衡分析方法各有千秋，两者的区别在于其各自的侧重点不同。相对而言，局部均衡分析方法更加简单地描述了市场机制的原理，更适合于微观经济分析，而一般均衡分析反映了一个经济系统整体如何实现资源配置最优化，从而衍生出一个国家或地区的产业政策和发展战略，其目的在于解决一般均衡模型的应用问题，显然较适合于宏观经济计划和分析。因此，本研究在对农村居民消费变化影响因素的实证分析时，将两种分析方法结合起来，互为补充。具体而言，通过基于计量模型下的局部均衡分析，先简单地筛选和比较中国农村居民消费的主要影响因素，并对其作用机制进行分析，但由于其局部分析方法的局限性，有必要进一步在一般均衡分析框架下进行更全面、更系统的因素分解。最后，由于一般均衡分析方法对于宏观经济的政策分析更为适合，因此，在对中国农村居民消费进行政策冲击分析时，仍以一般均衡分析思路为主，但对于进行情景模拟的主要政策筛选又依赖于局部均衡分析结果，以局部均衡筛选出来的主要影响因素为例，进行政策模拟和政策效应分析。

第五节　技术路线图

根据研究思路和结构安排，设计研究技术路线图如图 1—5。

① 陈璋、张晓娣：《投入产出分析若干方法论问题的研究》，《数量经济技术经济研究》2005年第9期。

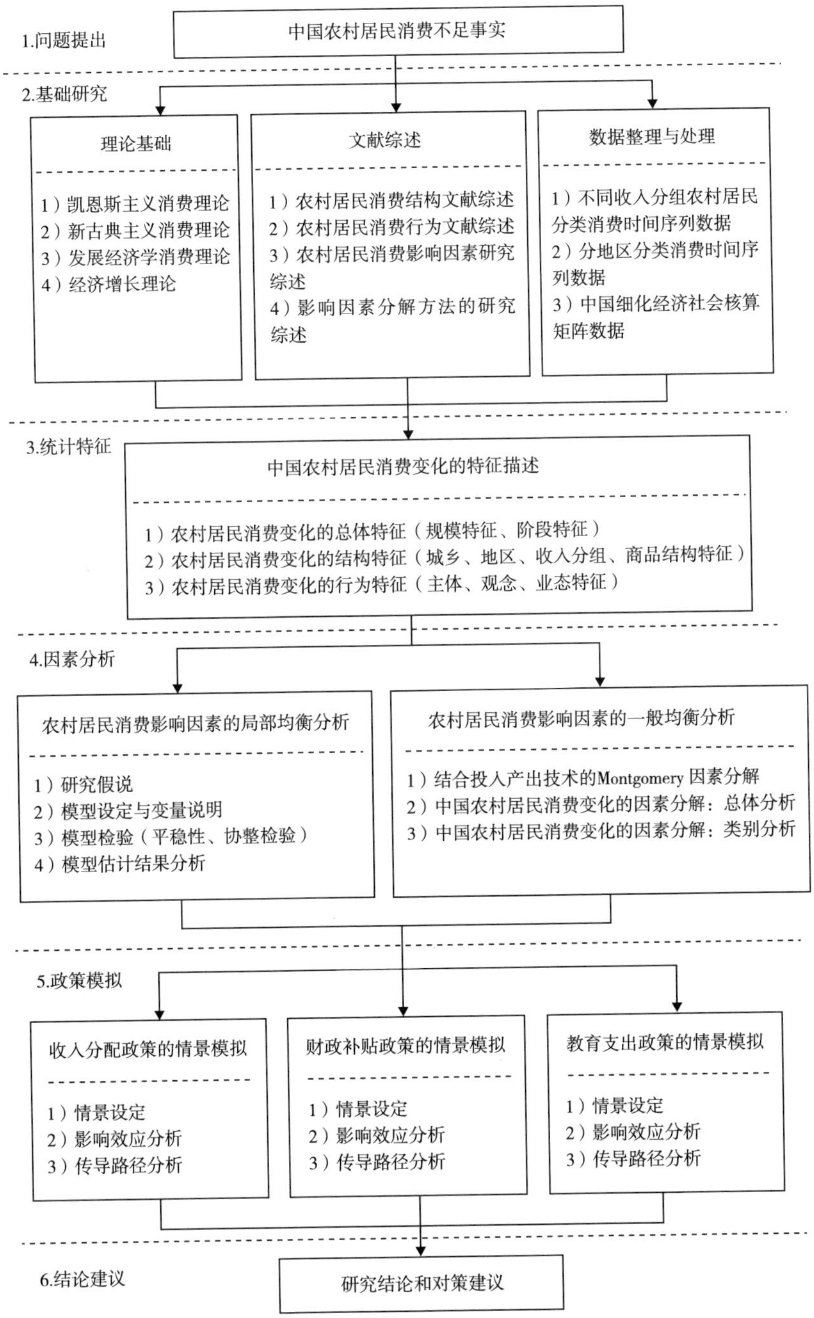
1.问题提出
中国农村居民消费不足事实
2.基础研究
理论基础
1）凯恩斯主义消费理论
2）新古典主义消费理论
3）发展经济学消费理论
4）经济增长理论
文献综述
1）农村居民消费结构文献综述
2）农村居民消费行为文献综述
3）农村居民消费影响因素研究综述
4）影响因素分解方法的研究综述
数据整理与处理
1）不同收入分组农村居民分类消费时间序列数据
2）分地区分类消费时间序列数据
3）中国细化经济社会核算矩阵数据
3.统计特征
中国农村居民消费变化的特征描述
1）农村居民消费变化的总体特征（规模特征、阶段特征）
2）农村居民消费变化的结构特征（城乡、地区、收入分组、商品结构特征）
3）农村居民消费变化的行为特征（主体、观念、业态特征）
4.因素分析
农村居民消费影响因素的局部均衡分析
1）研究假说
2）模型设定与变量说明
3）模型检验（平稳性、协整检验）
4）模型估计结果分析
农村居民消费影响因素的一般均衡分析
1）结合投入产出技术的Montgomery 因素分解
2）中国农村居民消费变化的因素分解：总体分析
3）中国农村居民消费变化的因素分解：类别分析
5.政策模拟
收入分配政策的情景模拟
1）情景设定
2）影响效应分析
3）传导路径分析
财政补贴政策的情景模拟
1）情景设定
2）影响效应分析
3）传导路径分析
教育支出政策的情景模拟
1）情景设定
2）影响效应分析
3）传导路径分析
6.结论建议
研究结论和对策建议

图 1—5　研究技术路线图

第六节 可能的创新与不足

一、可能的创新

在研究方法上尝试将局部均衡分析和一般均衡分析相结合。尽管计量经济模型因为方法简单灵活而受到学者们的普遍应用，但其直接或隐含着“在其他条件不变的情况下”的假设条件，属于局部均衡分析，选取指标的差异往往导致所得结论不尽相同。因此，本研究在局部均衡分析的基础上，进一步放松“其他条件不变”的假设条件，采用一般均衡分析方法进行更为系统地、全面地应用分析。

在局部均衡分析方法中，在考虑消费异质性的基础上从经济因素、环境因素和消费者自身因素等方面对农村居民消费影响因素进行综合考量。影响农村居民消费因素是一个复杂多样的过程，研究中主要归纳为收入分配、政府治理、消费习惯、工业化、城市化等反映经济、环境和消费者自身等诸多因素进行综合分析。同时，考虑到我国不同地区之间存在的政治、经济、社会发展上的差异性，研究采用面板数据，分别对不同类别影响因素选择代表性指标，综合反映不同因素对农村居民消费变化的影响。

在一般均衡分析方法中，将 Montgomery 思想应用于结构分解方法。为了突破传统因素分解方法中存在的时间、要素不可逆等局限性，研究在理论方法上尝试将 Montgomery 思想应用到结构分解中，从而保证了测算结果的唯一性和可操作性。同时，为了更好地反映我国农村居民消费变化源泉，研究又将投入产出技术与 Montgomery 因素分解方法相结合，对不同期间农村居民消费情况进行比较，进一步拓宽投入产出分析方法的应用。

在对消费政策冲击分析中，将局部均衡分析结果应用于一般均衡分析框架。通过局部均衡分析，可以筛选出影响农村居民消费的主要因素，以此作为政策冲击依据，通过构建我国农村居民消费 SAM 模型，基于一般均衡分析框架，进一步对相关因素设计不同的政策情景模拟，定量分析扩大我国农村居民消费增长的不同政策效应。

二、研究存在的不足

一方面，对农村居民消费变化的影响因素分析还不够全面。在采用计量模型进行影响因素的局部均衡分析时，研究主要从不同收入分配来源、不同类别的政府公共支出以及居民消费习惯等方面分析影响因素，而消费观念、社会文化等因素也是影响农村居民消费变化的重要因素，但是，受相关数据可获取性的限制，特别是要兼顾我国农村居民消费的地区差异等特征相对较难，研究中对相关因素分析更多的以定性分析为主，定量分析中没有进一步具体讨论。当然，这也是未来进一步拓展和延伸的研究方向。

另一方面，对影响农村居民消费变化的政策模拟分析还不够全面。研究中由于篇幅限制，所采用的政策冲击分析是以局部均衡分析筛选出来的主要影响因素为基础，并进一步在一般均衡分析框架下对主要政策进行情景模拟，并没有涵盖所有消费政策，未来还需要进一步完善和补充更多的政策效应分析。

第二章　理论基础与文献综述

第一节　相关理论基础

一、凯恩斯主义的消费理论

凯恩斯作为宏观经济学的开山鼻祖，在 1936 年发表的《就业、利息和货币通论》上分别从理论、方法和政策三个方面提出不同于传统的观点和主张，开创了宏观经济的总量分析方法。凯恩斯理论打破了供给创造需求的定论，强调需求因素，并将国民收入问题作为研究中心，建立了以总需求为核心的宏观经济体系。凯恩斯理论认为，之所以会出现经济大萧条主要是由于有效需求不足，从而提倡政府对市场进行宏观干预指导，通过扩张性的财政政策和货币政策刺激总需求增加，从而促进经济增长。在该理论背景下，消费需求被提到了前所未有的高度，并形成了绝对收入假说和消费倾向理论。绝对收入假说（Absolute Income Hypothesis，简称 AIH）揭示了短期消费支出与收入之间的关系，消费取决于当期收入水平，实际收入水平越高消费也就越高；同时，随着收入水平的增加，消费增长是递减的，即边际消费倾向递减，其值大于 0 小于 1，且小于平均消费倾向。这一假说强调了收入对消费的绝对影响，但过于简单粗略，特别是忽视了其他社会因素对消费的影响，而且无法反映长期动态特征，在预测分析时误差较大。因此，杜森贝里在凯恩斯消费理论框架基础上进一步改进，提出相对收入假说（Relative Income Hypothesis，RIH），该假说将短期和长期影响结合起来，并强调消费者之间的横向关系和相互影响，认为消费不仅依赖于当期实际收入水平，还受到消费者历史最高收入水平以及其他人的收入水平影响，表现出收入示范效应和棘轮效应，因此，从长期看，消费支出水平保持相对稳定的状况。尽管如此，这些假说都缺少必要的微观基础[①]。

二、新古典学派的消费理论

新古典综合派在凯恩斯的总量经济范畴基础上，容纳了理性预期、货币主义等多方面理论。新古典综合派认为宏观经济现象是微观经济行为的综合表象，宏观经济理论必须含有微观经济学基础，因此，为了证明宏观经济学和微观经济学的一致性和相容性，该学派提出个人利益最大化、理性预期和市场连续出清等假设条件。正是在这些假设前提下，这一阶段的消费函数研究追寻消费者行为最大化，从而使消费理论研究具备了必要的微观基础。对于消费函数的研究提出持久收入假说和生命周期理论。对于消费的代表性理论包括弗里得曼的持久收入假说（Permanent Income Hypothesis，PIH）和莫迪利安尼的生命周期假说（Life Cycle Hypothesis，LCH）等。在持久收入假说中，消费者的收入分为当期暂时性收入和长期预期持久性收入，理性的消费者从效用最大化角度出发，会根据长期中能维持的收入水平做出消费决策，也就是说，消费支出很大程度上取决于持久性收入，而暂时性收入作为当期偶然的收入变动并不改变长期平均的收入水平，对消费支出影响不大。生命周期假说认为，消费者会从人的生命周期视角合理配置一生的收入，通过不同阶段消费和储蓄的安排，一般情况下，工作时期进行储蓄，为退休后提供消费资金来源，实现生命周期效用最大化。到了20世纪70年代后期和80年代初期，理性预期被纳入消费理论研究中。具有代表性的理论是Hall（1978）的随机游走假说（Random Walking Hypothesis，RWH），在研究不确定的情况下，将理性预期方法引入

① 朱国林：《消费理论最新发展动态》，《经济学动态》2002年第4期。

到持久收入假说和生命周期理论中，认为如果收入或消费是以理性预期为基础，那么，按照持久收入假说寻求效用最大化的消费者的消费轨迹是一个随机游走过程，消费或收入的历史变化对当期的消费不应存在任何影响。

三、发展经济学的消费理论

对于经济欠发达国家的经济发展，发展经济学在集合新古典学派理论观点、分析方法基础上，分析欠发达国家经济社会发展规律、发展路径和发展规律，并进一步研究贫困落后的农业国家或发展中国家如何实现增长和发展的目标。其中，形成了部分代表性的消费理论，如罗斯托的消费理论、钱纳里的消费理论、乔根森的消费理论。

罗斯托在 1960 年出版的《经济成长的阶段》和 1971 年出版的《政治与增长阶段》中提出，各国经济发展要经历六个阶段，即传统社会阶段、准备起飞阶段、起飞阶段、走向成熟阶段、高额群众消费阶段和追求生活质量阶段。其中，从高额群众消费阶段和追求生活质量阶段的过度是人们生活的最大突破。高额群众消费阶段具有三个明显标志：一是高档耐用消费品的普及化，二是工作日的缩短以及闲暇消费的崛起，三是高等教育的普及化和新白领阶层的形成。在此阶段，产业结构逐步从以制造业为主向以服务业为主转变，居民对奢侈品、休闲娱乐、医疗保健等消费品的需求明显增强。随着主导部门由耐用消费品生产部门向公共服务业等部门的转变，社会也就从高额群众消费阶段过渡到了追求生活质量阶段，一些长期困扰社会的老大难问题有望逐步得到解决。钱纳里通过对世界上 101 个国家 1950—1970 年间的数据回归分析发现，人均收入水平较低的国家，其消费率较高，投资率较低，反之，其消费率较低，投资率较高。在各个国家，储蓄随时间推移而出现的上升不太一致。高收入国家与低收入国家的积累率都随时间增长，但是高收入国家的涨势更大一些。乔根森的二元结构理论则强调消费结构对经济发展的根本性驱动作用，他认为农业剩余劳动力向非农产业部门流动和转移的根本原因在于消费结构的变化，是消费需求拉动的结果[①]。

四、经济增长理论

纵观经济增长理论的发展历程：哈罗德—多马模型把经济增长从思想分析带到了模型分析，模型的结论认为：充分就业是一国（地区）经济长期稳定增长的必要条件，经济增长率随着储蓄率的增加而提高，随着资本—产出比的上升而降低，扩大消费需求通过降低储蓄率会对经济增长产生不利的影响。索罗—斯旺模型通过修正哈罗德—多马模型的按固定要素比例再生产的假定，认为资本和劳动可替代，且技术保持固定的增长速度，从而推导出实现稳定均衡的经济增长路径，储蓄率（消费率）的变化并不会改变稳态时的 GDP 增长率。拉姆齐—卡斯—库普曼斯模型则把消费者最优化分析引入，实现了储蓄率的内生化，但其结论与索罗—斯旺模型的结论是一致的，即经济的长期增长率取决于外生的技术进步。此后的研究主要是在技术进步的内生化的努力上，如卢卡斯和罗默分别强调了人力资本和知识资本的作用等。因此，对经济增长的研究新古典经济增长理论侧重从生产要素投入的规模方面考察，而内生增长理论则侧重从生产要素投入的使用效率方面考察，主流经济增长理论实现了从注重生产要素投入向注重生产要素投入使用效率的转变。

在消费需求对经济增长产生影响的机理分析上，主要从促进经济结构变迁和诱发技术进步这两方面进行。在结构变迁方面，新古典增长理论的竞争均衡假定意味着社会各部门生产要素的收益率都和其边际产出率相等，部门之间资源的配置并不能带来产出的增加，发展经济学家们看到了这一理论假说的不足，认为生产要素的合理流动会带来总产出的增加，即产业结构的优化会促进经济增长。Rostow（1990）将结构因素纳入对经济增长的研究，在理论上阐明了结构变迁是影响经济增长的重要变量之一，他认为处于主导地位的部门会通过“扩散效应”带动其

① 赵萍：《消费经济学理论》，社会科学文献出版社 2011 年版，第 53—88 页。

他部门的增长，从而促进经济增长。钱纳里和塞尔奎因（1988）甚至把发展中国家的发展历程视之为经济结构变迁过程，他们深入地分析了经济结构对经济增长的影响，认为如果结构变迁改善了资源配置，就能对经济增长做出贡献。在实证分析中，通过在新古典公式中加入的结构变量，Denison（1967）以美国1929—1957年的数据进行分析后发现，经济结构优化对美国经济增长的贡献是12%。

可见，需求因素（消费需求）在经济发展进程中扮演着非常重要的作用，科学地考察经济增长过程需要充分考虑需求的作用，特别对处在转型经济的中国而言，考虑需求因素在经济增长中的作用，不仅有利于经济增长的持续性，而且有利于保证人们分享经济发展的成果，提高经济增长的质量和稳定性。正如Gualerzi（1996）所说，“对于并不充分考虑需求作用的内生增长机制而言，将需求因素引入增长分析是对增长理论最有意义的贡献之一”。

第二节　相关文献综述

一、农村居民消费结构研究综述

消费结构是指消费中不同商品或劳务消费支出占总消费支出的比例，主要包括食品、衣着、家庭设备用品及服务、居住、交通通信、医疗保健、文教娱乐七大类生活消费品。消费规模的扩大和消费结构的升级是我国经济平稳增长的原动力。关于农村居民消费结构研究显示，尽管不同时期农村居民消费结构呈现出一定的阶段性特征，但是，总体上看农村居民消费结构升级趋势明显。第一，中国农村居民整体消费水平不断提升，消费结构升级方向上呈现出从以生存型消费资料为主导的消费结构，向以享受、发展型消费资料为主导的消费结构转变（温涛、孟兆亮，2012；谭涛等，2014；郭新华、夏瑞洁，2010；徐秋艳、李秉龙，2015；肖立，2012；李翔、朱玉春，2013）；第二，食品消费支出明显下降、居住和交通通信类消费明显上升，成为对农村居民消费结构变动影响最大的三大类消费构成部分，其中，食品支出的变化尤为重要（温涛、孟兆亮，2012）。胡发刚（2016）、Chai 等（2015）、Leppman（1999）、张磊等（2013）、李生辉（2011）、卞红飞、王必好（2013）等学者进一步从不同食品消费类别及其恩格尔系数演化趋势等方面对农村居民食品消费结构做针对性研究；第三，已有研究的模型选择上，从早期的扩展的线性支出系统（ELES）模型，到后来的近似理想需求系统（AIDS）模型、二次几乎理想需求系统（QUAIDS）模型、Panel Data 模型、灰色关联分析、聚类分析等，研究方法和手段日益丰富（Luch，1973；Deaton，Muellbauer，1980；Matyas，1992；Sevester，1992；温涛、孟兆亮，2012；徐秋艳、李秉龙，2015；李翔、朱玉春，2013；臧旭恒、孙文祥，2003；王艳萍、张瑜，2012；李锐，2003；肖立，2012；胡发刚，2016）。同时，对于不同模型实证应用比较，范金等（2011）研究发现，以希克斯需求为理论依据的需求模型拟合优度优于以马歇尔需求为理论依据的需求模型，而 QUAIDS 模型的估计结果需求支出弹性及其标准差表现最优。

二、农村居民消费行为研究综述

综合已有研究可以发现，学者们大都从居民消费习惯和收入水平角度对居民消费行为进行分析。对于居民消费习惯，最早由 Duesenberry（1949）将习惯因素纳入消费者行为的研究中，消费者的消费支出不仅受到现期收入的影响，也受到自己曾经实现的消费水平以及周围人消费水平的影响，即消费存在棘轮效应和示范效应。随后，消费习惯研究得到越来越多的国内外学者关注（Ferson，Constantinides，1991；Muellbauer，1988；Wendner，2003；杭斌，2010；杭斌、申春兰，2008；贾男、张亮亮，2011）。其中，基于消费习惯形成的中国农村居民消费行为研究表明：一方面，农村居民消费表现出显著的内部习惯形成，消费存在着棘轮效应（崔海燕、范纪珍，2011；雷钦礼，2009；闫新华、杭斌，2010）；另一方面，农村居民在食品、衣着等非耐用消费品消费上存在较强的习惯性，并且不同家庭之间的消费习惯差异性较大（龙志和等，2002；杭斌、郭香俊，2009；齐福全、王志伟，2007；杭斌，2009；艾春荣、汪伟，2008；金春雨等，2012）。

对于不同收入水平下的农村居民消费行为差异，已有研究显示：一方面，从收入来源构成看，温涛等（2013）、王小华等（2016）、王小华、温涛（2015）、汪旭辉、顾晶（2009）等学者认为农村居民的基本收入（家庭经营收入与工资性收入）对其消费需求的拉动作用明显，而非基本收入（转移性收入与财产性收入）作用不显著。而张秋惠、刘金星（2010）、彭小辉等（2013）结论正好相反，认为非基本收入对农村居民消费作用明显强于基本收入；另一方面，从收入分组构成看，农村居民消费行为因收入差异而呈现消费分层的特点。具体而言，低收入组农村居民消费支出主要用于维持基本生活，高收入组农村居民消费在满足基本生活需求的基础上更加关注生活质量的提高，而中等收入群体是农村居民的消费主体，其消费能力可能已经超过农村总体平均消费水平（韩洪云、梁海兵，2013；范金等，2006；臧旭恒、斐春霞，2007；王宏伟，2000；彭海艳，2009）。

三、农村居民消费影响因素研究综述

居民消费是一个受到多重内部和外部因素作用影响的结果，特别是农村居民，由于存在的经济社会发展环境差异，其消费过程中的比较、决策等行为更为复杂。总体来说，影响农村居民消费的主要因素包括收入分配因素、人口结构变化因素、城镇化因素、消费环境因素、不确定性因素、非农就业等。具体而言：第一，收入分配是农村居民消费变化的主要影响因素，扩大内需的关键在于构建农村居民收入增长的长效机制（张邦科、邓胜梁，2011；汪旭辉、顾晶，2009；温涛等，2013；胡日东等，2014；南永清等，2017；刘灵芝、夏春萍，2012），同时，相对于暂时性收入，持久性收入对农村居民消费影响更明显（臧旭恒，1994；金春雨等，2012；徐斌、陈建宝，2015）。但是，吕开宇等

(2012)研究发现，随着粮食消费在居民生活中重要性日益下降，收入因素在农村居民粮食消费中的影响力逐渐减弱；第二，随着中国人口老龄化程度的加深，农村老年抚养比提高，农村居民对医疗保健类和交通通信类消费支出增加，而对食品类、衣着类、家庭设备类、文教娱乐类和居住类的消费支出减少（李春琦、张杰平，2009；蔡兴、刘淑兰，2017；陈建宝等，2013；李晓楠，2013；倪红福，2014）。但是，从整体上看，祁鼎等（2012）认为中国居民消费具有很强的稳定性，中国老龄人口的增加不但没有降低消费，反而拉动了消费需求；第三，城镇化对农村居民消费增长具有显著的正向关系，特别是对高收入农户，城市化进程的滞后抑制了这部分群体的消费需求和投资需求（黄容，2013；肖忠意，2015；雷潇雨、龚六堂，2014；刘建国，2002；宁军明，2010)；第四，农村电子商务发展不仅使居民消费更加便捷高效，还使消费环境更为优化，消费体验有所改善。其中，东部地区农村居民受影响程度明显高于中西部地区，青年人受影响程度高于中年人，而对老年人基本无显著作用（张红伟、向玉冰，2016；耿晔强，2012；马俊龙、宁光杰，2017；王茜，2016；刘根荣，2017；刘湖、张家平，2016；周冬，2016；祝仲坤、冷晨昕，2017；方福前、邢炜，2015)；第五，收入不确定性和消费支出不确定性都会抑制农村居民消费，但对于两者的影响程度比较结论不一。王克稳等（2013）认为相较于收入不确定性，消费支出不确定性对中国农村居民消费的影响更大，刘灵芝等（2011)、王芳（2006）则认为收入不确定性对农村居民消费的影响更大。尽管如此，在这些不确定性存在的情况下，消费者都会更加谨慎，降低现期消费提高储蓄；第六，非农就业通过改善家庭收入增长性、弱化收入不确定性、强化城镇居民消费对农村居民消费的示范性，促进了农村居民家庭消费增长，特别是对家庭收入为中上水平、存在流动性约束、没有购买商业保险及东部地区农村居民家庭消费的促进作用更明显（文洪星、韩青，2018；钱文荣、李宝值，2013；谢勇，2011；易行健等，2014)。

四、扩大农村居民消费政策研究综述

扩大中国农村居民消费政策主要包括货币政策和财政政策。对于财政政策效应的研究，学者们主要集中讨论政府支出与居民消费需求之间的关系，并形成以下三种代表性观点：第一，各主流流派就政府支出对居民消费作用关系的观点截然不同。真实经济周期（RBC）或新凯恩斯主义学派认为政府支出对居民消费具有挤出效应（黄险峰，2003），其原因在于增加政府支出从根本上只有通过提高税收实现，其结果会削弱居民财富和居民消费；而 Blanchard 和 Perotti（2002）的实证分析结果则持完全相反的观点，认为政府支出对居民消费具有挤入效应。对此结果，研究人员分别从政府生产性投资、政府消费—居民消费之间的替代性、互补性、以及居民消费习惯加以解释（Ganelli，Tervala，2009；Nieh，Ho，2006；Linnemann，Schabert，2004）；第二，政府支出对居民消费影响在经济周期的不同阶段具有非对称性，即在经济旺盛期、正常期和衰退期的效果存在差异（Tagkalakis，2008；Hjelm，2002；Jonsson，2004），政府支出对提升居民消费在衰退期比旺盛期效果更加有效；第三，政府支出对居民消费的作用在发达国家和发展中国家的影响是不一样的（Schclarek，2007；Coenen，2005），服务业越发达，消费越旺盛。

具体到中国农村居民消费，财政政策效应主要表现为财政支农支出（包括政府投资性、消费性和转移性支出三类）、税收政策等对农村居民消费影响，但是由于财政支出类型的不同从而出现对农村居民消费的挤入效应和挤出效应同时存在。部分研究认为新农保、新农合等农村社会保障制度变革、电力与水利设施、教育科技等生活消费性支出对农村居民消费具有挤入效应（李燕凌、欧阳万福，2011；陈赤平、丰倩，2014；尹华北、姬恒，2011；白重恩等，2012；王金安，2014；纪江明、赵毅，2013；李晓嘉，2010；骆永民等，2008；刘伦武，2010；张书云等，2011；孙虹乔，2011；楚尔鸣等，2007；黎东升、何蒲明，

2009)，但黄海峰等（2014)、张治觉和吴定玉（2007)、杨琦和尹华北（2017）等研究发现，农村基础设施投资等投资性支出对消费具有挤出效应，朱建军和常向阳（2009)、储德银和闫伟（2009）则发现政府补贴等转移性支出对农村居民消费影响不明显。此外，Nicholas（2006）指出农民税收负担过重是中国走向消费驱动型增长的一个主要障碍。尽管国家出台了一些直接或间接影响农村居民的财税政策，从长期来看对带动消费有较大正向作用，但短期内的影响不显著（李香菊、卫帅弟，2016；迟福林，2012；张斌，2012；彭友山、王亮，2009)。Ray（2004）甚至提出只有进行彻底的户籍制度改革，才能促进城乡一体化，增加农村居民消费。

对于货币政策效应的研究，总体来说，货币政策对居民消费的影响具有非线性和非对称性特征（封福育、赵梦楠，2016；Karras，2007；郭新强等，2013；孙宁华、周扬，2013；Paul，Carlos，2008)。具体到对农村居民消费影响，学者们大都认为农村金融政策是重要因素，但对其政策效应评价观点不一。万广华等（2003)、赵洪丹（2011)、谢顺利和周翼璇（2014)、陈治国（2016)、孟兆娟（2017）等学者认为农村金融发展显著促进了农村居民消费水平，并存在着长期均衡关系。但是，刘纯彬和桑铁柱（2010)、李芳琴和杨洁（2015)、陈东和刘金东（2013)、汪昌云等（2014)、张万兴和郭晓梅（2016）认为目前农村信贷等金融政策改革对农村居民消费的影响力有限。

五、影响因素分解方法的研究综述

结构分解技术（Structural Decomposition Analysis，SDA）最早是由 Leontief（1941）在对美国经济结构分析中提出的，其核心思想是从变量的时间序列变化中分解出具体的构成因素各种形式变动的和以测量分析变量变动的根源及各构成因素对分析对象变动的影响程度。随后，Rose 和 Casler（1996)、Dietzenbacher 和 Los（1998）等对其理论技术进一步拓展研究。目前，已发展成为量化经济分析的主要工具，广泛地应用于经济增长、贸易、劳动力、价格、能源和环保等多方面的经济分析研究中（Hu 等，2004；De Haan，2001；Fujikaw 等，2002；Chen，Guo，2000；宋辉、王振民，2004；李景华，2005；郭菊娥等，2005；袁小慧等，2011；夏炎等，2010）。但是，正如 Dietzenbacher 和 Los（1998）指出的，结构分解技术存在的最大的问题就是测算结果不唯一，将会极大的影响因素分解的实际效果。于是，De Boer（2008）借鉴 Montgomery（1929，1937）分解方法，采用对数平均的形式，将 Montgomery 分解技术引入到投入产出结构分解模型当中，成功地解决了测算结果唯一性问题，同时又满足各个独立构成变量的因素可逆性和时间可逆性，从而在因素分解中得到了广泛应用（Hea 等，2008；李国志、李宗植，2010；王群伟等，2008；李力、王凤，2008；徐盈之、张全振，2011）。但是，已有研究显示，Montgomery 分解技术更多用于能源、碳排放分析等方面，而结合投入产出应用于居民消费的研究相对较少。

六、消费需求对经济增长影响研究综述

消费增长（消费结构升级）—结构变迁—经济增长，这是基于经济结构视角分析消费需求对经济增长的影响机制，在消费需求对经济增长影响的文献中，普遍的观点认为由于消费需求弹性的差异，在经济增长过程中，消费结构不断升级，导致产业结构产生变迁，从而优化配置经济资源，促进经济增长。这方面的经典文献是 Baumol（1967）模型，基于部门的技术差异视角 Baulmol 通过建立一个两部门模型（进步部门和非进步部门）分析了经济结构与经济增长的关系，研究认为：当非进步部门产品的需求价格弹性很小时且收入弹性很大时，随着收入和价格上升，消费者对非进步部门的产品需求增加，劳动力向非进步部门流动，经济增长趋向停滞；而当进步部门产品的需求价格弹性很小时且收入弹性很大时，随着收入和价格上升，消费者对进步部门的产品需求增加，劳动力向进步部门流动，非进步部门最终消失。Baumol（1967）

模型为此后的研究奠定了一个基本分析框架和思路，此后许多研究都对Baumol（1967）模型进行拓展。Echevarria（1997）在一个具有外生技术进步的三部门（农业、制造业和服务业）产品的非齐序偏好模型下考察结构变迁，由于农产品的收入弹性比制造业（服务业）商品的收入弹性低，使得穷人倾向于将他们的大部分收入用于农产品消费，模型的结果认为有差异的收入弹性驱动着部门结构的变迁，从而引起经济增长率的变化。Foellmi，Zweimueller（2007）认为，在经济增长过程中高收入弹性的奢侈品会转变为低收入弹性的必需品，现有产品也会发生需求饱和，为保证持续增长，必须连续引进新产品，其中需求的等级偏好保证结构变迁会随着资源从旧产业转移到新产业的再配置过程而发生，从而使得增长和结构变迁之间的双向因果关系得到解释。Ngai，Pissarides（2007）在一个多部门框架下，以Baumol（1967）模型为基础指出，当各部门间全要素生产率（TFP）的增长率不同且商品之间替代弹性很小时，经济增长服从平衡增长路径。这类强调商品间收入弹性差异的文献实际上是对“恩格尔定律同配第—克拉克法则”之间关系的运用。在需求影响经济增长的相关研究中，俞忠英（2003）、刘东皇（2012）、文启湘等（2005）、梅洪常（2008）、查道中和吉文惠（2011）、王桂荣和苏贵良（2014）均强调需求对于产业结构的影响，认为居民消费结构与产业结构、经济增长之间均存在长期均衡关系。

七、文献评述

纵观国内外居民消费理论发展和文献研究，可以发现：

一是在消费理论发展脉络上，从早期的绝对收入假说到相对收入假说、生命周期假说与持久收入假说、理性预期消费函数、预防性储蓄理论，都彰显出学术界对于消费理论的不断完善和发展，为研究我国农村居民消费提供了相应的理论基础和研究方法。

二是在农村居民消费实证研究上，由于研究范围或研究方法的不同，导致学者们的研究结论有所差异，但总的来说，学者们一致认为中国农村居民整体消费水平不断提升，消费结构升级方向上呈现出从以生存型消费资料为主导的消费结构，向以享受、发展型消费资料为主导的消费结构转变。具体而言，收入分配因素、人口结构变化因素、城镇化因素、消费环境因素、不确定性因素、非农就业是影响农村居民消费的主要影响因素，此外，消费习惯、政策变化等也是影响居民消费行为、消费模式的重要方面。

三是尽管对于不同因素的影响程度以及政策效应研究结论不同，但众多学者研究结果都表明，农村居民收入是影响其消费的重要因素，二者之间存在显著的正向关系，特别是不同收入构成和不同收入分组下的居民消费影响差异明显，而不同类型的财政支出政策又使得其对农村居民消费的挤入效应和挤出效应同时存在。

因此，已有学者对居民消费的相关研究较好地提供了理论支撑和分析思路，对研究我国农村居民消费影响因素及其政策效应问题有着重要的启示意义，但是在研究对象、研究方法以及理论应用等方面仍存在以下不足：

一是已有研究对象主要集中于分析某一类影响因素对农村居民消费的影响或效应评价，不同学者的研究侧重点不一样，从而使得已有研究缺乏整体性和完整性，而影响农村居民消费因素是一个复杂多样的过程，涉及社会、经济和政治等诸多因素，需要从收入分配、供需调整和政府治理等分别反映社会、经济和政治方面的四个着力点入手进行综合考量。

二是已有研究方法主要以计量模型实证分析为主，孤立地考察单个市场或部分市场的影响变化，而不考虑它们之间的相互联系和影响，在建立的假设其他条件不变的前提下进行分析的，属于局部均衡分析方法，有必要放宽假设条件，进一步用一般均衡分析方法对农村居民消费影响因素进行系统性分析，尽管 SDA 已发展成为量化经济分析的主要工具，但是，以此视角综合探讨构建我国农村居民消费，特别是在投入产出一般均衡分析视角下借鉴 SDA 和 Montgomery 分解技术进行系统的实证分析，尚少有研究，为本研究提供一定的拓展研究空间和应用前景。

三是已有研究理论应用上主要以西方消费理论为主，应用相关理论分析中国农村居民消费问题时，还必须综合考虑我国的城乡二元经济结构、地区差距、收入差距等结构性特征，以及农村社会保障制度改革、农村金融改革等政策影响。因此，在借鉴西方消费理论研究中国农村居民消费问题必须对相关理论应用进行必要的调整和修正，切实有效地为扩大农村居民消费提供一定的政策制定依据和参考。

第三章　中国农村居民消费变化的特征描述

根据国家统计局公布的《2018年中国统计年鉴》中主要统计指标解释："居民消费支出指常住住户在一定时期内对于货物和服务的全部最终消费支出。居民消费支出除了直接以货币形式购买的货物和服务的消费支出外，还包括以其他方式获得的货物和服务的消费支出，即所谓的虚拟消费支出。居民虚拟消费支出包括如下几种类型：单位以实物报酬及实物转移的形式提供给劳动者的货物和服务；住户生产并由本住户消费了的货物和服务，其中的服务仅指住户的自有住房服务；金融机构提供的金融媒介服务"。一般来说，居民消费包含狭义消费和广义消费两方面，狭义的居民消费变化主要体现为人们对货物和服务消费的数量变动，包括消费水平和消费结构等变化；广义的居民消费变化不仅仅是消费数量的变动，还包括居民消费观念、消费行为等。因此，要全面了解中国农村居民消费变化的特征情况，必须从广义的居民消费角度加以分析。

第一节　中国农村居民消费变化的总体特征

一、规模特征

农村居民消费总体规模不断扩大。如图3—1所示，改革开放40多年来，随着我国经济的快速发展，农村居民收入水平和消费支出水平均呈现出明显的增长趋势，到2019年农村居民人均可支配收入已达到

16021 元，人均消费支出达到 13328 元，分别是 1978 年的 120 倍和 115 倍，消费规模大幅度增长。对此，可以通过农村居民主要食品消费和耐用消费品消费数量指标进一步具体体现（如图 3—2、图 3—3 所示）。

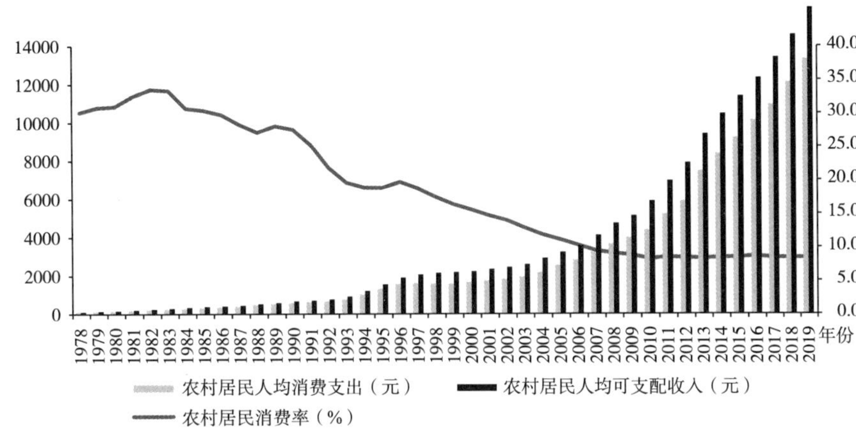

图 3—1　改革开放以来中国农村居民收入和消费总体变化情况

数据来源及说明：数据来源于历年《中国统计年鉴》。其中，1978—2012 年数据来源于国家统计局分别开展的城镇住户调查和农村住户调查，2013 年开始，国家统计局开展了城乡一体化住户收支与生活状况调查，2013 年及以后数据来源于此项调查。

注：对于人均收入指标，2013 年前统计指标为农村居民人均纯收入，2013 年及以后该指标改为人均可支配收入，为了统一，研究中全部统一为人均可支配收入。

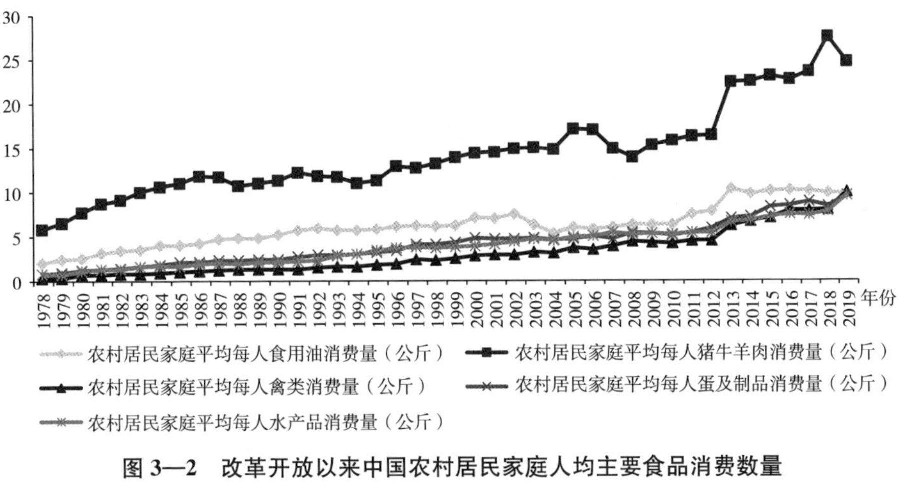

图 3—2　改革开放以来中国农村居民家庭人均主要食品消费数量

数据来源：根据历年《中国统计年鉴》计算得出。

随着收入水平的提升，农村居民的主要消费品类别也相应发生改变，其中，对于农村居民主要消费支出的食品消费，可以发现，食用油、猪牛羊肉、禽类、蛋类以及水产品等消费数量增长显著，尤其是猪牛羊肉消费，1978 年农村居民家庭人均消费量仅 5.8 公斤，到 2018 年该指标已增加到 27.5 公斤，消费规模不断扩大，农村居民食品消费的层次和类别不断提升。伴随着农村居民收入的快速增加，居民对于主要耐用消费品消费也逐年增加，特别是 2000 年以后，以移动电话、彩色电视机、电冰箱等为代表的家用电器类消费规模增长较为明显，农村居民越来越追求发展型、享受型消费品及服务。

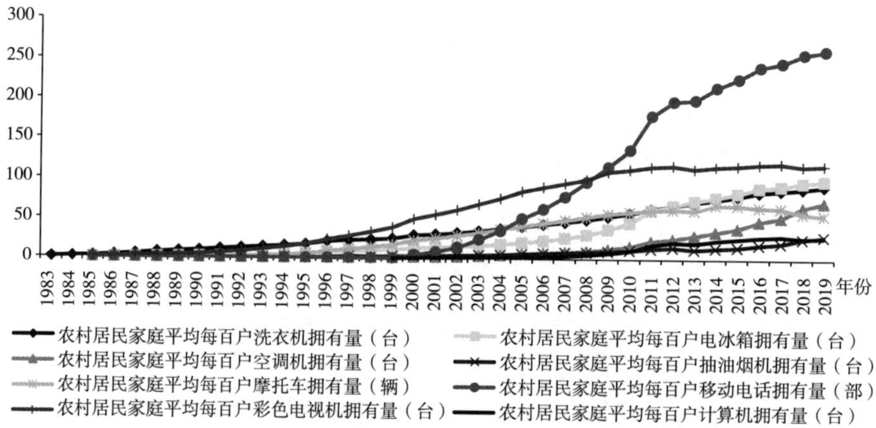

图 3—3　改革开放以来中国农村居民平均每百户年末主要耐用消费品拥有量

数据来源：根据历年《中国统计年鉴》计算得出。

消费需求率偏低，农村居民消费需求不足。尽管农村居民消费总体规模不断扩大，但总从农村居民消费占国内生产总值比重（农村居民消费率）来看，我国农村居民消费率总体水平偏低，特别是 1996 年以后，居民消费率呈现出明显的下降趋势（如图 3—1 所示）。1996 年以前，我国农村居民消费率相对要高一些，基本上都在 20%以上，而 1996 年以后随着经济增长更多地依赖于投资和出口这两驾马车，居民消费需求明显不足，农村居民消费需求占国内生产总值比重呈现快速下降趋势，尤其是从 2010 年之后，逐步下降到 8%左右。钱纳里（1988）研究发现，当人均 GDP 达到 1000 美元左右时，世界各国的最终消费率一般为 61%[①]。相比之下，2019 年我国人均 GDP 突破 1 万美元，但由于农村居民消费率持续下降使得总体最终消费率仅为 38.9%，消费特别是农村居民消费占 GDP 比重明显偏低，居民消费需求仍然不足。

农村居民消费增长总体慢于经济增长。图 3—4 显示，中国农村居民消费增长曲线大都在 GDP 增长速度曲线下方，大多数年份农村居民消费增长要慢于 GDP 增长。从总体上看，在扣除价格因素影响之后，改革开放以来，中国国内生产总值年平均增长速度约为 9.6%，而农村居民消费增长率只有 6.9%，农村居民消费增长比 GDP 增长慢 2.7 个百分点。进一步具体分析可以发现，在改革开放初期（1978—1983 年），特别是 1980 年开始，农村居民消费增长速度明显高于经济增长。1980 年，农村居民消费增长速度为 8.6%，而 GDP 增长速度为 7.8%，随后，农村居民消费增长速度进一步加速，到 1983 年增长率达到 10.5%，高于 GDP 增长 1.5 个百分点。然而，从 1984 年开始至 2008 年，除个别年份之外，GDP 增长速度明显高于农村居民消费增长。统计数据显示，1984—2008 年 GDP 的年均增长率达到 10.3%，而农村居民消费年均增长率只有 5.9%。但是，随着 2008 年全球经济危机的持续

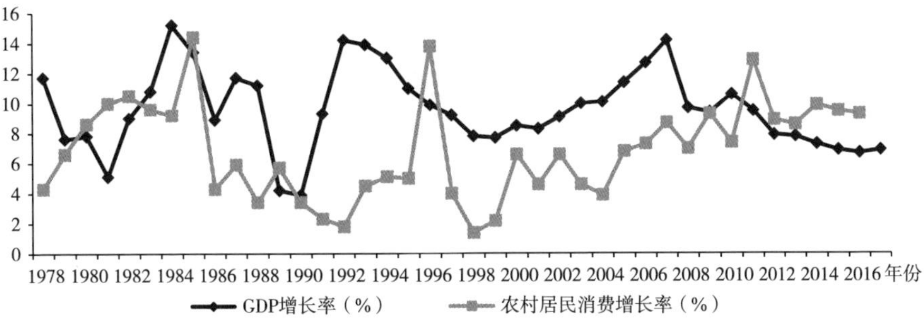

图 3—4　改革开放以来中国农村居民消费水平增长率和 GDP 增长率

数据来源：根据历年《中国统计年鉴》计算得出。
注：图内增长率数据为扣除价格因素后的实际增长率。

① 钱纳里：《发展的型式 1950—1970》，经济科学出版社 1988 年版。

影响，经济增长速度有所放慢，2009年居民消费的增长速度和经济增长速度大致相当，均为9.4%左右，随后才有所回升，并呈现出逐步超过GDP增长速度趋势，消费对经济增长的拉动作用不断显现出来。

二、阶段特征

农村居民消费变化呈现出不同的阶段性特征。由于不同发展阶段的宏观经济环境以及相关政策的影响，农村居民消费呈现出阶段式波动变化特征，从农村居民消费水平增长速度看，如图3—4所示，农村居民消费波动可以分为以下五个阶段：

第一阶段：1978—1985年，农村居民消费水平第一个高速增长时期。十一届三中全会之后，农村问题得到重视，特别是家庭联产承包责任制等惠农政策的实施，大大改善了居民生活，农村居民消费需求大量释放，消费水平持续高速增长，增长速度从1978年的4.3%增加到1985年的14.4%。

第二阶段：1986—1992年，农村居民消费增速放缓时期。这个阶段，农村居民消费水平增长速度明显下降，扣除价格因素后，1986年农村居民消费水平实际增长率降至4.3%，相对于1985年减少了10.1个百分点，随后增长速度进一步减缓，到1992年仅为1.8%。这主要与该阶段农村居民人均可支配收入增长缓慢有关，1985年农村居民人均可支配收入增长率高达11.9%，但1986年开始明显变缓，1986年农村居民人均可支配收入增长速度降至6.6%，随后进一步减少，到1991年增长率只有3.2%。收入是影响居民消费的主要因素，因此，收入水平的缓慢增加直接影响了居民消费水平增长。

第三阶段：1993—1996年，农村居民消费第二个快速增长时期。如图3—4所示，在经历了第二阶段的速度下滑后，农村居民消费水平再次进入高速增长时期，1993年农村居民消费实际增长速度增加到4.5%，相对于第二阶段末期增加了3.7个百分点，随后居民消费年均增长速度均保持在5%以上，到1996年甚至达到13.8%的速度增长。

伴随着国家对农副产品收购价格的提高，在政府的宏观调控下，工业品和其他生活消费价格通货膨胀趋势得以控制，农村居民收益明显，1996年农村居民人均可支配收入达到1926.1元，相对于1992年翻了近两番，相应地，伴随着收入的快速提升，农村居民消费增长明显。

第四阶段：1997—2004年，农村居民消费低速增长时期。受亚洲金融危机的影响，该时期整体国民经济增长速度放缓，因此，相对于1996年的高速增长，1997年农村居民消费水平增长速度明显降低，仅为4%，随后尽管有小幅波动，但增长速度均不超过6%，农村居民消费基本呈现出低速增长特征。

第五阶段：2005年至今，农村居民第三个高速增长时期。随着中国加入WTO以及2006年国家取消农业税，农村居民消费水平不断提升，2005年增长速度增加到6.8%，随后进一步加快，到2011年农村居民消费水平增长速度达到12.9%，创造了近二十年来相对较高纪录，尽管2012年后受经济危机的影响，收入水平增速放缓，从而影响居民消费水平，但其增长速度也基本保持在8.5%左右。相对于其他阶段，该时期农村居民消费水平平均增长速度相对较高。

第二节　中国农村居民消费变化的结构特征

一、城乡结构特征

从总体消费规模看，城乡居民消费规模持续增加的同时，规模差距也在不断扩大。总体来看，改革开放以来，城镇居民消费和农村居民消费规模都在不断扩大，农村居民消费支出由1978年的1092.4亿元增长到2019年的83642亿元，增长了约76倍，城镇居民消费支出由1978年的666.7亿元增长到2019年的302253亿元，增长了约452倍。但是，由于中国的“二元经济”结构特征，城镇和农村居民的消费规模变化却呈现出不同的特征，城镇和农村居民消费差距不断扩大。如图3—5所示，在居民消费的城乡构成中，城镇居民消费所占比重呈上升趋势，该比重从 1978 年的 40%左右上升到 2019 年的 78%左右。相对应的，农村居民消费所占比重则呈下降趋势，从 1978 年的 60%左右下降到 2019 年的 20%左右。同时，1990 年之前，城镇居民消费支出所占居民消费的比重都低于农村居民消费支出所占比，而 1990 年后城镇居民消费支出所占比重开始超过农村居民消费支出所占比，且城镇和农村居民的消费占比差距呈逐年扩大的趋势。当然，随着我国工业化和城镇化建设的推进，越来越多的农村劳动力转移至城镇，城镇人口不断增加，从而表现出城镇居民消费支出占比明显上升趋势。

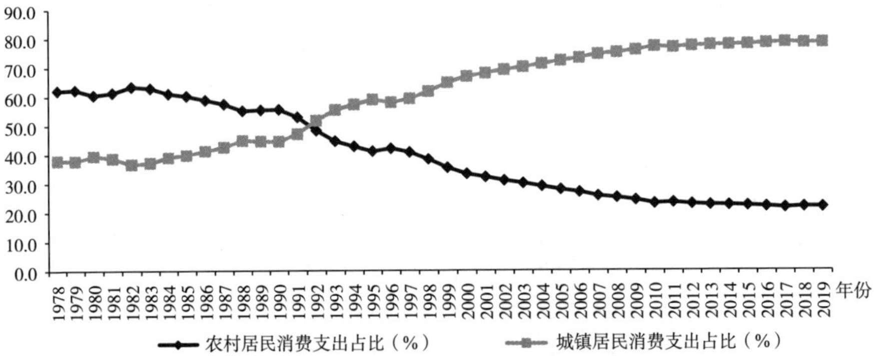

图 3—5　改革开放以来城镇和农村居民消费支出比重

数据来源：根据历年《中国统计年鉴》计算得出。

从人均消费水平看，城乡居民消费水平不断提高，城乡差距波动明显。随着收入水平的提高，居民消费水平也呈现出明显的上升趋势。如图 3—6 所示，1978 年我国城镇居民人均消费水平仅为 311.2 元，到 2019 年已达到 28063.4 元，是 1978 年的 90 倍。与此同时，随着我国农村居民纯收入的不断提高，我国农村居民消费支出也在不断增加，1978 年我国农村居民人均消费支出仅为 116.1 元，到 2019 年达到 13327.7 元，增长了 113 倍多。但是，从城乡人均消费水平之比来看，波动非常明显，呈现出不同的阶段特征：第一个阶段，1978 年至 1990 年，随着农村居民消费需求的大量释放，特别是在改革开放初期，农村居民消费水平增长明显快于城镇居民，从而表现出城乡消费水平之比不断减小，从 1978 年的 2.7 下降到 1984 年的 2.0，随后城乡消费水平差距相对稳定，城乡消费之比保持在 2.2 左右；第二个阶段，1990 年至 2010 年，城乡消费差距不断扩大，城乡消费水平之比从 1990 年的 2.2 上升到 2002 年的 3.3；2002 年至今，城乡消费差距扩大趋势得到缓解，特别是 2005—2010 年，城乡消费水平之比基本稳定在 3.1，之后随着国家扩大内需战略实施，尤其是出台了一系列拉动农村市场需求的消费政策，城乡消费差距进一步缩小，到 2019 年城乡消费水平之比下降到 2.7。

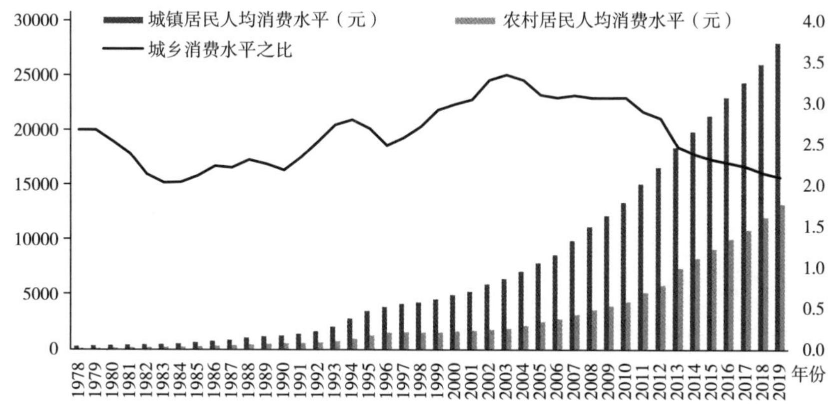

图 3—6　改革开放以来居民人均消费水平及其城乡之比

数据来源：根据历年《中国统计年鉴》计算得出。

从恩格尔系数看，城镇和农村居民的恩格尔系数都呈现出持续下降趋势。测度居民的消费结构一个通用指标是恩格尔系数，即食品支出占消费支出的比重。随着我国居民收入水平的持续提高，城镇和农村居民的恩格尔系数都呈现出不断下降趋势，体现了城乡居民消费结构的不断升级优化。但是，城乡比较来看，如图 3—7 所示，农村居民的恩格尔系数始终高于城镇居民的恩格尔系数。联合国粮农组织将恩格尔系数划分为以下几个标准：59％以上为绝对贫困；50％～59％为温饱；40％～49％为小康；30％～39％为富裕；30％以下为最富裕。对照联合国标准，对于城镇居民而言，1978—1993 年仍处于解决温饱阶段，1994—

1999 年进入小康水平，恩格尔系数仍在 0.4 以上；2000 年至今，开始进入富裕阶段。对于农村居民而言，改革开放初期，整体消费结构层次还比较低，用于食品消费支出比例高达 60%以上，处于绝对贫困水平。之后，随着农村居民收入水平的提高，才逐步由贫困向温饱阶段转变，1985 年开始农村居民恩格尔系数降为 0.578，到 2000 年才开始跨入小康阶段，2000 年恩格尔系数进一步降至 0.491，2012 年至今处于小康向富裕阶段过渡，恩格尔系数开始降至 0.4 以下。可见，城镇和农村居民用于食品外其他消费支出占总消费支出比重在不断上升，居民的消费需求结构逐步从低层次向高层次优化升级。

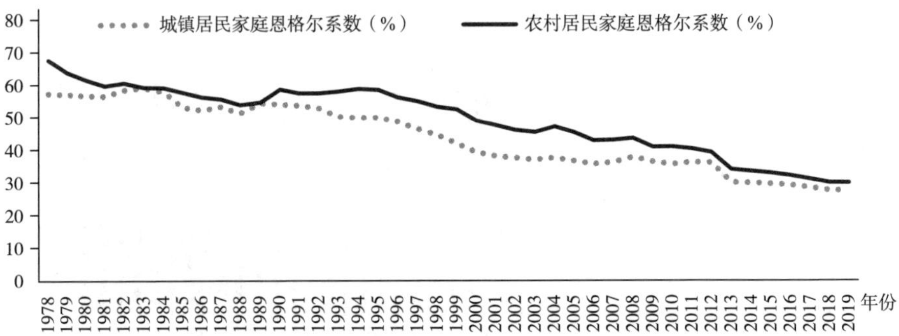

图 3—7　改革开放以来我国城镇和农村居民家庭恩格尔系数

数据来源：根据历年《中国统计年鉴》计算得出。

二、区域结构特征

为了更好地反映我国不同区域农村居民消费差别，研究进一步以全国 31 个省、自治区、直辖市农村居民人均消费支出数据为基础，从东部、中部、西部及东北地区角度对居民消费进行区域比较。对于地区划分，研究参照《中国统计年鉴》中的地区分组，对 1993 年以来中国分地区农村居民家庭平均每人生活消费支出数据进行整理（见表 3—1），其中，东部地区包括 10 个省、市：北京市、天津市、河北省、上海市、江苏省、浙江省、福建省、山东省、广东省、海南省；中部地区包括 6 个省：山西省、安徽省、江西省、河南省、湖北省、湖南省；西部地区包括 12 个省自治区、直辖市：内蒙古自治区、广西壮族自治区、重庆市、四川省、贵州省、云南省、西藏自治区、陕西省、甘肃省、青海省、宁夏回族自治区、新疆维吾尔自治区；东北地区包括 3 个省：辽宁省、吉林省、黑龙江省①。

表 3—1　中国东、中、西部及东北地区农村居民家庭人均生活消费支出情况

（单位：元）

年份	东部地区		中部地区		西部地区		东北地区	
	绝对值（元）	增长率（%）	绝对值（元）	增长率（%）	绝对值（元）	增长率（%）	绝对值（元）	增长率（%）
1993	1132.2	29.7	670.6	35.1	623.4	23.1	787.3	30.5
1994	1475.6	30.3	912.3	36.0	772.0	23.8	1045.7	32.8
1995	1915.9	29.8	1132.8	24.2	1002.9	29.9	1482.1	41.7
1996	2234.4	16.6	1436.0	26.8	1177.8	17.4	1604.7	8.3
1997	2275.0	1.8	1466.3	2.1	1239.7	5.3	1654.4	3.1
1998	2313.2	1.7	1459.4	−0.5	1242.5	0.2	1546.3	−6.5
1999	2295.8	−0.8	1433.0	−1.8	1215.0	−2.2	1445.7	−6.5
2000	2480.3	8.0	1487.9	3.8	1306.2	7.5	1615.7	11.8
2001	2610.9	5.3	1561.5	4.9	1347.0	3.1	1684.2	4.2
2002	2597.5	−0.5	1646.9	5.5	1400.2	3.9	1711.8	1.6
2003	3014.7	16.1	1731.3	5.1	1494.2	6.7	1787.1	4.4
2004	3346.5	11.0	1961.8	13.3	1716.2	14.9	1960.5	9.7
2005	3409.0	1.9	2276.9	16.1	2022.9	17.9	2557.3	30.4
2006	3806.2	11.7	2559.9	12.4	2192.1	8.4	2781.1	8.8
2007	4281.0	12.5	2937.5	14.8	2526.9	15.3	3180.3	14.4
2008	4802.2	12.2	3375.6	14.9	2867.1	13.5	3720.3	17.0

① 1997 年全国人大八届五次会议决定设立重庆市为直辖市，并划入西部地区后，2000 年国家制定的在西部大开发中享受优惠政策的范围又增加了内蒙古和广西壮族自治区，因此，西部地区所包括的省级行政区增加为 12 个省（区、市）。

续 表

年份	东部地区		中部地区		西部地区		东北地区	
	绝对值（元）	增长率（%）	绝对值（元）	增长率（%）	绝对值（元）	增长率（%）	绝对值（元）	增长率（%）
2009	5148.6	7.2	3622.0	7.3	3238.7	13.0	4148.3	11.5
2010	5735.4	11.4	3957.4	9.3	3537.5	9.2	4352.1	4.9
2011	6856.3	19.5	4786.0	20.9	4187.9	18.4	5348.6	22.9
2012	7683.0	12.1	5469.0	14.3	4798.4	14.6	5941.2	11.1
2013	9510.0	23.8	5951.3	8.8	5573.3	16.1	7117.4	19.8
2014	11375.0	19.6	7917.3	33.0	7202.6	29.2	7923.5	11.3
2015	12473.8	9.7	8710.5	10.0	7906.0	9.8	8682.5	9.6
2016	13566.3	8.8	9599.9	10.2	8632.2	9.2	9632.8	10.9

数据来源：根据历年《中国统计年鉴》整理计算得出。

从区域消费水平比较看，东部地区农村居民人均消费支出明显高于其他地区，其次是东北地区和中部地区，西部地区相对较低。如表 3—1 所示，东部地区农村居民家庭人均生活消费支出从 1993 年的 1132.2 元上升到 2016 年的 13566.3 元，增长了约 11 倍。东北地区农村居民家庭人均生活消费支出从 1993 年的 787.3 元上升到 2016 年的 9632.8 元，增长了约 11 倍。对于中部地区而言，尽管在改革开放初期农村居民消费支出相对于东北地区要低，但是，随着国家“中部崛起”战略实施推进，居民收入和消费水平得以提升，与东北地区居民消费水平差距不断缩小，甚至在一些年份基本相当。相比之下，西部地区农村居民消费支出水平较低，到 2016 年家庭人均生活消费支出仅为 8632.2 元，落后于东部、中部及东北地区。

从区域消费支出增长速度看，消费支出水平相对低的西部和中部地区消费增长速度反而较快，消费支出相对较高的东部地区消费增长相对最慢。尽管不同区域农村居民家庭人均消费支出水平不同，但是，从总体上看，东部地区农村居民人均消费支出增长速度相对较低，1993—2016 年平均增长率仅为 11.7%，东北地区平均增长为 12%，而中部和西部地区平均增长率均达到 12.5%以上，比东部地区和东北地区分别高 0.8 个和 0.4 个百分点。

从区域消费差距变化看，东部与中部、西部及东北地区农村居民消费差距呈现出先扩大后缩小的趋势。1992 年邓小平南方谈话后，东部地区作为改革开放的试验区，率先掀起经济快速发展高潮，特别是国家东部沿海开发政策的战略倾斜，有效促进了东部地区经济社会发展和人民生活水平提升，相应地，农村居民消费支出也与其他地区差距逐步拉大。1993 年，东部地区与中部地区农村居民消费之比为 1.69∶1，与西部地区之比为 1.82∶1，与东北地区之比为 1.44∶1。随后，东部地区与其他地区差距不断扩大，以东部地区与中部地区差距比较为例，到 2003 年该比例增加到 1.74∶1。但是，这种地区消费支出差距扩大趋势从 2003 年开始逐步缓解，随着中国加入 WTO 以及国家对中西部地区分别实施的“中部崛起”“西部大开发”以及“东北振兴”政策的大力实施，中西部以及东部地区均得到很大程度发展，从而表现出居民消费水平的快速增长，与东部发达地区之间的消费支出差距逐步减小。同样以东部地区与中部地区差距比较为例，到 2016 年该比例已下降到 1.41∶1，地区之间的消费不平衡现象逐步缓解。

三、不同商品（服务）结构特征

图 3—8 和图 3—9 分别为改革开放以来农村居民对不同商品（服务）人均消费支出总量和构成情况。总体来看，随着我国居民收入水平的较快增长，整体消费环境不断改善，农村居民消费总量持续增长，尤其是 2000 年以后，消费总量增速明显加快。同时，农村居民消费结构持续优化，尽管食品、居住仍是农村居民主要消费支出类别，但农村居民消费逐步由生存型消费向发展型和享受型消费升级、由物质型消费向服务型消费升级、由传统消费向新型消费升级。

食品、居住等基本生存型消费依然是农村居民最主要消费类别，但消费结构演变趋势截然相反。如图 3—8 和图 3—9 所示，改革开放以来，随着经济社会的快速发展，农村居民对不同商品（服务）消费总量均有明显提升，其中，食品和居住消费支出总量明显高于其他商品（服务），特别是1992年以后，增速尤为明显，到2019年农村居民人均食品和居住消费支出分别为3998元和2871元，相对于1978年分别增加了约50倍和238倍，消费支出增长明显。但是，从消费结构看，一方面，食品消费支出比重呈现出快速下降趋势，农村居民恩格尔系数从1978年的67.7%下降到2019年30.0%。按照联合国标准，农村居民实现了从绝对贫困向富裕阶段的转变，居民消费从满足基本温饱问题为主

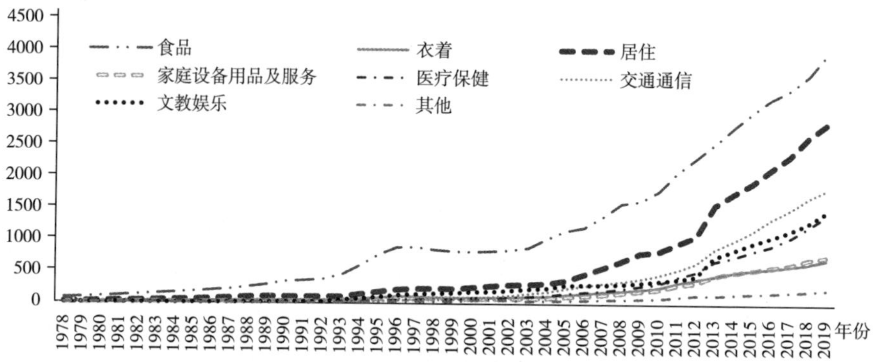

图3—8　改革开放以来中国农村居民不同商品（服务）人均消费支出总量

数据来源：根据历年《中国统计年鉴》计算得出。

注：1978年和1979年农村居民人均消费支出仅统计了食品、衣着和居住三大类支出，家庭设备用品及服务、医疗保健、文教娱乐以及其他消费支出从1980年开始统计数据。

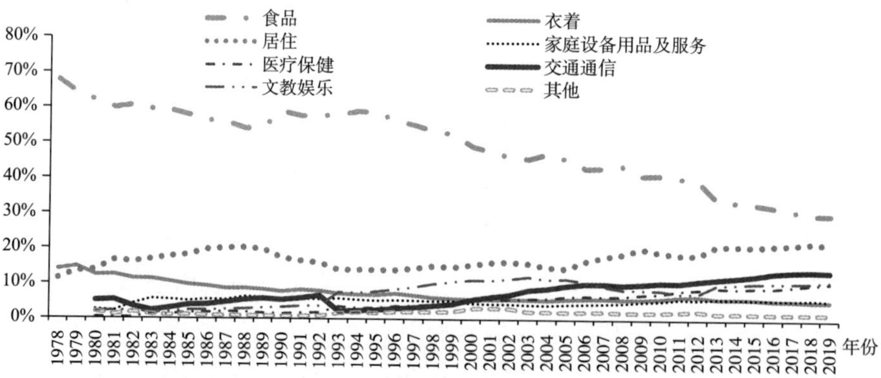

图3—9　改革开放以来中国农村居民不同商品（服务）人均消费支出构成

数据来源：根据历年《中国统计年鉴》计算得出。

逐步转向多种消费类别共同推进的消费格局，不仅在不同商品（服务）间逐步实现消费结构升级，而且食品消费内部也出现消费结构升级。如图 3—2 所示，用于满足农村居民家庭基本生存功能的粮食（原粮）、蔬菜等消费量不断下降，随着生活水平的提高，农村居民对猪牛羊肉、禽类、蛋类以及水产品等消费数量快速增加，食品消费质量日益提升；另一方面，居住消费支出比重呈现出明显的上升趋势。农村居民随着生活水平的提高，对居住要求也相应提高，越来越多的消费支出用于住房条件和居住环境的不断改善，居住消费支出比重从 1978 年的 11.4%增加到 2019 年的 21.5%。同时，城乡一体化、新型城镇化等战略推进，有效地促进了城乡居民生产、生活和居住方式等方面的协调发展，越来越多的农村居民就近就业，改善自有居住环境成为更多农村居民的重要消费支出，农村居民家庭住房在追求外观新颖漂亮的同时，越来越注重室内装潢考究、设施齐全等，追求居住消费质量提升必然带来消费支出比重增长明显。

衣着消费的基本必需品属性也在逐步改变，居民用于衣着方面的消费支出比重逐步减少。改革开放初期，农村居民仍处于绝对贫困水平，吃穿住仍是农村居民要解决的首要问题，衣着消费支出总量和支出比重都较高，1978 年衣着消费支出比重达到 14%，仅次于食品支出比重。但是，随着改革开放进程的不断推进，农村居民的消费需求也逐步从改革开放初期的解决基本生存问题转向了更高层次的消费，衣着消费不再是仅仅满足基本生活需要，越来越追求消费个性化、特色化等新的属性，但是从总体消费支出比重看，衣着消费支出比重不断下降，到 2019 年仅为 5.3%。

家庭设备用品及服务消费支出比重呈现出先上升后下降再缓慢上升的波动变化趋势。如图 3—9 所示，改革开放以来，农村居民家庭设备及用品消费在不同的发展阶段其变化趋势也不一样。在 1978—1990 年，随着生活水平的提高，在解决好温饱问题基础上，农村居民家庭设备用品及服务需求逐步得以释放，洗衣机、电冰箱、彩电等家用电器开始进入越来越多的农村居民家庭，如图 3—3 所示，到 1990 年农村居民家庭平均每百户拥有的洗衣机和彩电数量分别增加到 9.1 台和 4.7 台。但是，随着改革开放的全面推进，居民消费品种类更加丰富，农村居民不再局限于满足基本生存需要的物质型消费，尽管从消费总量上看，农村居民家庭设备用品及服务消费量增长明显，但其占总消费支出比例却呈现出下降趋势，消费支出比重从 1990 年的 6.1%逐步下降到 2004 年的 4.1%，更多的消费支出逐步体现在交通通信、文教娱乐等服务型消费类别。但是，从 2004 年开始，随着经济全球化进程的不断深入，计算机、互联网等信息技术的广泛应用以及农村基础设施的逐步普及，农村居民消费更加多样化，对于家庭设备用品及服务的需求呈现出新一轮的产品升级。同时，为了扩大农村居民消费需求，顺应农村居民消费升级的新趋势，国家也出台了一系列“家电下乡”政策，通过开发、生产适合农村消费特点的、物美价廉的家电产品，并给予相应的消费补贴，有效地刺激了农村家庭设备用品及服务市场需求，从而表现出农村居民家庭设备用品及服务消费支出比重明显上升，到 2019 年消费比重达到 6%左右。

交通通信、医疗保健、文教娱乐等服务型消费增速和占比上升势头明显。随着经济发展阶段的变化，在温饱问题解决之后，居民更加重视生活质量，特别是 2004 年之后，交通通信、文教娱乐、医疗保健等发展型和享受型消费增长明显加快，逐步成为农村居民消费新热点，成为农村居民消费升级的主要载体。一方面，居民收入水平提高是关键因素。我国中等收入群体约有 3 亿人，成为推动物质型消费为主向服务型消费为主转型的重要力量。对应到农村居民，家庭年均可支配收入在 10000 元以上的户数比重不断提高，根据农村住户调查数据统计，2005 年，农村家庭纯收入在 10000 元以上的户数占调查户比重仅为 3.4%，到 2012 年已上升到 30.3%；另一方面，国家出台的一系列扶持农村发展的相关政策有效地刺激了农村居民消费需求快速增长。随着国家 1986 年出台的《中华人民共和国义务教育法》以及 2006 年的进一步修订，九年义务教育制度名副其实地在全国范围内全面覆盖，农村居民教育意识不断加强，文教娱乐消费支出比重不断提升，从 1980 年的 2.1%上升到 2019 年的 11.1%，增加了 9.0 个百分点。同时，随着科学技术的发展，农村交通基础设施的改善以及通信方式的不断升级，推动了农村居民对交通通信消费支出的增长以及消费产品的更新换代。尤其是农村信息网络覆盖面的快速扩大，通信设备以及相关消费价格的大幅下降，进一步刺激了农村居民在交通通信方面的消费支出，与信息消费相关的移动电核、计算机等硬件设备，以及网络购物等软件消费都呈现了非常强劲的增长势头，从而表现出交通通信消费支出的快速增长。此外，农村居民对发展型和享受型消费的追求还体现在医疗保健方面的消费支出总量及比重增加。一方面，随着农村社会保障制度的不断变革，新农保、新农合、大病补助等一系列农村社会保障政策陆续出台，对农村医疗卫生器械设备、医护人员队伍建设、医药卫生保健用品及服务等政策扶持力度加大，为农村居民医疗保健消费提供了有效支撑和保障；另一方面，随着经济社会的发展，教育水平的提高，农村居民整体医疗保健意识也逐步加强，医疗保健消费需求随之扩大，并且向多元化、多层次发展。

四、不同收入分组结构特征

由于收入是影响消费的主要因素，显然，不同收入水平的农村居民消费同样存在着异质性，因此，研究进一步从不同收入分组角度分析农村居民的消费行为。对于不同收入分组农村居民人均消费支出，国家统计局从 2002 年才开始官方公布相关农村住户调查数据，但是，2013 年国家统计局开展了城乡一体化住户收支与生活状况调查，采用新口径统计后不再公布农村居民收入分组消费支出数据，因此，研究主要基于 2002—2012 年相关数据，探寻不同收入户农村居民消费支出变化趋势。

收入水平越低的农村居民消费支出年均增长速度越快。图 3—10 显示，总体上看，尽管不同收入组农村居民消费支出存在差异，但都呈现出较快增长趋势，各收入组农户消费水平增长均在 12%以上。但是，从不同收入户比较来看，2002—2012 年间，低收入户、中等偏下收入户、中等收入户、中等偏上收入户以及高收入户农村居民人均消费支出平均增长速度分别为 14.3%、13.2%、12.8%、12.8%和 11.4%，农村居民低收入户和中等偏下收入户人均消费支出年均增长速度快于其他收入户，显示出相对高的消费潜力。

收入水平越高的农村居民消费支出水平也相应较高。具体而言，2002 年，各收入组农户人均消费支出水平相对都不高，低收入组农户人均生活消费支出为 1006.4 元，中等偏下收入组农户为 1310.3 元，中等收入组农户为 1645 元，中等偏上收入组农户为 2086.6 元，高收入组农户为 3500.1 元，到 2012 年，各收入组农户人均消费支出分别增加到 3742.3 元、4464.3 元、5430.3 元、6924.2 元和 10275.3 元，可见，收入水平越高的农户一直保持着相对高水平的消费支出。

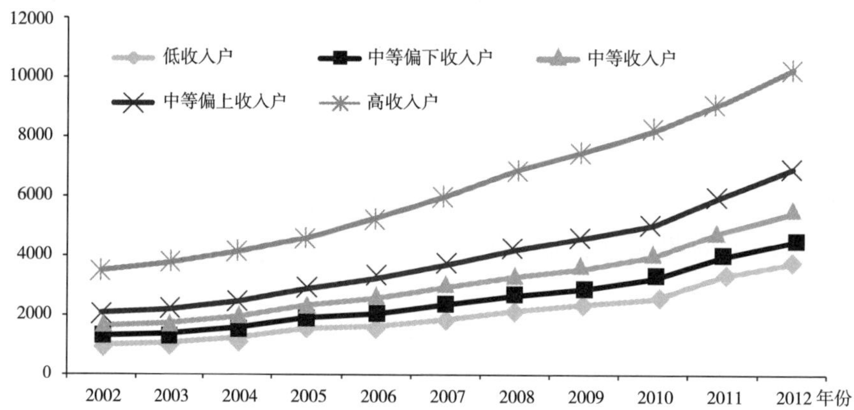

图 3—10　农村不同收入组人均消费支出情况

数据来源：根据历年《中国统计年鉴》计算整理得出。

第三节　中国农村居民消费变化的行为特征

一、消费主体特征

新生代农村居民逐步取代传统农村居民成为农村居民消费的主力。

改革开放以来，随着人口年龄结构的新老更替，传统的农村消费主体逐渐进入老龄化阶段，消费能力和消费行为明显滞后，相对应的，“70后”“80后”“90后”新一批农村居民逐渐成长。统计数据显示，2019年农民工平均年龄为40.8岁，从年龄结构看，40岁及以下农民工所占比重为50.6%，新生代农村居民逐渐成为农民工主体。而这些新生代农村居民是在改革开放以来城乡开放的环境下成长起来的，相对于传统农村居民，消费观念更为先进，消费模仿性更强，同时接受新型业态的适应和应用能力也更快。

农村居民文化素质的不断提升催生了消费观念转变和消费结构升级。如表3—2所示，1990年，60.5%的农村居民家庭劳动力文化程度只有小学及以下水平，其中，没有接受过任何教育的农村居民占到20.7%，整体文化素质较低，从而表现出来的消费行为也相对传统。但是，随着对教育的重视和推广，农村劳动力文化素质有了很大提升，到2019年，50.8%的农村居民达到初中文化程度，11.2%达到高中文化程度，2.0%达到大专及以上文化程度，农村居民整体文化程度明显提高，进而对居民消费观念、消费模式等均产生很大影响。

表3—2　中国农村居民家庭劳动力文化程度结构变化情况　（单位：%）

年份	未上过学	小学	初中	高中	大专及以上
1990	20.7	39.8	32.8	6.6	0.1
2019	3.5	32.5	50.8	11.2	2.0

二、消费观念特征

消费观念是指人们对其可支配收入进行分配以及对商品和劳务进行消费时的态度及价值取向。随着经济社会的发展以及消费环境的变化，农村居民的消费观念同样随之改变。

农村居民传统消费、谨慎消费的观念依然存在。农村居民消费观念受传统文化影响较大，特别是在中部和西部经济社会发展相对落后的一些地区，高储蓄低消费的谨慎消费观念普遍存在。由于农村社会保障体系还不够健全和完善，大部分农村居民仍然面临着治病难、养老难等问题，未来生活的不确定性在很大程度上严重影响了农村居民消费，因此，增加储蓄减少消费，同时消费类型仍以吃住行等基本消费为主，成为很多农村居民常见的消费观念。统计数据显示，改革开放以来，农村居民储蓄快速增长，按照国家统计局 2013 年前的旧口径统计，1986 年中国农村居民储蓄为 766.12 亿元，到 2011 年中国农村居民储蓄已上升到 70672.84 亿元，农村居民储蓄规模是 1986 年的 92.2 倍，年均增长率达到 20%，农村居民储蓄倾向明显提高。

随着生产力发展和劳动力文化素质的提升，现代消费理念开始逐步形成。随着生产力水平的不断提升，农村居民收入也不断提高，进一步夯实了农村居民消费观念转变的物质基础。此外，国家实施的义务教育法以及九年义务教育的推行和全面实施，农村居民文化素质得到很大提升，高文化素质劳动力的增加为现代消费观念形成提供了人力和智力支撑。社会消费品的不断增多以及现代消费观念的逐步形成，使农村居民消费逐渐从低层次向高层次发展，消费需求逐步多样化，特别是农村电商的快速发展，有效地促进了农村居民现代消费需求的实现和满足。

三、消费业态特征

业态是指零售商向消费者提供商品和服务的具体形态，即零售商将商品“卖给谁”“卖什么”和“如何卖”的具体营业形式。

从传统的实体店购物渠道转向网络购物。新一轮科技革命引领下，网络购物成为重要的新型消费业态。截至 2020 年 12 月，我国网络购物用户规模达到 7.82 亿人，相比 2010 年的 1.48 亿人，增长 1.3 倍。到 2020 年底，我国网购占零售总额比重近 25%，较 2010 年的 3.2%增加了近 22 个百分点，近 10 年来基本保持平均每年 2 个百分点的增速。一方面，从网购平台到电商生态系统的发展，为农村居民消费业态的转变提供基础和保障；另一方面，随着农村信息网络基础设施的全面铺设和应用，以及农村电商市场的开拓和发展，为农村居民消费业态转变创造了关键条件。

连锁、超市、新型专业店等成为农村居民新兴零售消费业态。随着城乡一体化进程的推进，城镇消费对农村消费形成示范性效应，农村居民越来越主动接受和追求与城镇居民消费类似或相同的消费模式，特别是当农村居民收入水平显著提高后，对新型消费业态追求更加明显。以连锁、超市、新型专业店等为代表的新兴零售消费业态，由于其管理规范、商品丰富、质量保证、售后服务健全等特点，对农村居民消费市场表现出了较强的引导作用，同时，农村地区生活水平、市场条件、基础设施、物流配送等不断完善，新兴零售消费业态也会在一定条件下对拉动农村消费起到决定性作用。

第四节　本章小结

综合上文中对改革开放以来中国农村居民消费变化的总体特征、结构特征和行为特征的描述性统计分析，可以发现：

从总体上看，虽然农村居民消费总体规模不断扩大，但消费需求率和消费增长速度仍然偏低。改革开放以来，以家庭联产承包责任制为标志的一系列农村改革的不断推进，极大地调动了广大农村居民生产经营活动的主动性、积极性和创造性，可支配收入和消费支出水平不断提升，特别是在1978—1985年、1993—1996年、2005年至今这三个时间段，农村居民消费支出增长明显。尽管如此，长久以来存在的城乡二元结构阻碍了农村生产要素的合理配置与流动，从而表现出农村居民消费需求的增长明显落后于经济增长，农村居民消费率持续走低，农村居民有效需求仍然不足，严重制约了消费对经济增长的拉动作用。因此，加快提升农村居民消费需求是扩大内需的重中之重，是国家宏观经济调控的重要任务。

农村居民消费的城乡差距、区域差距依然存在。具体而言，一方面，从城乡比较看，不管是总体消费支出规模还是人均消费水平，1990年以后城镇居民和农村居民消费差距均呈现出不断扩大趋势。改革开放初期的一系列农村改革，使得长期被抑制的农村居民消费需求得以释放，农村居民消费支出明显增加，从而表现出1990年之前城镇居民消费支出所占居民消费的比重都低于农村居民，城乡人均消费水平之比不断下降。但是，随着社会主义市场经济体制的建立，工业化和城镇化进程的深入推进，越来越多的农村劳动力转移至城镇，城镇人口不断增加，从而表现出城镇居民消费支出占比明显上升趋势，城乡消费差距持续增加；另一方面，从区域比较看，尽管东部地区农村居民人均消费支出明显高于其他地区，但是，由于消费支出水平相对低的西部和中部地区消费增长速度反而较快，使得东部与中部、西部及东北地区农村居民消费差距呈现出先扩大后缩小趋势。

农村居民消费结构不断升级，逐步呈现出从以生存型消费为主向发展型和享受型消费并存的结构模式。尽管食品、居住等基本物质消费依然是农村居民最主要的消费类别，但是，农村居民恩格尔系数不断下降，交通通信、医疗保健、文教娱乐消费明显增加，农村居民对不同商品（服务）消费结构不断升级，从追求物质型消费向追求服务型消费转变。同时，对于每一类商品（服务）消费而言，其内部同样存在着消费结构升级，例如，食品消费越来越追求营养化、衣着消费更加个性化、家庭设备用品及服务消费更加高科技化和人性化。

新生代农村居民的成长以及整体文化素质的提升，促进了农村居民从传统消费向现代消费的转变。随着人口年龄结构的更替，农村传统劳动力逐步被“70后”“80后”“90后”等新生代农民所取代，消费观念、消费行为、消费结构等方面均表现出与城镇居民消费很强的相似性与模仿性，网络购物、连锁、超市、新型专业店等均成为农村居民新型消费业态。因此，创造和满足这部分新生代农村居民消费需求是进一步扩大农村消费市场的重要途径。

第四章　影响中国农村居民消费变化的因素分析：局部均衡视角

改革开放以来，我国农村居民消费规模不断扩大，消费结构逐步升级，但农村居民消费需求不足、消费增长相对滞后等问题仍然存在。扩大农村居民消费无论是对中国经济长期持续健康发展，还是对推进全面建成小康社会的建设，以及实现转变经济发展方式的目标都具有重要的战略意义。因此，有必要对影响农村居民消费的因素做进一步的梳理。根据前面文献回顾和分析研究可以发现，扩大农村居民消费是一项系统工程，需要政治、经济、社会各方面政策的相互协调才能够取得更好的效果。同时，结合已有研究以及改革开放以来国家出台的一系列扩大内需政策，可以初步筛选出制约我国农村居民消费需求增长的主要影响因素，并将影响农村居民消费变化的主要因素归纳为经济、文化、社会、政策等多维度影响，但对于具体相关因素的影响程度及其作用机制，还必须通过计量经济学、一般均衡分析等方法进一步分析。鉴于此，本章着重从局部均衡分析角度，提出相关分析的研究假说，并采用计量经济学的方法，对影响我国农村居民消费变化进行因素分析，研究其作用机理。

第一节　特征事实

结合已有消费理论以及相关文献研究和分析，可以发现，影响农村居民消费的因素可以归结为三大类，即经济因素、环境因素和消费者自身因素。其中，经济因素主要是通过收入结构、政府民生性支出结构、产业结构、价格水平、城市化水平等对居民消费影响；环境因素主要是指社会文化、法律政治以及自然环境等对消费者行为的影响；消费者自身因素主要是指不同消费者的消费观念、消费习惯以及个人的生理心理健康状况等存在的主体差异性影响。考虑到研究着重从宏观视角考察影响居民消费变化的因素情况，时间跨度比较长，消费环境因素、消费观念以及消费心理等因素数据获取有一定的限制性，因此，本章暂不对这些影响因素加以讨论，而是着重探讨在剔除价格波动影响下的经济影响因素以及消费者自身的消费习惯因素如何影响农村居民消费，从而为新一轮积极财政政策实现“促进形成强大国内市场”这一宏观调控目标提供理论依据。为了更好地验证相关因素与农村居民消费之间的关系，研究首先从时间序列上给出相关影响因素与农村居民消费支出的变动关系。

图 4—1 显示改革开放以来农村居民消费与收入的变动趋势。收入水平的高低直接决定了消费能力的高低，是影响农村居民消费的核心因素。总体上看，改革开放以来人均可支配收入一直与农村居民消费支出呈现出同步变动趋势，随着农村居民人均可支配收入的不断增加，消费

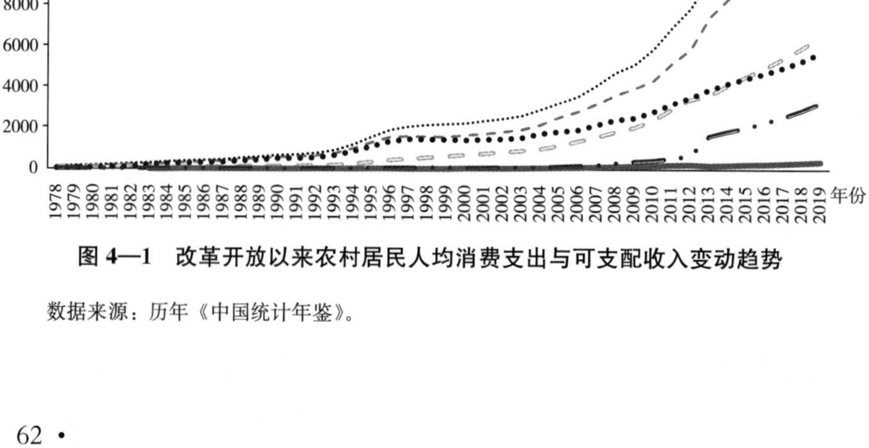

图 4—1　改革开放以来农村居民人均消费支出与可支配收入变动趋势

数据来源：历年《中国统计年鉴》。

支出水平也相应提升。但是，从不同收入来源构成看，对农村居民消费支出的影响又存在着一定的差异。基于收入稳定性不同，从而表现出有些收入变动相对稳定，进而影响长期消费支出，而有些收入只是会影响短期暂时性收入波动，对长期消费支出变动影响不明显。具体而言，如图 4—1 所示，农村居民工资性收入和经营性收入与消费支出变动保持着相对稳定的长期均衡关系，财产性收入与消费之间的同步变动关系在 2006 年之后开始逐步显现，而转移性收入长期以来不仅相对比重较低，而且基本保持稳定，与消费支出并没有呈现出长期的稳定关系。

图 4—2 显示改革开放以来农村居民消费与政府财政文教卫生和社会保障支出的变动趋势。政府财政公共支出主要分为两大类，一是购买性支出，表现为购买进行日常政务活动所需商品与劳务的支出，例如文教娱乐、基本建设等支出；二是转移性支出，表现为政府无偿向居民和企业、事业以及其他单位供给财政资金，例如社会保障支出、财政补贴等。其中，社会保障主要包括社会救济、社会保险、社会福利和优抚安置等。从长期来看，如图 4—2 所示，农村居民人均消费支出与财政文教卫生和社会保障支出均呈现出持续增长态势，并显示出相对稳定的均

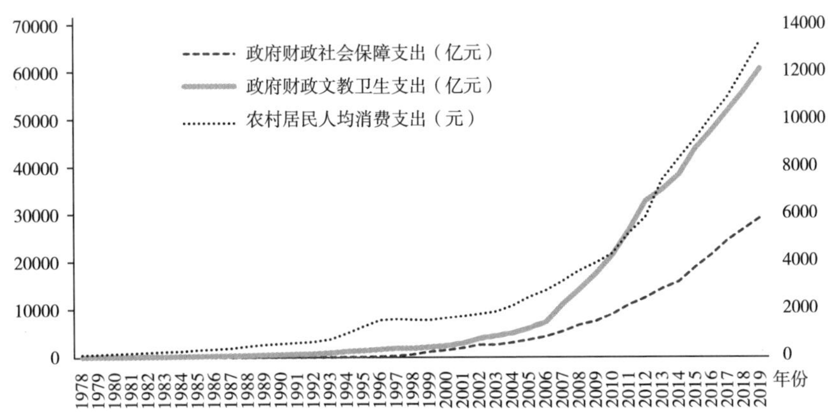

图 4—2　改革开放以来农村居民人均消费支出与财政文教卫生和社会保障支出变动趋势

数据来源：历年《中国统计年鉴》。

衡增长关系，特别是2010年之后财政文教卫生支出显示出与农村居民消费之间更为明显的相关性。

图4—3显示改革开放以来农村居民消费与城市化率以及工业增加值占GDP比重的变动趋势。中国的二元经济结构使得城乡居民消费差距明显，随着城市化进程的持续推进，传统的二元经济结构不断调整，在推动农村居民的消费观念、消费行为不断向城镇居民靠拢的同时，拉动了农村居民消费需求，所以，农村居民消费支出与城市化进程显示出相对稳定的同步增长关系，特别在2010年之后，农村居民消费支出显示出更快的增长效应。与城市化进程相伴随的还有工业化，并且工业化进程与农村居民消费之间的相互关系呈现出一定的阶段性变化特征。如图4—3所示，伴随着工业化中期和后期阶段的到来，尽管工业增加值占GDP比重持续下降，但是，农村居民消费呈现出更为显著的增长趋势。

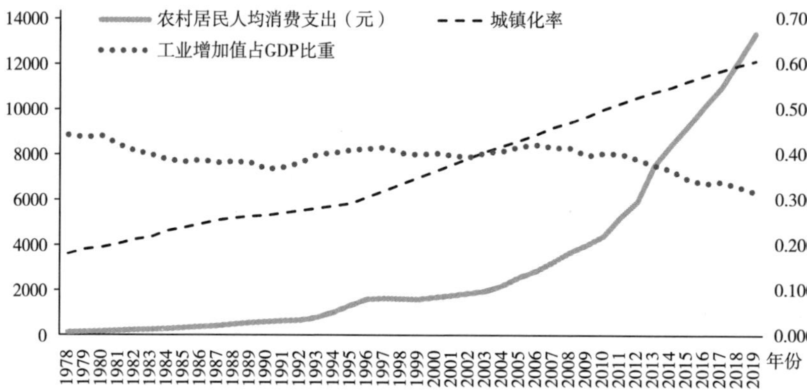

图4—3　改革开放以来农村居民人均消费支出与城市化率、工业增加值占比变动趋势

数据来源：历年《中国统计年鉴》。

第二节　分析框架

从上文分析可以发现，农村居民收入、财政文教卫生、社会保障支出、工业化、城市化等均显示出农村居民消费长期稳定的相互变动关系，因此，为了更好地验证不同变量与农村居民消费之间的相关性，在相关理论基础和文献研究的基础上，寻找这些影响因素与农村居民消费之间相互联系的内在规律，通过实证分析进行验证。

首先，收入是消费的基础和前提，其水平高低直接影响居民消费能力的高低。从凯恩斯的绝对收入理论、杜森贝利的相对收入理论，到莫迪利安尼的生命周期理论以及弗里德曼的永久收入理论等西方消费理论，都系统地分析了收入和居民消费之间关系，认为收入是决定居民消费的最重要因素。收入是影响农村居民消费的核心因素，其影响存在收入结构差异。工资性收入、财产性收入、转移性收入、经营性收入构成了收入初次分配的主要来源，不同的收入来源形式对农村居民消费影响是不同的。通过收入初次分配和再次分配的调整，不同形式的收入之间是不能完全替代的，居民在进行消费决策时会内在地将不同的收入加以区分。近年来，由于居民收入在国民收入中占比低于政府和企业部门，居民可支配收入占比下降主要发生在初次分配阶段，主要来源是初次分配中劳动收入占比和财产收入占比下降（白重恩、钱振杰，2009）。而初次分配对居民的消费的影响更大，增加居民的工资性收入和经营性收入是促进消费的长久之策（方福前、张艳丽，2011）。同时，居民对不同类型的收入会做出不同的反应，居民会将其收入中持久收入变动的大部分用于消费，暂时收入的变动大部分会储蓄起来。而对于预防性储蓄动机等不确定性因素对农村居民消费的影响可以通过社会保障制度的改革和完善来抵消，因此，研究在对影响因素分析时不再具体考虑不确定性因素影响。

其次，针对“市场失灵”，需要发挥政府“有形之手”的作用，通过购买性支出和转移性支出等行为弥补市场不足造成的垄断、负外部性、再分配不公等领域的缺陷。良好稳定的消费环境是促进居民消费增长的前提条件。由于市场机制本身并不能保证收入均等化和产品的有效供给，因此为了避免消费需求不足，政府干预必不可少。政府公共支出主要分为两大类，一是购买性支出，表现为购买进行日常政务活动所需商品与劳务的支出，例如教育文化科学支出、医疗卫生支出、社会保障支出等民生性公共支出手段有利于调节收入分配结构对农村居民消费的影响，从而间接地影响农村居民消费预期和边际消费倾向，刺激消费能力提升；二是转移性支出。转移性支出作为政府对居民的单方向、无偿转移，其影响机制主要体现在对居民的收入再分配环节，通过社会保障、捐赠支出、财政补贴等形式直接增加收入水平，进而对居民消费需求产生影响。表现为政府无偿向居民和企业、事业以及其他单位供给财政资金，例如社会保障支出、财政补贴等。转移性支出作为政府对居民的单方向、无偿转移，其影响机制主要体现在对居民的收入再分配环节，通过社会保障、捐赠支出、财政补贴等形式直接增加收入水平，进而对居民消费需求产生影响。

从理论上看，政府支出对居民消费影响表现为两类：挤入效应和挤出效应，但学术界对于政府支出到底是挤入还是挤出居民消费并没有一致的结论。凯恩斯理论认为政府支出增加会直接影响社会总需求，并通过乘数效应导致国民收入以支出的倍数递增，进而影响消费，但是新古典主义理论认为政府支出对消费的替代效应高于收入效应，增加政府支出从根本上只有通过提高税收实现，其结果会削弱居民财富和居民消费，从而表现出政府支出对居民消费具有一定的挤出效应。在对中国政府支出影响的实证研究方面，独特的城乡二元结构下的城乡差异以及地区差异决定了政府支出对居民消费影响的复杂性，所以研究结论也不一致。洪源（2009）、潘彬等（2006）、陈钰芬（2004）、李广众（2005）、楚尔鸣和许先普（2013）等研究认为政府支出对居民消费具有挤入效应，胡蓉等（2011）、张治觉和吴定玉（2007）、袁芳英（2010）研究认为政府支出对居民消费具有挤出效应。但是，胡永刚和郭新强（2012）研究发现，政府支出增加究竟挤入还是挤出居民消费取决于两种效应的比较以及政府的生产性支出比重和税负水平。

再次，农村居民的当期消费支出会受到前期已形成的消费习惯的影响，从而表现出在一定时间内不会出现大幅度的波动。由于居民消费习惯的存在，即前期消费会影响当期消费水平，因此，在考虑影响农村居民消费的经济因素外，研究进一步将居民消费习惯变量纳入分析。杜森贝利的相对收入理论表明，消费者之间存在着横向关系和相互影响，居民的消费支出不仅依赖于当期实际收入水平，还受消费者过去的消费习惯影响，而且一旦形成习惯消费就很难改变，即消费的“棘轮效应”。人们对以前的消费存在心理依赖，即人们的消费偏好具有时间不可分性，这使得人们的消费行为表现出一定的习惯，造成了人们当期支出的效用水平不仅依赖于当期的支出水平，而且也受制于在前期已经形成的习惯。习惯越强，当期支出所带来的效用水平就会越低（Dynan，2000）。

然后，工业化进程、城市化水平等经济因素是影响农村居民消费的重要潜在因素。工业化是由传统农业社会生产向现代工业社会生产转变的历史演进过程。生产是起点，消费是目的，两者相互作用和影响。一方面，消费结构变化是产业结构变化的根本动因，满足消费需求是社会生产的目的，其不断调整的消费需求结构变化推动了生产环节的技术提升和产品换代；另一方面，产业结构的调整和变动不仅会直接刺激新的消费需求产生，而且产业结构的优化升级会促进经济增长，居民收入水平相应提高，进一步推动居民消费水平和消费结构变化。此外，城镇化水平作为衡量一个国家发展程度的重要指标，对农村居民消费增长具有显著影响。随着城镇化进程的不断推进，不仅城乡居民收入格局发生改变，而且农村居民消费习惯、消费心理和消费方式也在逐步发生改变，农村居民消费习惯不断向城镇居民靠拢，农村居民消费需求逐步多样化，消费结构不断改善。

最后，收入不确定性是影响农村居民消费的重要风险因素。自Hall（1978）将不确定性和理性预期引入生命周期—持久收入假说（LC-PIH）开始，之后发展起来的预防性储蓄假说、流动性约束假说、过度敏感性假说等各种消费理论都将不确定性因素视为影响居民消费的重要变量（王健宇，2010）。由于农业生产最本质的特点是自然再生产和经济再生产相互交织，因此，农业生产过程中存在着“自然”和“市场”的双重风险，致使农村居民面对的收入不确定性相对深刻，对其消费决策的影响更加明显（陈冲，2010）。

第三节　模型设定与数据

一、计量模型设定

根据以上分析，研究认为，我国农村居民消费除了与传统的收入水平有关，不同的收入来源对促进农村居民消费的影响存在差异，同时，还与政府的教育、医疗等购买性支出、社会保障、财政补贴等转移性支出以及价格水平、农村居民的消费习惯相关。在对相关影响因素进行测度评价时，可以归结为三大类变量，即核心变量是农村居民不同来源收入，主要包括工资性收入、经营性收入和转移性收入。尽管财产性收入[①]也是居民人均可支配收入的来源构成之一，但是，按此界定，显然农村居民拥有的财产性收入相对较少，2019 年我国农村居民人均财产性收入仅为 377.3 元，占可支配收入比重 2.4%，在农村居民收入来源结构中作用微乎其微。因此，在分析不同收入来源结构对农村居民消费影响作用时，暂不考虑财产性收入影响。基础变量是政府民生性公共支出，分别用教育科学支出、医疗卫生支出、社会保障支出。同时，为保证实证结果的稳健性，研究进一步将工业化、城镇化水平以及收入不确定性等对农村居民消费有重要潜在影响的因素作为稳健控制变量。考虑到我国不同区域的经济社会发展水平存在较大差异，相关因素对不同地区的农村居民消费影响也会有所差别。因此，为了验证以上判断，并突出我国不同地区农村居民消费的差异性，研究从地区视角对我国东部、

① 财产性收入定义参照国家统计局发布的《中国统计年鉴》中对居民可支配收入统计指标的相关解释，主要是指居民通过将其所拥有的金融资产、住房等非金融资产和自然资源交由其他机构单位、住户或个人支配而获得的回报并扣除相关的费用之后得到的收入，按照国家统计局规定，包括利息净收入、红利收入、储蓄性保险净收益、转让承包土地经营权租金净收入、出租房屋净收入、出租其他资产净收入和自有住房折算净租金等。

中部、西部和东北地区数据建立面板数据模型，模型形式如下：

$$\begin{aligned}\mathrm{Ln}(c_{k,it}) = {} & \alpha_k + \beta_{1k}\ln(c_{k,it-1}) + \beta_{2k}\ln(gy_{k,it}) + \beta_{3k}\ln(jy_{k,it}) + \\ & \beta_{4k}\ln(zy_{k,it}) + \beta_{5k}\ln(gj_{k,it}) + \beta_{6k}\ln(gl_{k,it}) + \\ & \beta_{7k}\ln(gs_{k,it}) + \beta_{8k}\ln(is_{k,it}) + \beta_{9k}\ln(ur_{k,it}) + \varepsilon_{k,it} \qquad (4—1)\end{aligned}$$

其中，$k=1$，2，3，4 分别为我国东部、中部、西部和东北地区；$i=1$，2，3 分别为各区域内代表性省份；t 为时期；$c_{k,it}$ 为我国不同区域内各代表性省市农村居民人均消费支出；$c_{k,it-1}$ 代表消费习惯，用前期农村居民人均消费支出表示；$gy_{k,it}$ 为各地区代表性省市农村居民人均可支配工资性收入；$jy_{k,it}$ 为各地区代表性省市农村居民人均可支配经营性收入；$zy_{k,it}$ 为各地区代表性省份农村居民人均可支配转移性收入；$gj_{k,it}$ 为各地区代表性省市政府教育科学财政支出；$gl_{k,it}$ 为各地区代表性省市政府医疗卫生财政支出；$gs_{k,it}$ 为各地区代表性省市政府社会保障财政支出；$is_{k,it}$ 为各地区代表性省市工业产值占 GDP 比重，$ur_{k,it}$ 为各地区代表性省市城镇化率，$adr_{k,it}$ 为各地区代表性省市农村居民收入不确定性，$\varepsilon_{k,it}$ 为误差项。由于统计部门从 2004 年开始不单独统计公布政府价格补贴数据，鉴于数据的完整性，对于政府公共支出影响中暂不单独分析财政价格补贴对农村居民的消费影响。

二、样本数据说明

研究中地区数据主要是从东部、中部、西部及东北地区选择几个有代表性的省市进行比较，其中，东部地区选择江苏、浙江和上海，中部地区选择安徽、湖南和湖北，西部地区选择陕西、四川和重庆，东北地区选择辽宁、吉林和黑龙江。由于不同省市统计部门在相关数据统计口径上存在差异，即使是相同指标也会出现前后年份统计口径的不一致，例如，对于农村居民不同收入来源统计，在 2000 年之前部分省份仅统计生产性收入和非生产性收入，并没有严格划分工资性收入、经营性收入、财产性收入和转移性收入四大类。再如，改革开放初期，大多省份对于地方政府公共财政支出类型统计相对粗，难以区别出财政教育支出、医疗卫生支出、社会保障支出等具体类别。因此，为了不同地区分析数据统计标准的一致性和连贯性，模型估计中主要选取2000—2017年数据进行分析，相关数据主要来源于各地区代表性省市的地方统计年鉴和财政年鉴。

同时，考虑到价格水平的变化，为增加和确保实证检验结果的可信度，所有数据必须经过价格指数平减修正处理，将现价变量转化为实际变量，以消除价格波动影响。对变量原始数据进行价格指数平减。具体而言，各地区农村居民人均消费支出以及人均可支配工资性收入、经营性收入、财产性收入、转移性收入，用农村居民消费价格指数平减处理；各地区政府教育科学、医疗卫生财政支出分别用医疗保健、教育文娱及服务的价格指数修正；由于统计部门出台的居民消费价格分类指数中没有单独统计社会保障类别消费价格指数，研究中用服务价格指数代替进行修正处理。

此外，对于农村居民收入不确定性变量的测量，研究中主要参照王健宇（2010）的测量方法，引入调整离差率作为收入不确定性的代理变量。调整离差率即预期之外的收入的波动量占该年份预期收入的百分比，反映了预期之外的收入与居民预期收入之间的偏离程度，与不确定性的概念相吻合，可以用于测量居民收入不确定性的大小。因此，按此定义界定，收入不确定性存在正向和负向影响两个方面，即预期之外的收入意外增加和意外减少两种可能性。

各变量数据的相关统计值见表4—1。

表4—1　各变量的描述性统计

变量		含义	单位	均值	最大值	最小值	标准差
	c	农村居民人均消费支出	元	5324.3	17359.0	1251.2	3498.2
核心变量	gy	农村居民人均可支配工资性收入	元	2377.1	13393.5	326.9	2299.7
	jy	农村居民人均可支配经营性收入	元	2183.6	5649.10	500.5	1049.2
	zy	农村居民人均可支配转移性收入	元	550.5	4076.3	25.2	693.9

续　表

变量		含义	单位	均值	最大值	最小值	标准差
基础变量	gj	政府财政教育科学支出	亿元	380.8	1639.4	28.0	335.3
	gl	政府财政医疗卫生支出	亿元	125.4	551.3	7.9	123.0
	gs	政府财政社会保障支出	亿元	228.2	861.7	1.0	181.9
控制变量	is	工业产值占 GDP 比重	/	0.4	0.5	0.2	0.1
	ur	城市化率	/	0.5	0.9	0.3	0.1
	adr	收入不确定性	%	0.2	55.0	−30.6	7.5

数据来源：作者计算得出。

第四节　模型设定检验及估计结果分析

一、模型设定检验

（一）平稳性检验

一些非平稳的经济时间序列本身可能并没有直接的关联性，但却显示出同样的变化趋势，即出现为回归的现象。在此基础上的模型回归即使有较高的 R^2 值，其结果也是没有任何意义的。因此，为了确保估计结果的有效性，有必要先对各数据序列进行平稳性检验，避免伪回归。研究中涉及不同地区，属于面板数据模型，采用相同根检验方法 LLC 检验（Levin-Lin-Chu）和不同根检验方法 Fish-ADF（Fish-Augmented-Dickey-Fuller）检验进行平稳性检验。一般来说，若两种检验中均拒绝存在单位根的原假设，则此序列是平稳的，反之不平稳。结合表 4—2 和表 4—3 结果可以发现，各变量的所有对数序列均接受原假设，即不平稳，而其一阶差分在 5%的显著性水平下均拒绝原假设，即 lnc、lngy、lnjy、lnzy、lngj、lngl、lngs、lnis、lnur、lnadr 都是一阶单整的，其一阶差分是平稳序列，具备协整关系的基本条件。

表 4—2　各变量对数值及一阶差分的 LLC 检验结果

Variable	Lin & Chu t统计量	p 值	结论	一阶差分	Lin & Chu t统计量	p 值	结论
lnc	1.5634	0.9410	接受	dc	—5.5565	0.0000	拒绝
lngy	—0.6560	0.2559	接受	dgy	—5.0686	0.0000	拒绝
lnjy	1.1258	0.8699	接受	djy	—3.2159	0.0007	拒绝
lnzy	0.2217	0.5877	接受	dzy	—3.9737	0.0001	拒绝
lngj	—2.7353	0.0031	拒绝	dgj	—5.2323	0.0000	拒绝
lngl	—2.4998	0.0062	拒绝	dgl	—1.8523	0.0320	拒绝
lngs	—4.2334	0.0000	拒绝	dgs	—1.9917	0.0232	拒绝
lnis	—0.3105	0.3781	接受	dis	—3.8386	0.0001	拒绝
lnur	—4.7950	0.0000	拒绝	dur	—4.9263	0.0000	拒绝
lnadr	—10.5394	0.0000	拒绝	dadr	—20.7277	0.0000	拒绝

数据来源：作者计算得出。

表 4—3　各变量对数值及一阶差分的 Fish-ADF 检验结果

Variable	ADF-Fisher Chi-square 统计量	p 值	结论	一阶差分	ADF-Fisher Chi-square 统计量	p 值	结论
c	—3.0900	0.9990	接受	dc	6.8346	0.0000	拒绝
gy	—2.9135	0.9982	接受	dgy	5.6441	0.0000	拒绝
jy	—1.9771	0.9760	接受	djy	4.9238	0.0000	拒绝
zy	—2.3688	0.9911	接受	dzy	5.7799	0.0000	拒绝
gj	—2.4749	0.9933	接受	dgj	4.6075	0.0000	拒绝
gl	—2.5682	0.9949	接受	dgl	9.8447	0.0000	拒绝
gs	—0.0365	0.5145	接受	dgs	8.1693	0.0000	拒绝
is	—0.9223	0.8218	接受	dis	9.0648	0.0000	拒绝
ur	0.2532	0.4001	接受	dur	5.1557	0.0000	拒绝
adr	18.7898	0.0000	拒绝	dadr	60.8129	0.0000	拒绝

数据来源：作者计算得出。

（二）协整检验

协整检验是考察变量间长期均衡关系的方法。所谓的协整是指若两个或多个非平稳的变量序列，其某个线性组合后的序列呈平稳性，此时，我们称这些变量序列间有协整关系存在。因此，同阶单整是进行协整检验的前提和基础。由上文单位根检验结果可知，研究中各变量是一阶单整的，可以在此基础上对原方程进行回归，进一步考察各变量之间是否具有长期的均衡关系。研究中对于面板数据模型的协整检验主要采用 Kao 检验方法（见表 4—4）。各地区 Kao 检验结果表明，东部、中部、西部和东北各地区模型在 1%显著性水平下均拒绝不存在协整关系的原假设，通过了协整检验，模型变量之间存在着长期稳定的均衡关系，其方程回归残差是平稳的。

表 4—4　各地区 Kao 检验结果

地区	Dickey-Fuller t 统计量	p 值	结论
东部	－4.4798	0.0000	具备协整关系
中部	－3.1597	0.0008	具备协整关系
西部	－4.5046	0.0000	具备协整关系
东北	－6.1490	0.0000	具备协整关系

（三）异方差性检验

使用 Breusch-Pagan/Cook-Weisberg test 来检验可能存在的异方差性问题（见表 4—5），BP 检验结果显示 p 值均大于 0.05，均接受同方差的原假设，即不存在异方差性问题。

表 4—5　各地区 BP 检验结果

地区	p 值	结论
东部	0.1381	接受原假设，同方差
中部	0.0891	接受原假设，同方差
西部	0.2561	接受原假设，同方差
东北	0.0655	接受原假设，同方差

数据来源：作者计算得出。

(四) 内生性检验

由于不存在异方差问题，因此，可以使用 hausman 内生性检验（见表 4—6）。结果显示均拒绝原假设，认为存在内生解释变量。

表 4—6 各地区 hausman 内生性检验结果

地区	chi2	Prob>chi2	结论
东部	7.32	0.0068	拒绝原假设，存在内生解释变量
中部	6.75	0.0094	拒绝原假设，存在内生解释变量
西部	4.03	0.0446	拒绝原假设，存在内生解释变量
东北	12.22	0.0005	拒绝原假设，存在内生解释变量

数据来源：作者计算得出。

二、模型估计结果分析

由于研究中农村居民消费习惯通过农村居民消费支出的一阶滞后项反映，属于动态面板模型，因此，在进行平稳性检验、协整检验内生性和异方差检验后，采用系统广义矩估计（S-GMM）方法对模型进行估计，可以控制农村居民消费前期值与残差之间可能存在的内生关联性问题，同时也避免了其他解释变量与残差之间可能存在的内生关联。基于所构建的模型 4.1 对待估系数进行回归，结果如表 4—7 所示。其中，Arellano-Bond 为误差扰动项序列自相关的检验，检验结果显示，各地区模型 p 值均大于 0.05，表明均可以接受“扰动项 $\{\varepsilon_{k,it}\}$ 无自相关”的原假设，意味着系统 GMM 模型可以适用。AR（2）检验 p 值均大于 0.05，表明不存在二阶自相关，无需进行更高阶的检验了。Sargan 检验的 p 值均大于 0.1，表明均通过 Sargan 检验，不能拒绝模型设定的工具变量有效的零假设。以上设定检验的通过表明选取动态面板 GMM 估计的合理性。

第一，农民增收、城市化以及工业化进程对促进农村居民消费基本呈现出明显的正向刺激作用，而收入不确定性影响存在着正向和负向变动的地区差异。

表 4—7　我国东部、中部、西部和东北地区农村居民消费影响因素估计结果

变量	东部	中部	西部	东北
c’	0.4259*** (3.36)	0.3735*** (1.02)	0.5194*** (3.51)	0.3067*** (5.63)
gy	0.2030*** (4.66)	0.3620*** (2.00)	0.3539*** (3.28)	0.2822*** (2.62)
jy	0.1672*** (3.47)	0.5682*** (2.12)	0.1596*** (4.01)	0.7353*** (6.34)
zy	0.1187** (2.26)	0.0941*** (6.05)	0.0663* (1.10)	0.0986*** (3.66)
gj	0.0603** (2.22)	0.1316* (2.43)	−0.0850* (−1.12)	−0.0055 (−0.23)
gl	−0.0414* (−0.99)	−0.1663*** (−6.09)	−0.1003* (−1.20)	0.0062*** (4.74)
gs	0.0066 (0.16)	0.0368 (1.21)	0.1303* (1.32)	−0.0004** (2.36)
is	0.2327** (2.88)	0.0984 (0.58)	−0.6728*** (−5.14)	−0.1204* (−2.01)
ur	0.5515*** (3.36)	0.5194** (1.61)	0.2189 (0.40)	0.4496** (5.59)
adr	0.1240 (0.33)	0.1901 (0.36)	−0.1108*** (−3.42)	−0.7961*** (−3.83)
常数项	1.4167* (1.87)	−1.4122*** (−2.80)	1.7577*** (6.89)	−1.603 (−1.41)
Arellano-Bond testp 值	0.0926	0.1394	0.1563	0.1241
AR（2）p 值	0.8426	0.4501	0.9805	0.1366
Sargantestp 值	0.6127	0.7669	0.8180	0.6358

数据来源：作者计算得出。

注：括号内数据为估计系数的 z 值；***、**、* 分别表示 1%、5%和 10%的显著性水平；c’表示各地区滞后一期的农村居民人均消费支出，反映消费习惯影响。

农民增收对居民消费有促进作用，但不同收入来源影响存在着地区差异。如表 4—7 所示，农村居民不同收入来源增加均使得消费明显提高，影响系数均为正值，验证了经典消费理论得出的收入是决定居民消费的重要因素结论。但是，从收入变动对农村居民消费影响系数看，相对于其他影响因素如消费习惯、城市化率等变量影响，这种正向影响作用相对有限，有必要加快提高农民收入水平，拓宽农村居民收入来源方式，构建稳定的农村居民增收机制，进一步增强和释放收入对提高农村居民的影响程度。同时，从不同收入来源影响的地区比较看，东部和西部地区农村居民消费受工资性收入水平影响更显著，而中部和东北地区农村居民消费受经营性收入水平影响更显著。具体而言，东部和西部地区农村居民工资性收入每增加 1%，将会使居民消费分别增长 0.2030%和 0.3539%，中部和东北地区农村居民经营性收入每增加 1%，将会使居民消费分别增长 0.5682%和 0.1672%。这显然与不同地区农村居民的收入构成特征有关，东部地区整体经济社会发展相对发达，农村居民受教育水平、技能素质等基础较好，参加非农劳动就业机会和渠道相对较多，因此，工资性收入仍是东部地区农村居民收入的主要来源，对居民消费扮演着重要作用。而西部地区整体经济社会发展落后，经营性收入仍是西部地区农村居民获取收入的主要来源，但是，由于农村产业、交通、通信、水电等基础设施均相对薄弱，农村居民参与农业生产经营活动获得的经营性收入不仅水平较低，而且主要用于满足基本的温饱生存需要。尽管国家对西部地区的转移性支出不断增强，但是，西部地区农村居民消费对经营性收入和转移性收入敏感性不够强，面对越来越多样化、个性化的消费需求，越来越多的西部农村居民走出农村就业，在提高工资性收入水平的同时刺激消费需求增加。相比之下，中部和东北地区农业基础、资源禀赋等为农业发展奠定了基础，农村居民参与农业生产经营活动收入比重较高，为满足日益丰富的消费需求提供了的经济基础和决策依据，因此，中部和东北地区农村居民消费对经营性收入更为敏感。

城市化进程对促进农村居民消费有明显的正向刺激作用，其影响呈现出东高西低的区域特征。城市化推动了城乡人口结构变迁，越来越多的农村居民在城镇集聚，逐步形成以工业、服务业为主体的非农产业发展，农民增收渠道进一步拓宽，有效刺激了农村居民消费增加。伴随着城市化进程带来的基础设施、生活生态、产业发展等环境改善，居民生活质量不断提高。此外，城镇化进程也是统筹城乡发展、实现城乡对接的重要方式，在城镇非农产业集聚发展的同时，也推动了农村二、三产业发展，进一步释放农村居民消费需求。实证结果也表明，城市化对农村居民消费影响系数均为正值，支撑了前文分析框架中提出的工业化进程是影响农村居民消费的重要潜在因素。但是，不同地区城市化对农村居民消费影响存在着差异，如表 4—7 所示，城市化水平提高 1%，东部地区农村居民消费增加 0.5515%，其次是中部和东北地区，消费分别增加 0.5194%和 0.4496%，而西部地区城市化水平的提高仅使得农村居民消费增加 0.2189%。这主要与不同地区经济发展背景下城镇化进程所处阶段有关，李强等（2012）指出，“东部经济发达地区已进入城市化的第二阶段（分散阶段），而绝大多数中西部地区尚处在第一阶段（集中阶段）”，从而表现出不同地区农村居民消费对城镇化的敏感度不一样，东部地区城镇化对农村居民消费的促进作用明显高于其他地区。因此，应进一步加快中西部经济欠发达地区的城镇化进程，避免因城镇化进程的滞后抑制农村居民的消费需求和投资需求增长。

工业化进程加速有助于扩大东部和中部地区农村居民消费。理论上看，工业化进程在创造和提供新的生产生活资料的同时，也使得农村居民的使用成本不断下降，农业机械、农民住房、家用电器等越来越智能化、多样化、人性化，刺激农村居民消费需求提高。但是，不同区域工业化进程对农村居民消费影响差异明显。这可能与不同地区工业化进程所处阶段有关，不同工业化阶段的产业特征也不一样。工业化进程不仅促进工业部门本身发展，而且人均收入、城市化率以及经济结构的转换等均发生变化。以钱纳里（1989）的划分方法为基础，结合陈佳贵等

(2006)、黄群慧(2013)对工业化不同阶段标志值的划分，以2010年美元为标准，人均GDP水平低于1654美元属于前工业化阶段，主导产业以农业为主；1654美元至3308美元属于工业化初期，主导产业以纺织、服装等轻工业为主；3308美元至6615美元属于工业化中期，主导产业以能源、钢铁、水泥、电力等资本密集型重化工业为主；6615美元至12398美元属于工业化后期，主导产业以汽车、装备制造等技术密集型制造业和生产性服务业为主；12398美元以上属于后工业化阶段，主导产业以服务业为主。统计数据显示，2017年我国东部、中部、西部和东北地区人均GDP分别为12340美元、7084美元、6623美元和7389美元。可见，东部地区已经接近后工业化阶段，中部和东北地区处于工业化后期阶段，而西部地区处于工业化中期向工业化后期转变阶段。

实证结果表明，工业化程度每提高1个百分点，东部和中部农村居民消费将增加0.2327%和0.0984%，东部地区以服务业为主导的产业结构为农村居民提供了大量就业岗位，吸纳农村剩余劳动力能力较强，在促进农村居民收入水平提高的同时有效刺激了消费，工业化进程对农村居民消费的积极影响尤为显著，消费观念、消费偏好以及消费方式不断更新。而东北地区和西部地区则相反，工业化程度每提高1个百分点，西部和东北地区农村居民消费分别下降0.6728%和0.1204%，工业化进程对于西部和东北地区农村居民消费却呈现出一定的抑制作用。对于东北地区而言，一方面，作为我国汽车、机械、装备等高加工度技术密集型的老工业基地，吸纳就业的能力相对低一些，另一方面，作为我国重要的粮食种植大省，大量农村劳动力仍停留在农业，从而使得工业化进程对农村劳动力就业影响不明显，表现出东北地区工业产值比重提高并没有促进农村居民消费水平的同步提升。西部地区才开始进入工业化后期，传统的能源、钢铁、水泥、电力等资本密集型工业特征依然明显，从投入产出关系看，与这些生产投资品有关的最终消费领域主要体现在房地产、汽车等方面，更多地反映在城镇居民消费变化上，相比之下，西部地区农村居民消费对工业化进程敏感度不够。

收入不确定性影响存在着正向和负向变动的地区差异。预期之外的收入变动有正有负，使得收入不确定性对农村居民消费影响存在着地区差异。以调整离差率反映预期之外的收入变化，研究发现，收入不确定性对东部和中部农村居民消费影响为证，将分别增加 0.1240％和 0.1901％，但是，对东北和西部地区农村居民影响却为负，居民消费分别减少 0.7961％和 0.1108％（如表 4—7 所示）。也就是说，东北和西部地区农村居民收入出现了“劣于预期”的收入减少，从而使得农村居民消费降低，而东部和中部地区农村居民存在“优于预期”的收入增加，对居民消费有一定的正向促进作用。

第二，农村居民消费习惯对当期消费影响较大，且西部地区农村居民消费稳定性高于东部、中部和东北地区。如表 4—7 所示，前一期消费对当期消费影响系数均为正值，说明农村居民的当期消费支出会受到前期已形成的消费习惯的影响，与杜森贝利的消费理论相符。从不同地区比较来看，西部地区农村居民消费习惯对当期消费影响系数高达 0.5194，东部、中部和东北地区影响系数分别为 0.4259、0.3735 和 0.3067，西部地区农村居民受过去的消费习惯影响更大，从而表现出的当期消费波动幅度较小，消费相对其他地区显得更加理性、更加平稳。当然，这种相对理性更多地建立在收入水平、社会环境、地区发展等经济社会发展受到限制的基础上，生活节俭、消费观念滞后等特征明显，过强的消费习惯也会降低当期消费支出所带来的效用水平。相比之下，东部和中部地区的农村居民消费习惯影响要小一些，受其他因素影响高于西部地区。可见，在扩大农村居民消费需求时，既要考虑到前期形成的消费习惯，也要宣扬、引导积极健康的消费理念，贯彻理性消费的同时增强当期消费效用，引导居民消费结构有序升级。

第三，政府教育科学支出对农村居民消费影响表现出挤入效应和挤出效应并存。如表 4—7 所示，财政教育科学支出对东部和中部地区农村居民消费的积极作用非常明显，财政教育科学支出每增加 1％，东部和中部地区农村居民消费分别增加 0.0603%和 0.1316%，中部地区农村居民消费受教育支出刺激作用尤为显著。但是，相比之下，西部和东北地区财政教育科学支出刺激农村居民消费作用并没有显现，呈现出微弱的挤出效应，财政教育科学支出每增加 1%，西部和东北地区农村居民消费分别下降 0.0850%和 0.0055%。总体上看，教育能有效提高农村居民参与生产活动中的素质和能力，影响收入和消费能力的同时，增强农村居民良性的消费意识。但是，一方面，由于财政教育科学支出属于政府转移性支出，是政府单方面的无偿转移，在实施过程中因不同地区经济发展和财政实力而存在差异，特别是对于西部经济欠发达地区，政府财政在教育科学支出方面压力较大，必然会通过税收的形式转嫁从而间接负向影响居民消费。另一方面，由于经济欠发达地区的农村居民消费仍是以食品、衣着等基本生存性消费为主，尽管教育支出提高农村获得更高收入能力，但是由于这些生存性基本消费弹性较低，从而使得政府的教育科学转移支付带来的收入增长对西部和东北地区农村居民消费影响并不显著。

第四，政府医疗卫生民生性支出对大部分地区农村居民消费均没有显现出正向刺激作用，政府支出的挤出效应明显。如表 4—7 所示，财政医疗卫生支出每增加 1%，反而使得东部、中部和西部地区农村居民消费分别下降 0.0414%、0.1663%和 0.1003%，尽管东北地区财政医疗卫生支出对农村居民消费有一定的积极影响，但作用不够显著，财政医疗卫生支出每增加 1%，农村居民消费仅增加 0.0062%。这可能与我国城乡二元结构的经济体制有关，长期以来我国的医疗围城资源配置存在着严重的城乡不均的现象，大量的医疗卫生资源都集中在城市，虽然近 10 年来随着新型农村合作医疗等措施的实施，城乡医疗卫生服务差距有所缩小，但是，农村医疗卫生设备、医生、护士等医疗卫生资源依然供给严重不足，农村居民医疗卫生消费需求难以满足，同时，看病贵、看病难的现象也制约着农村居民的进一步消费，面对医疗卫生服务保障的不确定性，农村居民只有通过增加储蓄、节俭消费等行为加以保障。因此，加快健全农村医疗卫生保障体系必将成为农村改善民生、扩大消费的重要方向。

第五，政府社会保障民生性支出对大部分地区农村居民消费均呈现出明显的正向刺激作用，政府社会保障支出对消费的挤入效应呈现出西高东低的特征。如表4—7所示，财政社会保障支出每增加1%，使得东部、中部和西部地区农村居民消费分别上升0.0066%、0.0368%和0.1303%，西部地区农村居民消费受社会保障制度影响较大。尽管东北地区财政社会保障支出对农村居民消费有一定的挤出影响，但作用不够显著，财政社会支出每增加1%，农村居民消费仅下降0.0004%，对消费的抑制作用相对微弱。财政社会保障支出主要包括社会保险、社会福利、社会救助和社会优抚四个方面，目的是通过收入再分配政策加强对低收入群体的生活保障，缩小贫富差距。西部地区作为我国经济相对欠发达地区，在经济社会发展过程中对政府的转移性支出依赖较大，特别是近10年来，随着国家对中西部地区转移支付力度的不断加大，农村居民收入构成中转移性收入占可支配收入占比逐年上升，到2017年西部地区不同省份该比重基本在18%左右，以社会保障为主要形式的转移性支出对农村居民收入构成的影响越来越大，相应的西部地区居民消费受财政支出刺激影响较明显。但是，正如前文所说，政府财政支出力度不仅受地区经济发展水平限制，而且会在一定程度上通过税收等形式转嫁给消费者，因此，进一步加大中央政府对中西部地区的转移支出是促进农村居民消费提高的关键手段。

第五节　本章小结

本章研究在剔除价格波动影响基础上，着重从收入分配、政府支出、消费习惯以及城镇化、工业化水平、收入不确定性等方面对影响农村居民消费的经济因素和消费者自身因素进行实证分析，研究发现：

因地制宜优化收入结构，推动工业化和城镇化进程是促进农村居民消费的重要手段。实证结果表明，农民增收对居民消费有显著地促进作用，但不同收入来源影响存在着地区差异，东部和西部地区农村居民消费受工资性收入水平影响更显著，而中部和东北地区农村居民消费受经营性收入水平影响更显著。因此，进一步完善和拓宽农村居民收入来源，构建稳定的增收机制是促进农村居民消费的关键。一方面，进一步做好农村劳动力就地转移和外出打工等不同形式的劳动力输出，积极创造和改善农村生产经营环境，提高生产经营活动效率，鼓励农村居民自主创业，从而有效增加工资性收入和经营性收入；另一方面，加大公共财政向农村转移力度，尤其是加大对西部地区转移支付的，增强农村居民转移性收入对消费的敏感度。

工业化和城镇化进程对扩大农村居民消费需求有显著的积极影响，并呈现出东高西低的特征。因此，在工业化进程中要注意产业结构与消费结构之间的良性互动。相比之下，城镇化对促进农村居民消费积极作用更为显著，但也要避免中西部经济欠发达地区因城镇化进程的滞后抑制农村居民的消费需求和投资需求增长。

农村居民消费受前期消费习惯影响较大，呈现出西高东低的特征。尽管不同地区农村居民消费习惯不同，但受传统文化、收入水平、社会环境等因素影响，我国大部分地区农村居民消费相对节俭，这种相对滞后的消费观念在很大程度上抑制了当期消费支出，特别是西部地区。因此，要进一步扩大农村居民消费，还要从改变传统思想观念和消费习惯入手，加强宣传和倡导积极的、健康的消费理念和消费模式，引导农村居民消费结构的转型升级。

优化财政民生性支出结构，加大对经济欠发达地区的支出力度，改善公共资源配置不均局面。如上文研究所示，政府教育科学、医疗卫生和社会保障等民生性支出对农村居民消费影响存在类别差异和地区差异，从而表现出挤入效应和挤出效应并存。其中，地区公共资源配置以及政府财政实力等是造成差异的主要原因，因此，在增强政府民生性转移支出的同时，要突出中央政府财政转移支付的重要性，加大对明显投入偏低的公共卫生服务、基础教育、社会保障等项目的支出倾斜，缓解经济欠发达地区地方政府财政压力的同时，改善城乡之间、地区之间公共资源配置不均的状况，切实有效地提高农村居民消费支出预期，释放更多的储蓄，扩大消费需求。

收入不确定性对农村居民消费影响存在着正向和负向变动的地区差异。由于存在着“优于预期”的收入增加和“劣于预期”的收入减少两种可能性，所以表现出来的收入不确定性对居民消费影响也有所不同。东部和中部地区农村居民的收入不确定性随着政府公共服务体系的不断建设和完善风险有所降低，农村居民预期之外的收入增加促进了消费支出水平的提升。西部和东北地区农村居民收入对农村、农业生产环境和生产条件的依赖性使得不确定性风险提高，减少了居民消费支出意愿。因此，进一步完善农村社会保障体系，特别是缩小城乡公共服务差距，加强农村生产基础设施和农村生活环境治理建设，增强农村居民抵御不确定性风险能力。

第五章 影响中国农村居民消费变化的因素分析：一般均衡视角

第四章通过计量模型从收入来源、消费习惯、政府支出、城镇化、工业化、收入不确定性等方面实证分析了中国农村居民消费的影响因素，但该方法是建立在假设其他条件不变的前提下，属于局部均衡分析视角，存在一定的局限性。为了更系统地、全面地了解农村居民消费影响因素，有必要进一步将研究视角建立在一般均衡角度综合分析，而投入产出分析正是基于此基础上的。因此，本章研究进一步放宽假设条件，以传统的结构分解方法为基础，将投入产出技术与 Montgomery 分解相结合。即在投入产出表的基础上，将 Montgomery 分解方法思想扩展到农产品消费领域，从产出角度对影响我国农村居民消费变化的因素进行系统性、结构性分析①。

第一节 基于投入产出的因素分解方法

一、Montgomery 因素分解方法

一般地，如果变量 X_i、Y_i（$i=1$，…，n）是相互独立，且存在

$$V_i = X_i Y_i \tag{5—1}$$

① 本章部分内容已发表于袁小慧、范金、王凯、严斌剑：《中国居民农产品消费变化的因素分解：基于产出角度》，《中国农业大学学报（社会科学版）》2015 年第 4 期。其中，对于农产品消费变化，本研究在已有研究基础上将研究时间按照最新公布的 2015 年投入产出表数据进行更新，主要研究结论略有改变。

用脚标 1 和 0 分别表示比较期和基期，参照 Dietzenbacher，Los（1998）、李景华（2004），则 ΔV_i 可以分别从两极（比较期或基准期）开始分解：

$$\Delta V_i = X_{i1} Y_{i1} - X_{i0} Y_{i0} \quad (5—2)$$

$$= X_{i1} \Delta Y_i + Y_{i0} \Delta X_i \quad (5—3)$$

$$= X_{i0} \Delta Y_i + Y_{i1} \Delta X_i \quad (5—4)$$

于是，ΔV_i 又可以写成：

$$\Delta V_i = \frac{1}{2}(X_{i1} + X_{i0})\Delta Y_i + \frac{1}{2}(Y_{i1} + Y_{i0})\Delta X_i \quad (5—5)$$

式（5—5）显示，期末和期初间变量 V_i 变化可以分解为 X_i、Y_i 两个因素变化影响之和，其中，$\Delta Y_i = Y_{i1} - Y_{i0}$，$\Delta X_i = X_{i1} - X_{i0}$。当构成因素只有两个时，可以通过式（5—5）表达式进行因素分解，即使 X_i、Y_i 两个因素变量顺序改变，其分解表达式不变，即满足要素可逆性，同时，若将基期和比较期反过来比较，则分解结果正好相反，即满足时间可逆性。不过，当构成因素超过 2 种变量时，尽管同样可以按照式（5—5）类推，但是，因素之间的排列顺序不同，其结构分解表达式就会不一样，无法满足因素和时间的可逆性。

Dietzenbacher，Los（1998）指出，若影响因素是由 r 个独立构成因素组成的，则存在 $r!$ 种结构分解的方法，此时，式（5—5）仅仅是对两级取的算术平均值，而忽略了另外 $r!-2$ 种分解方法。所以，更合理的分解方法应该是考虑到所有方法，对所有分解方法取算术平均值，而不仅仅局限于两极，保证了测算结果的唯一。但是，这种方法也存在一些缺陷，例如，随着因素数目的增加，其分解方式也会相应增加，同样会给研究带来不便。因此，考虑到测算结果的唯一性和可操作性，本章将 Montgomery（1929，1937）思想应用到结构分解方法中。

Montgomery（1929，1937）对两个正数 a 和 b 取对数平均，并定义

$$L(a, b) = \frac{a-b}{\ln(a/b)}，且 L(a, a) = a$$

所以，参照 Montgomery（1929，1937），可以对式（5—1）设定

如下：

$$L\ (V_{i1},\ V_{i0})\ =\frac{V_{i1}-V_{i0}}{\ln\ (V_{i1}/V_{i0})}\ (V_{i1},\ V_{i0}\text{均为正值}) \tag{5—6}$$

式（5—6）又可以表示为：

$$V_{i1}-V_{i0}=L\ [V_{i1},\ V_{i0}]\cdot\ln\ [\frac{V_{i1}}{V_{i0}}] \tag{5—7}$$

$$=L\ [V_{i1},\ V_{i2}]\cdot\ln\ [\frac{X_{i1}}{X_{i0}}]\ +L\ [V_{i1},\ V_{i2}]\cdot\ln\ [\frac{Y_{i1}}{Y_{i0}}] \tag{5—8}$$

也就是说，期末和期初间变量 V_i 变化可以通过式（5—8）进行分解，即使分解因素超过两种，也只需采用一种分解方法的表达式，而且这种分解方式同样可以既满足时间可逆性，又满足要素可逆性，不产生残余项，是相对理想的一种因素分解方法。

二、结合投入产出技术的 Montgomery 因素分解

投入产出技术中的结构分解分析基础主要来自投入产出表（IO 表）的平衡关系，即：

$$AQ+BF=Q\text{ 或 }Q=LBF \tag{5—9}$$

其中，A 为直接消耗系数，Q 为总产出向量，$L=(I-A)^{-1}$ 为 Liontief 逆矩阵，B 为以最终消费、资本形成、出口等部门结构系数为列向量的最终需求结构矩阵，F 为以最终消费、资本形成、出口等部门总量为列向量的最终需求总量矩阵。

由于影响居民消费变化的驱动因素众多，鉴于本章研究的关注重点主要在不同商品（服务）产出构成方面，根据投入产出原理，产品总产出主要通过中间产品和最终产品的形式呈现，所以，为了对农村居民消费变化分解，本章参照 De Boer 引入消费规模系数 c_i①，表示部门单位

① De Boer（2008）通过引入单位劳动成本系数，将部门劳动成本变化分解为单位劳动成本变化、技术变化、最终需求系数变化和最终需求水平变化四个方面的影响，因次，研究借鉴其主要思想，引入单位产出中用于居民消费的份额系数，将居民消费变化分解为规模效应、技术效应、结构效应和总量效应。

总产出中用于农村居民消费的份额，则农村居民对不同商品（服务）的消费 C 可以表示为：

$$C=\hat{U}Q=\hat{U}LBF \tag{5—10}$$

其中，$\hat{U}$ 为消费规模系数 u_i 的对角矩阵。如果以 l_{ij}、b_{jk}、f_k 分别代表矩阵 L，B，F 中的元素，则式（5—10）可以等价表示为：

$$c_i=\sum_{j=1}^{n}\sum_{k=1}^{m}u_i l_{ij} b_{jk} f_k \tag{5—11}$$

相应地，农村居民对不同商品（服务）消费的分解可以进一步转化为对式（5—12）的具体分解：

$$v_i=u_i l_{ij} b_{jk} f_k \tag{5—12}$$

根据 Montgomery 分解方法，可以设定：

$$\Delta v_i=v_{i1}-v_{i0}=L(v_{i1},\ v_{i0})\cdot\ln\left(\frac{v_{i1}}{v_{i0}}\right) \tag{5—13}$$

$$=L(v_{i1},\ v_{i0})\cdot\ln\frac{c_{i1}l_{ij1}b_{jk1}f_{k1}}{c_{i0}l_{ij0}b_{jk0}f_{k0}} \tag{5—14}$$

$$=L(v_{i1},\ v_{i0})\cdot\ln\frac{c_{i1}}{c_{i0}}+L(v_{i1},\ v_{i0})\cdot\ln\frac{l_{ij1}}{l_{ij0}}+$$

$$L(v_{i1},\ v_{i0})\cdot\ln\frac{b_{jk1}}{b_{jk0}}+L(v_{i1},\ v_{i0})\cdot\ln\frac{f_{k1}}{f_{k0}} \tag{5—15}$$

$$=DC_i+DL_i+DB_i+DF_i \tag{5—16}$$

因此，影响农村居民消费变化的途径可以分解为消费规模变化带来的影响即规模效应 DC_i，技术变化带来的影响即技术效应 DL_i，最终需求结构变化带来的影响即结构效应 DB_i，以及最终需求总量变化带来的影响即总量效应 DF_i。

从投入产出分析的角度看，总产出由中间需求和最终需求（消费、投资和出口）两方面构成。由于技术变化体现在直接消耗系数的变化，即中间需求的变化，同时，鉴于本文研究重点是农村居民消费，进一步引入居民消费份额系数，于是，影响农村居民消费变化的途径可以分解为规模效应、技术效应、最终需求结构效应以及最终需求总量效应。具体来说，规模效应反映的是总产出中用于不同类型商品（服务）居民消费的规模，直接体现为投入产出表中单位产出中用于居民消费份额系数的变化带来的影响；技术效应反映的是中间需求的变化，即产业之间的相互关系结构，这种结构是在现有技术水平条件下，各产业通过原材料的购入（销售）组成的结构。技术水平的变化直接体现为投入产出表直接消耗系数的变化；最终需求结构效应反映的是最终需求者（居民、政府以及投资者）分别按照各自的最终性需求购进各产业产品，进而形成最终需求方面产业之间的相互关系结构。结构效应直接体现在投入产出表中消费、投资、出口三者之间比例关系的变化带来的影响；类似地，最终需求总量效应则从总量上反映的是最终需求变化对总产出的影响，直接体现在投入产出表中消费、投资、出口三者总量的变化带来的影响。由于本文采用的是竞争型投入产出表，对产品的中间需求和最终需求则不区别是进口品还是国产品。所以，本章没有对进口影响做单独分析。

第二节　数据来源及处理

本章因素分解方法所需原始数据主要来自于投入产出表。国家统计局自 1987 年以来，每五年编制一次投入产出表，逢零、逢五年份进行系数调整和编制延长表。由于已有投入产出表反映的是当年价格基础上的经济总量、需求结构等内容，不能反映一段时期扣除价格因素后的真正的经济变化。为了满足时间序列分析需要，体现一段时期的经济发展变化，有必要进一步编制可比价投入产出表序列。即在现价投入产出表的基础上，通过确定价格基年（本章研究以 2000 年为基年），对不同的部门进行价格指数缩减，消除价格因素的影响①。

此外，在数据处理的时候，鉴于 Montgomery 分解方法中变量正数原则，有必要对投入产出表中负值进行处理，例如，进口、存货变动、其他等账户。对于进口账户，可以从列向量转换成行向量处理。此外，

① 本章可比价投入产出表编制参照刘起运、彭志龙（2010）。

IO 表中存货变动，其他等账户也会出现部分负值，而存货变动＝存货增加－存货减少，统计局公布的 IO 表仅反映了变动情况，所以，本文分别分解为增加和减少两个账户，相应的正值归为增加账户，而负值则归为减少账户，再类似于进口账户的处理方法，将负值账户放到行来处理，这样做并不会影响因素分解结果。

第三节　中国农村居民总体消费变化因素分解的实证分析

1992 年邓小平南方谈话后中国开始进入真正意义上的改革开放，随后，经济社会发展均取得了很大的成绩，在经济持续高速增长的同时，人民生活水平和社会发展水平大幅度提高，并表现出居民消费结构升级趋势明显，居民消费行为越来越多样化。因此，为了较好地反映改革开放以来我国农村居民消费变化的影响因素，研究分别选择 1992 年和 2015 年为时间节点，基于投入产出角度，从总体上对 1992—2015 年我国农村居民消费变化的主要影响因素进行实证分析。

一、对三大产业消费的总体因素分解

基于 1992 年和 2015 年中国投入产出表及其可比价处理，借鉴 Montgomery 分解方法，可以将改革开放以来我国农村居民总体消费变化情况分解为规模效应、技术效应、最终需求结构效应、最终需求总量效应四个方面，如表 5—1 所示。

从消费总量变化看，改革开放以来我国农村居民消费增长迅猛，三大产业消费均呈现出明显的递增趋势。其中，第二产业和第三产业部门消费增加尤为突出，在不考虑价格因素影响下，农村居民对第二产业和第三产业部门消费总量增加分别达到 280231378 万元和 192779966 万元，农村居民消费结构总体升级趋势明显。

从影响因素看，一方面，技术效应是推动农村居民消费水平提升的

主要因素。尽管农村居民消费变化受到消费规模、技术变化、最终需求结构以及最终需求总量变化的综合影响，但是，从各因素影响效应看，技术变化对三大产业消费均具有明显的正向效应。表5—1显示，改革开放以来，技术的不断提高和完善有效地拉动了农村居民对三大产业部门消费，消费总量分别增加2036428万元、1035063707万元和64756732万元，技术进步对促进农村居民消费效用显著；另一方面，最终需求结构变化和最终需求总量变化促进了农村居民消费结构升级。改革开放以来，由居民消费、政府消费、资本形成、出口构成的最终需求，不管是构成结构还是最终需求总量均发生很大变化，其综合影响使得农村居民对第三产业消费增长明显，具体表现为最终需求结构效应和总量效应分别促进第三产业消费增加13525957万元和119901100万元。

表5—1 改革开放以来中国农村居民消费变化的总体影响因素分解

（单位：万元）

产业部门	规模效应	技术效应	结构效应	总量效应	合计
第一产业	214871	2036428	995471	－1572091	1674678
第二产业	－75710925	1035063707	－152323234	－526798169	280231378
第三产业	－5403822	64756732	13525957	119901100	192779966

数据来源：根据1992年、2015年中国投入产出表计算得到。

从三大产业内部因素比较看，对于第一产业，农村居民消费增加主要归结于规模效应、技术效应以及最终需求结构效应，其影响作用均为正向；对于第二产业，农村居民消费增加主要取决于技术效应，相比之下，消费规模、最终需求结构和总量变化反而抑制了农村居民消费增加，其影响作用均为负向；对于第三产业，农村居民消费增加主要得益于技术效应、最终需求结构效应和总量效应，其影响作用均为正向，而消费规模的变化反而使得农村居民消费减少。

二、对第二产业消费影响因素的具体效应分析

在对三大产业消费变化的总体影响因素分析基础上，研究进一步对

第二产业细分，具体包括采矿业，食品制造及烟草加工业，纺织、服装及皮革产品制造业，木材加工及造纸印刷文教用品制造业，炼焦、燃气及石油加工业，化学工业，金属产品制造业，机械设备制造业，其他制造业，电力、燃气、水的生产和供应业，建筑业，共计 11 个行业，并将结构效应和总量效应根据其构成分解为最终消费、资本形成、出口等最终需求结构和总量变化所带来的影响。改革开放以来，中国农村居民对第二产业不同部门消费变化总量及其各因素影响系数如表 5—2 所示。由于农村居民对建筑业的消费量为零，因此，文中不予相关分析。

从消费变化总量看，食品制造及烟草加工业消费依然是农村居民消费支出的重点，农村居民消费变化量达到 114217047 万元，远高于其他产业部门消费。其次是机械设备制造业和化学工业，农村居民消费增长也很明显，消费变化量分别达到 51097430 万元和 44334229 万元。相比之下，农村居民对金属产品制造业和其他制造业消费增加相对较少，消费变化量仅为 376771 万元和 561405 万元。

表 5—2　改革开放以来中国农村居民第二产业部门消费变化量及各因素影响系数

产业部门	变化量（单位：万元）	规模效应	技术效应	结构效应				总量效应			
				最终消费	资本形成	出口	合计	最终消费	资本形成	出口	合计
采矿业	1363906	−0.267	0.252	−0.282	0.000	0.139	−0.143	0.757	0.322	0.080	1.158
食品制造及烟草加工业	114217047	−0.014	0.687	0.018	0.001	0.001	0.021	0.200	0.085	0.021	0.307
纺织、服装及皮革产品制造业	21144229	−0.023	0.568	−0.013	−0.003	−0.026	−0.041	0.323	0.138	0.034	0.495
木材加工及造纸印刷文教用品制造业	18406548	−0.021	0.377	0.161	−0.011	0.035	0.126	0.338	0.144	0.036	0.517
炼焦、燃气及石油加工业	3910858	0.065	−0.130	0.058	0.212	0.022	0.292	0.505	0.215	0.053	0.773
化学工业	44334229	−0.072	0.666	−0.002	−0.001	−0.001	−0.003	0.267	0.113	0.028	0.409
金属产品制造业	376771	−0.206	5.903	−1.000	−0.395	−0.071	−1.466	−2.110	−0.897	−0.223	−3.231
机械设备制造业	51097430	−0.037	0.654	0.049	0.010	0.045	0.104	0.183	0.078	0.019	0.280
其他制造业	561405	0.011	1.159	0.050	0.015	0.059	0.124	−0.192	−0.082	−0.020	−0.294
电力、燃气、水的生产和供应业	24818955	−2.737	35.134	−6.519	0.002	0.000	−6.517	−16.252	−6.909	−1.719	−24.880
建筑业	0	0.000	0.000	0.000	0.000	0.000	0.000	0.000	0.000	0.000	0.000

数据来源：根据 1992 年、2015 年中国投入产出表计算得到。

从不同产业部门看，金属产品制造业，电力、燃气、水的生产和供应业，石油化工等资本密集型产业部门消费受各因素影响程度相对较大，影响系数明显高于其他行业。例如，农村居民对于电力、燃气、水的生产和供应业消费，消费规模变化、最终需求结构和总量变化均使得该部门消费减少，影响系数分别为（－2.737）、（－6.517）、（－24.880）①，而技术变化影响系数则高达 35.134，即技术效应每增加一单位，将会使居民对电力、燃气、水的生产和供应业部门消费增加 35.134 个单位。

从各因素影响效应看，一方面，消费规模变化使得农村居民对大部分第二产业部门消费均减少，影响效应大都为负值，而技术变化影响正好相反，技术进步促进了农村居民对几乎所有第二产业部门消费增加，影响效应基本上为正值；另一方面，最终消费、资本形成以及出口构成的最终需求结构变化使得农村居民对纺织、服装及皮革产品制造业，化学工业，金属产品制造业，电力、燃气、水的生产和供应业消费减少，而最终需求总量变化使得金属产品制造业，其他制造业，电力、燃气、水的生产和供应业消费减少，影响效应均为负值。

从各因素影响程度看，技术变化对农村居民第二产业部门消费影响最大，其次是资本形成总量效应和出口总量效应，而资本形成结构变化和出口结构变化对农村居民消费影响则相对较小。例如，对于食品制造及烟草加工业，尽管农村居民消费增长显著，但不同因素影响作用程度却不同，技术进步使得农村居民消费增加 0.687 个单位，资本形成和出口总量变化分别使得农村居民消费增加 0.085 和 0.021 个单位，而资本形成和出口结构变化仅使得农村居民消费均增加 0.001 个单位，影响程度相对较弱。

三、对第三产业消费影响因素的具体效应分析

研究进一步对第三产业细分，具体包括交通运输及仓储、邮政业、

① 括号内数据为影响系数，即各影响因素对相关农产品部门消费变化影响的倍数，后文同。

批发和零售贸易业、住宿和餐饮业、金融保险业、房地产业、其他服务业共计 6 个行业，中国农村居民对第三产业不同部门消费变化总量及其各因素影响系数如表 5—3 所示。

表 5—3　改革开放以来中国农村居民第三产业部门消费变化量及各因素影响系数

产业部门	变化量（单位：万元）	规模效应	技术效应	结构效应				总量效应			
				最终消费	资本形成	出口	合计	最终消费	资本形成	出口	合计
交通运输及仓储、邮政业	10770934	−0.158	0.247	−0.004	−0.137	−0.147	−0.287	0.783	0.333	0.083	1.199
批发和零售贸易业	20735848	0.106	1.809	0.043	−0.012	−0.055	−0.024	−0.582	−0.247	−0.062	−0.891
住宿和餐饮业	20185428	−0.033	0.312	0.049	0.000	0.002	0.051	0.438	0.186	0.046	0.670
金融保险业	14122375	−0.041	0.216	0.093	0.000	0.003	0.097	0.476	0.202	0.050	0.728
房地产业	66986617	−0.067	−0.444	0.108	0.034	0.000	0.142	0.895	0.380	0.095	1.370
其他服务业	59978764	−0.003	0.750	0.077	0.008	0.003	0.088	0.107	0.046	0.011	0.165

数据来源：根据 1992 年、2015 年中国投入产出表计算得到。

从消费变化总量看，相对于生产性服务业消费，农村居民对生活性服务业消费增长明显。具体表现如表 5—3 所示，改革开放以来，农村居民对房地产业和其他服务业等生活型服务业消费增长明显，农村居民消费变化量分别达到 66986617 万元和 59978764 万元。相比之下，农村居民对交通运输及仓储、邮政业、金融保险业等生产性服务业消费增加相对要少，消费变化量仅分别为 10770934 万元和 14122375 万元。

从各因素影响效应看，一方面，消费规模变化使得农村居民对大部分第三产业部门消费均减少，影响效应大都为负值，而技术变化影响正好相反，技术进步促进了农村居民对几乎所有第三产业部门消费增加，影响效应基本上为正向；另一方面，最终需求结构和总量变化对于大部分生活性服务业消费影响均为正向，但批发和零售贸易业除外，最终需求结构和总量变化均使得农村居民对该部门消费减少，影响系数分别为（−0.024）、（−0.891），影响效应为负值。

从不同产业部门影响程度看，在技术效应推动农村居民消费增加基础上，交通运输及仓储、邮政业、房地产业等部门消费增加更主要归结于最终消费和资本形成等最终需求总量变化影响。以房地产业消费为例，如表 5—3 所示，最终消费和资本形成总量变化使得农村居民年消费分别增加 0.108 和 0.034 个单位，而最终消费和资本形成结构变化影响更大，使得农村居民年消费分别增加 0.895 和 0.380 个单位，最终需求结构效应和总量效应对拉动农村居民消费作用显著。

四、本节小结

通过本部分内容研究，我们可以发现，将 Montgomery 方法与投入产出结构分解方法相结合可以避免因素分解测算结果不唯一性的缺陷，有效解决因素可逆性和时间可逆性等问题，进而能深入探讨变量变化的真正源泉。因此，研究在 1992 年和 2015 年中国投入产出表的基础上，对改革开放以来中国农村居民总体消费变化情况进行实证分析，主要结论如下：

从总体影响作用看，改革开放以来我国农村居民消费增长迅猛，消费结构总体升级趋势明显。尽管食品制造及烟草加工业依然是农村居民消费的主要支出类别，但房地产业、其他服务业（包括教育、卫生、社会保障、文化体育和娱乐业等服务业）、机械设备制造业等逐步成为农村居民新的消费增长点。改革开放以来，随着经济社会持续稳定发展，技术水平不断提升，农村居民生产生活方式越来越多元化，居民消费观念和消费结构发生改变，并进一步影响生产和经营模式，从而表现出在满足食品、衣着等生存资料消费的同时，更加注重居住、耐用消费品、文教娱乐、医疗保健等发展型、享受型消费，并逐步形成生存消费、享受型消费、发展型消费并存的消费结构。

从各影响因素效应看，技术效应是推动农村居民消费水平提升和消费结构升级的主要因素，而消费规模效应却在一定程度上使得农村居民消费减少。相比之下，最终需求结构和总量效应对不同产业部门消费变化影响存在差异性。具体而言，最终消费、资本形成以及出口构成的最终需求结构变化和总量变化使得农村居民对金属产品制造业，电力、燃气、水的生产和供应业，批发和零售贸易业消费减少。

从各因素影响程度看，技术变化对农村居民消费影响最大，其次是资本形成总量效应和出口总量效应，而资本形成结构变化和出口结构变化对农村居民消费影响则相对较小。改革开放以来，投资、消费、出口作为拉动经济增长的“三驾马车”扮演着十分重要的角色，从早期的消费驱动到过度依赖投资和出口，最终需求结构变化明显。但是，研究表明，基于消费主导向投资和出口主导转变的这种最终需求结构变化，并没有对农村居民消费带来正向影响效应，反而在一定程度上抑制了农村居民消费。

从不同产业部门看，基础设施和基础性产业消费受规模效应、技术效应、结构效应和总量效应等因素影响程度相对较大。具体表现为农村居民对电力、燃气、水的生产和供应业，金属产品制造业，交通运输及仓储、邮政业等基础性消费受各因素影响程度较大，影响系数明显高于其他产业部门。总体上看，农村生产生活的基础环境相对落后，尽管改革开放以来，农村生产生活基础设施不断完善，但仍存在很多薄弱环节，严重影响了农村市场的开拓与发展，甚至抑制农村居民对家用电器、农用机械等的消费，从而表现出相关基础性消费受各影响因素作用程度较大。因此，应进一步加强农村电力、燃气、水等基本生活设施建设，提升农村交通、通信等基础性产业硬件和软件环境，为促进居民消费提供良好的市场基础。

第四节　中国农村居民具体商品类别消费变化的因素分解：以农产品消费为例

根据前面研究可以发现，农村居民食品制造及烟草加工业消费比重相对较高。同时，与世界其他主要经济体相比也可以发现，我国的恩格尔系数和食品自给率相对较高。到 2017 年底，我国居民食品消费支出占总消费支出的比例仍高达 29.3%，远大于其他几类商品消费支出，食品尤其是涉农产业部门在中国国民经济中有着重要的地位，居民农产品消费问题一直是农业经济研究的重点之一[①]。值得注意的是，在经历了 1997 年的亚洲金融危机和 2002 年的入世之后，中国农产品产出使用形式越来越多样化，相应地，以最终产品形式用于满足居民消费需求部分也发生很大变化。因此，为了更好地研究我国农村居民消费，有必要对占主要份额的食品制造及烟草加工业消费变化情况专门研究。鉴于此，研究进一步以农产品消费为例，着重探讨近二十年来我国农村居民农产品消费变化的影响因素，了解居民农产品消费变化是由哪些原因引起的，即对居民农产品消费变化进行因素结构分解分析，本部分正是基于此而展开研究的。同时，为了更好地比较出影响因素的动态变化情况，研究分别在 1997 年、2002 年和 2015 年投入产出表的基础上，基于产出角度，将 Montgomery 分解方法思想扩展到农村居民农产品消费领域，分别从长期（1997—2014 年）和中期（2002—2015 年）分析我国农村居民农产品消费变化的主要影响因素。

一、总体因素分解分析

考虑到投入产出表中产业部门的划分一致性，对农村居民农产品部门的分析主要集中在农业、林业、畜牧业、渔业、粮油及饲料加工业、制糖业、屠宰及肉类蛋类加工业、其他食品加工制造业、酒精及饮料酒制造业、其他饮料制造业、烟草加工业等部门[②]，并根据部门性质和活动内容，将前 4 类产业部门归类为初级农产品部门，后 7 类产业部门归类为加工农产品部门[③]。由于居民对农林牧渔服务业的消费为零，因此，本部分不予单独分析。

影响 1997—2015 年农村居民农产品消费变化的各因素分解效应如

---

① 严斌剑、范金等：《涉农产业发展的国际比较研究》，《江苏行政学院学报》2011 年第 6 期。

② 尽管农产品越来越多的应用到生物能源方面，但是，考虑到本文研究期主要是从 1997—2015 年，我国生物质能源发展规模还不是很大，所以，本文在对投入产出表农产品部门划分时，暂不考虑生物能源部门。

③ 初级农产品部门和加工农产品部门的划分参照朱小梅等（2006）。

表 5—4 所示。总的来说，初级农产品消费呈现出递减趋势，而加工农产品消费呈现出递增趋势，尤其是中期（2002—2015 年）这种变化趋势更为突出，初级农产品消费减少 70995491 万元，加工农产品消费增加 97917061 万元，居民农产品消费升级明显。

表 5—4　1997—2015 年中国农村居民农产品消费变化的因素分解

（单位：万元）

因素分解效应	1997—2015 年		2002—2015 年	
	初级农产品消费变化量	加工农产品消费变化量	初级农产品消费变化量	加工农产品消费变化量
规模效应	−70548004	−42749914	−88796884	−58318791
技术效应	−24879086	16474608	−35741376	18497866
结构效应	−74008401	−10059908	−72849456	−37997657
总量效应	127466754	160460258	126392225	175735643
合计	−41968737	124125044	−70995491	97917061

数据来源：根据 1997 年、2002 年、2015 年中国投入产出表计算得到。

此外，从各构成因素影响效应看，一方面，规模效应、技术效应、最终需求结构效应有益于农村居民农产品消费结构升级，而最终需求总量效应抑制了农村居民农产品消费结构升级。即初级农产品消费受消费规模、技术变化、最终需求结构变化的影响而减少，表现为规模效应、技术效应、最终需求结构效应均为负值，而最终需求总量的变化却使得初级农产品消费增加；另一方面，最终需求总量效应、技术效应促进加工农产品消费增加，而消费规模效应和最终需求结构效应却抑制了加工农产品消费的增加，其作用均为负值。例如，2002—2015 年最终需求总量变化和技术变化分别促进加工农产品消费增加了 175735643 万元和 18497866 万元，而消费规模变化和最终需求结构变化却分别使得加工农产品消费减少了 58318791 万元和 37997657 万元。

二、农村居民农产品消费变化的因素分解：长期分析（1997—2015年）

为了深入研究农村居民对农产品消费变化问题，有必要对具体产业部门展开分析，并将结构效应和总量效应进一步分解为最终消费、资本形成、出口等最终需求结构和总量变化所带来的影响。长期具体农产品部门消费变化总量及其各因素影响系数如表5—5所示。

从消费变化量看，农村居民对初级农产品部门消费均减少，对粮油及饲料加工业、屠宰及肉类蛋类加工业、水产品加工业、其他食品加工制造业、其他饮料制造业、烟草加工业等加工农产品部门消费增加，尤其是屠宰及肉类蛋类加工业和其他食品加工制造业，农村居民消费分别增加了38669147万元和64275730万元，而对酒精及饮料酒制造业、制糖业部门消费减少，农村居民农产品消费结构日益合理和升级。

表5—5　1997—2015年农村居民对具体农产品部门消费变化量及各因素影响系数

产业		变化量（单位：万元）	影响系数									
			规模效应	技术效应	结构效应				总量效应			
					最终消费	资本形成	出口	合计	最终消费	资本形成	出口	合计
初级农产品消费	农业	−18488896	1.95	0.71	1.85	0.02	0.25	2.12	−2.34	0.33	−1.50	−3.51
	林业	−40214	14.76	4.94	0.29	−0.01	−0.11	0.17	−8.51	2.96	−14.30	−19.84
	畜牧业	−22068897	1.57	0.31	0.94	0.01	0.11	1.07	−1.46	0.28	−0.82	−1.99
	渔业	−1370729	−20.98	−10.31	−22.72	−0.55	−6.23	−29.50	31.65	−4.11	29.60	57.14
	合计	−41968737	1.63	0.55	1.46	0.02	0.26	1.73	−2.21	0.35	−1.71	−3.57
加工农产品消费	粮油及饲料加工业	4878493	−2.77	0.71	−1.99	−0.04	−0.44	−2.47	2.92	−0.61	2.13	4.44
	制糖业	−234828	3.82	1.06	1.69	−0.02	0.57	2.25	−3.39	0.50	−3.04	−5.93
	屠宰及肉类蛋类加工业	38669147	−0.08	−0.04	0.02	0.00	−0.17	−0.14	0.68	−0.07	0.79	1.40
	水产品加工业	8079905	−0.58	0.24	−0.11	0.00	−0.36	−0.48	0.43	−0.08	1.18	1.53
	其他食品加工制造业	64275730	−0.28	0.18	0.03	−0.01	−0.04	−0.01	0.59	−0.05	0.43	0.97
	酒精及饮料酒制造业	−5302578	2.17	0.30	1.79	0.03	0.05	1.87	−1.96	0.34	−1.63	−3.24
	其他饮料制造业	3136399	−2.41	0.46	−0.78	−0.01	−0.26	−1.05	1.98	−0.24	2.16	3.90
	烟草加工业	9643446	−0.48	0.18	−0.71	−0.02	−0.16	−0.89	1.62	−0.23	1.02	2.41
	合计	123145714	−0.65	0.21	−0.30	−0.01	−0.15	−0.46	1.11	−0.13	0.81	1.79

数据来源：根据1997年、2002年、2015年中国投入产出表计算得到。

从不同农产品部门看，总体上，农村居民初级农产品消费变化受规模效应、技术效应、结构效应和总量效应等构成因素影响相对较大，影响系数明显高于加工农产品。如最终需求总量变化使得初级农产品消费增加，其影响系数达到－3.57，而对加工农产品消费的影响系数仅为1.79。具体而言，渔业和林业消费受规模效应、技术效应、结构效应和总量效应等构成因素影响均相对较大，其次是制糖业和粮油及饲料加工业，屠宰及肉类蛋类加工业和其他食品加工制造业受影响则相对较弱。例如，技术效应每增加一单位，将会使农村居民对渔业部门消费减少10.31个单位，制糖业增加1.06个单位，而对屠宰及肉类蛋类加工业和其他食品加工制造业影响相对微弱，影响系数分别为－0.04和0.18；最终消费总量每增加一单位，将会使农村居民渔业消费增加31.65个单位，对粮油及饲料加工业和其他饮料制造业消费分别增加2.92个和1.98个单位，而对水产品加工业和其他食品加工制造业的影响系数仅为0.43和0.59。

从各因素影响效应看，一方面，消费规模变化、最终消费结构变化、资本形成结构变化和总量变化、出口结构变化使得农村居民对几乎所有农产品部门消费减少，最终消费总量和出口总量变化作用则正好相反，影响效应均为正值，农村居民农产品消费增加；另一方面，技术变化使得农村居民对水产品加工业、其他食品加工制造业、其他饮料制造业、烟草加工业等部门影响效应均为正值，而对其他农产品部门影响效应却为负值，相应的农村居民消费减少。所以，根据长期不同农产品部门消费变化情况可以发现，技术效应在促进农村居民农产品消费结构升级方面作用尤为明显。尽管消费总量和出口总量也使得加工农产品消费增加，但同时也促进了初级农产品的消费增加，而消费规模变化、资本形成、出口等最终需求结构调整却又进一步抑制了加工农产品消费。

从各因素影响程度看，最终消费需求总量效应对农村居民农产品消费变化影响最大，其次是规模效应和出口总量效应，资本形成结构变化和总量变化影响则相对较弱。对此可以通过各因素影响系数的绝对值大小来反映。比如，对于渔业而言，最终消费需求总量变化、消费规模变化和出口总量变化对农村居民渔业消费影响系数绝对值分别为 31.65、20.98 和 29.6，相比之下，资本形成结构变化和总量变化使得农村居民渔业消费影响系数绝对值仅为 0.55 和 4.11，影响程度相对较低。

三、农村居民农产品消费变化因素分解：中期分析（2002—2015 年）

虽然长期看农村居民农产品消费变化缓慢，但在中期却出现大幅度的变动，加工农产品消费上升趋势明显。表 5—4 结果显示，尽管 1997—2015 年农村居民加工农产品消费仅增加了 123145715 万元，但是从中期看这种增长趋势更为明显，2002—2012 年农村居民加工农产品消费增加了 97917061 万元，增长幅度相对较大。为了更好地对中期和长期进行比较分析，表 5—6 进一步给出中期中国居民农产品消费变化情况。通过表 5—5 和表 5—6 的比较分析，可以发现中期农村居民农产品消费变化与长期存在着一定异同性。

相似性主要体现为：一是在农村居民农产品消费变量方面，与长期情形一样，中期农村居民对农业、畜牧业等初级农产品部门消费减少，对绝大部分加工农产品消费增加；二是在不同农产品部门方面，总体而言，初级农产品消费受各构成因素影响均大于加工农产品。就具体部门而言，渔业和林业受影响相对较大，屠宰及肉类蛋类加工业和其他食品加工制造业受影响则相对较弱；三是在各因素影响效应方面，与长期情形一样，中期技术效应在促进农村居民农产品消费结构升级方面作用同样显著。尽管消费总量和出口总量也使得加工农产品消费增加，但同时也促进了初级农产品的消费增加，而消费规模变化、资本形成、出口等最终需求结构调整却又进一步抑制了农村居民加工农产品消费；四是在各因素影响程度方面，资本形成结构变化和总量变化影响相对较弱。

表 5—6　2002—2015 年具体农产品部门消费变化量及各因素影响系数

产业		变化量（单位：万元）	影响系数									
			规模效应	技术效应	结构效应				总量效应			
					最终消费	资本形成	出口	合计	最终消费	资本形成	出口	合计
初级农产品消费	农业	−27574592	1.29	0.75	0.79	0.04	0.30	1.13	−1.04	0.39	−1.37	−2.03
	林业	75308	−1.42	−9.85	0.04	0.02	0.06	0.13	4.01	−1.31	7.84	10.54
	畜牧业	−39926872	0.87	0.25	0.52	0.02	0.06	0.60	−0.49	0.23	−0.53	−0.79
	渔业	−3569335	1.23	1.02	1.31	0.02	0.51	1.83	−1.25	0.26	−2.16	−3.15
	合计	−70995491	1.28	0.43	0.83	0.03	0.17	1.03	−0.76	0.27	−0.94	−1.44
加工农产品消费	粮油及饲料加工业	6762452	−2.06	1.13	−0.78	0.00	−0.18	−0.96	1.47	−0.45	1.73	2.75
	制糖业	−422034	2.14	1.01	0.52	0.06	0.25	0.83	−1.22	0.48	−2.13	−2.87
	屠宰及肉类蛋类加工业	14444686	−0.08	−0.04	0.02	0.00	−0.20	−0.18	0.60	−0.08	0.67	1.19
	水产品加工业	8036278	−0.61	0.22	−0.13	0.00	−0.32	−0.45	0.54	−0.06	1.19	1.67
	其他食品加工制造业	44987943	−0.22	0.23	0.03	−0.01	−0.04	−0.03	0.57	−0.04	0.45	0.97
	酒精及饮料酒制造业	6736496	1.98	0.30	1.49	0.03	0.04	1.56	−1.93	0.30	−1.63	−3.26
	其他饮料制造业	6708024	−2.41	0.44	−0.83	−0.01	−0.27	−1.11	1.60	−0.27	2.09	3.42
	烟草加工业	7579451	−0.78	0.18	−0.75	−0.02	−0.16	−0.93	1.57	−0.22	1.03	2.38
	合计	94833296	−0.68	0.19	−0.24	−0.01	−0.12	−0.37	0.97	−0.13	0.82	1.65

数据来源：根据 1997 年、2002 年、2015 年中国投入产出表计算得到。

差异性主要体现为：一是从中期看，农村居民对渔业部门消费减少，对酒精及饮料酒制造业消费增加，而长期正好相反；二是对于加工农产品而言，中期农村居民酒精及饮料酒制造业和其他饮料制造业消费受影响较为明显，而长期农村居民制糖业和粮油及饲料加工业消费受影响较为明显；三是技术变化使得中期农村居民对烟草加工业部门消费减少，对粮油及饲料加工业消费增加，而长期正好相反；四是中期消费规模变化对农村居民农产品消费变化影响相对较大，而长期最终消费需求总量效应对农村居民农产品消费变化影响相对较大。

四、本节小结

研究在 1997 年、2002 年和 2015 年中国投入产出表的基础上，分别从长期（1997—2015 年）和中期（2002—2015 年）对农村居民农产品消费变化进行实证分析，主要结论如下：

总体影响作用看，农村居民对于农产品消费结构升级主要源于规模效应、技术效应、最终需求结构效应对初级农产品消费的抑制作用，以及技术效应、总量效应对加工农产品消费的促进作用。也就是说，尽管初级农产品消费呈现出递减趋势，加工农产品消费呈现出递增趋势，但是，从具体因素作用看，规模效应、技术效应、最终需求结构效应抑制了农村居民初级农产品消费，而最终需求总量效应和技术效应促进农村居民加工农产品消费增加。随着国家“三农”支出力度加大，特别是加大对农民的直接补贴力度，农民收入增长较快。但是，受初级农产品消费收入弹性相对较低的特点影响，在人们的温饱需求基本满足后，初级农产品进一步扩大直接消费的市场就受到很大的制约，从而表现出规模效应抑制了初级农产品消费。同时，为了促进农业增效、农民增收，国家加大了对农产品加工业的财税政策支持，对国家级和省级重点农业产业化龙头企业技术改造、原料基地建设给予重点扶持，用于投资、消费、出口等最终需求的总量提升，进而总量效应促进了加工农产品消费。

从农产品部门看，总体而言，相对于加工农产品，农村居民对初级农产品的消费受影响程度更大。具体而言，渔业和林业受影响相对较大，屠宰及肉类蛋类加工业和其他食品加工制造业受影响则相对较弱。同时，对于具体加工农产品部门，中期酒精及饮料酒制造业和其他饮料制造业消费受影响较为明显，而长期制糖业和粮油及饲料加工业消费受影响较为明显。

从各因素影响效应看，技术效应在促进农产品消费结构升级方面作用尤为明显。尽管消费总量和出口总量也使得加工农产品消费增加，但同时也促进了初级农产品的消费增加，而消费规模变化、资本形成、出口等最终需求结构调整却又进一步抑制加工农产品消费。可见，随着国家对农资综合直补、农业机械购置补贴力度的加大，农产品生产技术水平不断提升，一方面降低农产品生产成本，另一方面使得农产品生产的中间投入（中间需求）减少，技术效应作用显得尤为明显。

从各因素影响程度看，中期消费规模变化对农村居民农产品消费变化影响相对较大，而长期最终消费需求总量效应对农村居民农产品消费变化影响相对较大。不管是中期还是长期，资本形成结构变化和总量变化对农产品消费变化影响都相对较弱。

第六章　中国农村居民消费变化的政策冲击模型

第四章和第五章分别从局部均衡和一般均衡角度分析影响我国农村居民消费变化的影响因素，本章将进一步对相关影响因素进行政策冲击分析。具体而言，以第四章局部均衡分析筛选出来的主要影响因素为基础，结合第五章一般均衡分析视角，进一步在一般均衡分析框架下对中国农村居民消费进行政策模拟。尽管我国扩大内需方式既包括以经济手段为主的市场调节，也包括以社会手段为主的政府治理方向，但从宏观经济学角度看，与居民消费相关的政策影响主要体现在财政政策和货币政策等政府治理方面，这些政策与居民消费之间存在直接或间接的相互关系。因此，本章在投入产出分析方法应用基础上，进一步构建中国农村居民消费社会核算矩阵（Social Accounting Matrix，简称 SAM）模型，并以此为基础定量分析我国农村居民消费变化的政策效应。

第一节　中国农村居民消费 SAM 模型

一、SAM 模型结构

社会核算矩阵（Social Accounting Matrix，简称 SAM）作为一般均衡分析模型最重要的基础数据库，是社会经济系统中宏观账户和中观账户的一种特殊表现形式，它捕捉到了经济系统中所有经济部门之间的经济往来以及转移支付信息。对于社会核算矩阵，1993 年联合国统计署发布的国民经济核算体系（SNA）中给出如下定义：“以矩阵形式表示的 SNA 账户，刻画了供给表、使用表与部门账户间的联系；它反映了一定时期内社会经济主体间的各种经济联系”。在 SAM 表编制过程中，投入产出表是其基本数据来源，但与投入产出模型又有所不同。虽然基于投入产出模型把社会经济系统划分为若干个部门的特点，能方便地描述在产业链上由于部门之间的关联关系一个部门对另一部门或整个系统所产生的波及作用的大小，但是，由于投入产出技术主要集中在经济过程中的生产部分，相对简化经济过程中的收入分配过程，因而不能解释许多重要的经济问题，如投入产出表由于缺乏主体账户而不能解释市场主体的行为对经济的影响。针对于此，研究者通常采用 SAM 来组织和提供一定时间范围内，一个国家的经济和社会数据，以便解决一些更复杂的经济和社会问题。因为 SAM 扩展了投入产出表第四象限，可以较好地反映出不同机构主体如家庭、企业和政府之间的账户信息以及经济往来，从而使得 SAM 不仅反映生产活动部门间的经济关联性以及收入的初次分配，而且反映了收入的再分配、储蓄等信息。所以，相对于投入产出表而言，SAM 表可以较为完整地反映经济体中不同账户之间的衔接以及对应关系，尽管 SAM 表的编制是针对特定国家或地区在特定年份的经济结构，但其背后却蕴含着制度与现实的不断博弈的社会结构特征变化，因此，与投入产出模型不同，SAM 模型反映的系统是非线性的[①]。此外，在研究过程中，根据研究对象和分析问题的不同，还能够对 SAM 模型中的部门划分进行调整，既可以对相关账户进一步细分，也可以对部分账户加以归并，具有很大的灵活性，这样不仅使得研究更有针对性，而且也能更好地反映不同经济政策变动对经济系统的综合影响。

自 20 世纪 60 年代第一个 SAM 作为剑桥增长项目的一个部分最早由 Stone（1962）构建，随后，在理论基础、框架结构、乘数分解、关联分析、结构性路径分析等方面，SAM 理论得到全面的研究和拓展

① 侯瑜：《理解变迁的方法：社会核算矩阵及 CGE 模型》，东北财经大学出版社 2006 年版，第 27 页。

（Pyatt，1988，1991a，1991b，2001；Defourny，Thorbecke，1984；Pyatt，Round，1979；Robinson 等，2001；Golan，Vogel，2000）。同时，在世界银行的大力推动下，已有 50 多个国家先后建立了他们的 SAM，分别用于投入产出分析、税收分析、收入分配分析、地区发展分析等（Pyatt，Round，1979；Pyatt，1988；Roberts，1995；Hanson，Robinson，1991；李善同等，1996；中国经济的社会核算矩阵研究小组，1996；金艳鸣、雷明，2006；王艳、范金，2007；张丹，2015）。

依据复式账户的原理，SAM 采用矩阵的形式反映经济系统中各类账户的收入和支出。由于矩阵中行和列分别反映不同信息，因此，SAM 表中的每一个元素均含有双重信息，即横向看各行元素分别代表该行账户参与经济社会活动中获得的收入，而纵向看各列元素分别代表该列账户在生产活动过程中需要消耗的各种中间投入和最初投入，也即列账户的支出。根据经济核算基本原则，SAM 表中每一账户的行和与列和必须相等，即每个账户的总收入等于总支出。正是通过对各个账户间流入和流出的综合，SAM 可以较好的反映不同经济体之间的经济关联，如图 6—1 所示，其中，箭头代表收入，箭尾表示支出。从生产到要素收入的分配，然后到最终消费和投资，再到生产，构成了一个简单的生产循环；生产商品的供给和消费、投资构成了商品市场的供求关系；生产要素的需求和劳动力、资本的供给构成了要素市场的供求关系；再加上内外贸易和收入的再次分配，共同构成了整个社会经济系统。

根据运行中各账户之间的关联性的实际情况，研究中将中国农村居民消费 SAM 分为包括商品、活动、要素—劳动力、要素—资本、居民、企业、政府、国外、资本账户和存货变动，共计 10 个部门，并以矩阵的形式表示。矩阵中每个元素均反映了横向收入流和纵向支出流，同时，矩阵中的每一个非零元素均具有双重含义，行表示收入，列表示支出。根据任何收入或收益都应有相应的支出或费用的经济核算基本原则，矩阵中的行所表示的收入等于相应的列所表示的支出。因此，矩阵中来自每一个账户的购买、支出或货币流在其他一个或几个账户中必须要有相应的销售、收入或货币流，即每一账户获得的收入总和必须与其支出总和相等。将 SAM 体系中的国民经济各账户的关系用一张表表现出来，则得到一张中国农村居民消费宏观社会核算矩阵的结构表，具体如表 6—1 所示。

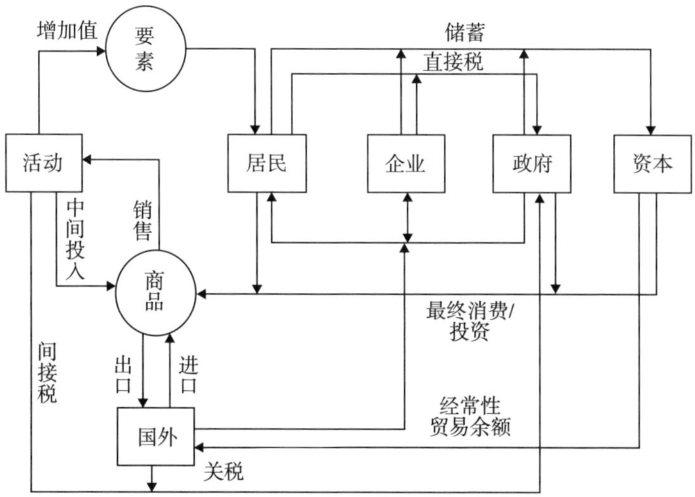

图 6—1　SAM 所反映的经济联系图

注：箭头代表收入，箭尾表示支出。
来源：Adapted from Jeffery Round（2002）。

表 6—1　中国农村居民消费社会核算矩阵结构

		商品	活动	要素		居民	企业	政府	国外	资本账户	存货变动	汇总
				劳动力	资本							
商品			中间投入			居民消费		政府消费	出口	固定资本形成	存货净变动	总需求
活动		国内总产出										总产出
要素	劳动力		劳动者报酬									要素收入
	资本		资本收益									要素收入

续 表

	商品	活动	要素		居民	企业	政府	国外	资本账户	存货变动	汇总
			劳动力	资本							
居民			劳动收入	资本收入		企业转移支付	政府转移支付				居民总收入
企业				资本收入							企业总收入
政府	关税	政府生产税			个人所得税	企业直接税			政府债务收入		政府总收入
国外	进口			国外资本投资收益							外汇支出
资本账户					居民储蓄	企业储蓄	政府储蓄	国外净储蓄			总储蓄
存货变动									存货变动		存货净变动
汇总	总供给	总投入	要素支出	要素支出	居民支出	企业支出	政府支出	外汇收入	总投资	存货净变动	

对于表6—1中的相关账户，进一步解释如下：(1) 商品账户。在中国农村居民消费宏观社会核算矩阵中是各种产品的综合，其收入来源于生产部门的中间投入、家庭消费、政府消费、固定资产投资、库存商品的增加、地区间流出和出口；其支出用于国内市场供给、政府所收的关税、地区间流入和进口。(2) 活动账户。指生产活动，其主体是生产部门，其收入来源于产品的国内供给，国内供给通常包括市场产出和家庭消费性产出；其支出用于生产过程中的中间投入、支付生产要素的报酬和交纳生产税。(3) 要素账户。主要指生产要素在生产过程中增加的价值，生产要素通常包括资本和劳动力，其收入是要素的报酬包括国内和国外两部分，其支出分为对企业支付的要素收入、对省内家庭支付的要素收入、对地区间的要素支出和对国外的要素支出。(4) 居民账户。综合反映城镇居民和农村居民，居民收入来源于工资、从企业得到的转

移支付、从政府得到的转移支付；其支出用于家庭的自给性消费、家庭的市场消费、交纳的个人所得税以及家庭储蓄。(5) 企业账户。企业的收入是指企业在生产中获得的利润、政府对企业的转移支付以及所利用的国外资金；其支出有对居民的转移支付，企业应交纳的企业税、企业储蓄投资以及对国外的支出。(6) 政府账户。政府的收入来源于进口商品的关税、生产部门的间接税、居民所交纳的个人所得税、企业所交纳的企业税；其支出用于政府的消费、政府给居民的补贴、对企业的转移支付以及政府储蓄。(7) 国外账户。国外的收入来源于进口、对国外要素的支出、企业对外支付；其支出用于出口、要素报酬、对企业的投资和国外储蓄等。(8) 资本账户。主要反映储蓄与投资，账户的收入来源于家庭的储蓄、企业的储蓄、政府的储蓄以及国外的储蓄；其支出主要用于资本的投资。(9) 存货变动账户。反映购进的原材料、燃料以及产成品、在制品和半成品在一定时期内变动的市场价值，是扣除当期由于价格变动而产生的持有收益之后的价值。因此，存货变动可以是正值，也可以是负值，正值表示存货增加，负值表示存货下降。

二、SAM 数据来源

社会核算矩阵分为宏观 SAM 和微观 SAM，在编制中国农村居民消费 SAM 过程中，宏观 SAM 表编制是基础。其中，中间投入、总产出、居民消费、政府消费、固定资本形成、进出口、劳动者报酬、资本收益、生产税等基本数据来源于投入产出表；对于投入产出表中无法反映的数据，例如，储蓄、关税、转移支付、个人所得税、企业所得税等数据，主要来源于《中国统计年鉴》；考虑到 SAM 表中每个账户行和与列和相等原则，同时，为了保证一些重要账户数据的原始性和真实性以及政策分析的准确性，部分含义不甚明确或者重要性不是很大的账户可以通过余项平衡获得①。中国农村居民消费宏观 SAM 见附录 1 所示。

① 中国农村居民消费 SAM 表具体编制参照范金等（2010）。

微观 SAM 在宏观 SAM 的基础上，根据研究问题的需要，同时考虑数据的可得性，进一步将一些账户进行分类细化。具体而言，商品、活动部门分别细分为食品、衣着、居住、家庭设备及用品、交通通信、文教娱乐、医疗保健、其他 8 个部门，要素—劳动力细分为农业劳动力、生产工人、技术人员 3 个部门，居民细分为农村居民和城镇居民，其中，农村居民按收入等级进一步划分为农村居民低收入户、农村居民中等偏下收入户、农村居民中等收入户、农村居民中等偏上收入户、农村居民高收入户。

在微观 SAM 表数据获得与处理过程中，账户细分数据主要来自于《中国统计年鉴》《中国财政年鉴》，对于部分涉及农村居民收入分组数据，在相关年鉴中没有直接原始数据，一般采用按比例拆分方法进行细化。对于编制完成的初始细化 SAM，为实现 SAM 各账户的行和及列和的相等，即满足收入等于分配的经济核算原则，进一步通过非线性规划的方法进行平衡，在此基础上再运用跨熵（Cross Entropy，CE）技术使用 GAMS 软件编程，经计算得平衡后的中国农村居民消费微观 SAM。与原始表相比，保证微观 SAM 的每个细分账户均满足行列和相等的基本原则，实现了横纵平衡，特别是运用了信息论，可以将各账户之间信息误差降到最低。

第二节　基于 SAM 的乘数分析方法

一、SAM 账户乘数

SAM 通过反映经济系统的一系列宏观数据和中观数据，揭示出了一些重要而有用的社会经济结构的总体特征，尤其是较好地反映了生产和收入分配结构之间的关联，而建立在 SAM 基础上的乘数分析则可以进一步预测外生冲击影响。基于 SAM 的乘数作用于各部门的最终产品，即可预测出当最终产品发生变化时，或对某产业增加投资时，将会对经济活动产生多大的边际影响。由于国民经济计划的制订是以最终产品的需求为依据的，因而，掌握乘数的计算和应用，对现实的经济工作很有意义。国际上，最早一批的 SAM 乘数研究是由 Stone（1978）、Pyatt，Round（1979）开始的。Pyatt，Round（1979）基于所建立的 1970 年斯里兰卡 SAM，不仅计算了账户乘数和固定价格乘数，而且提出将乘数分解为自效应、净开放效应和净循环效应，并将乘数分解用加法和乘法两种形式表示。随后 SAM 乘数被越来越多地用于消费、贫困、收入分配、价格变动、就业、投资等方面的政策分析（Thorbecke，Jung，1996；Llop，Manresa，2003；李善同等，1996；范金等，2006；金艳鸣、雷明，2006；王艳、范金，2007；党玮，2009；张丹，2015）。

建立基于 SAM 的乘数模型的关键是区分外生账户和内生账户，由于政府费用本质上是由政策决定的，国外部分超出了国内控制范围，并且由于模型并不是动态的，从而投资是外生决定的，所以习惯上将发生在政府账户、资本账户和国外账户中的经济活动看作是外生账户，将生产（活动和商品）、要素和家庭（私人机构）设置为内生账户，这样可以更好地研究不同市场主体与经济体之间的相互作用。为了便于说明乘数分析方法的原理，表 6—2 进一步对细化 SAM 的账户归类，采用更为简化的 SAM 并通过分块矩阵运算的形式来反映账户间的相互关系和作用。

表 6—2　一个简化的社会核算矩阵

支出 \ 收入		内生账户			外生账户	合计
		1. 活动	2. 要素	3. 部门		
内生账户	1. 活动	T_{11}		T_{13}	X_1	Y_1
	2. 要素	T_{21}			X_2	Y_2
	3. 部门		T_{32}	T_{33}	X_3	Y_3
外生账户		L_1	L_2	L_3	Y_1LX	Y_4
合计		Y_1	Y_2	Y_3	Y_4	

在表6—2的简化SAM中，内生账户包括活动、要素和部门三大类，并可以表示为3×3的分块矩阵。其中，活动账户是对表6—1中商品、活动账户的集结；要素账户包括资本、劳动力、土地生产要素，并且根据研究需要可以对生产要素进一步细分类别；部门账户包括企业和居民，居民账户又可以根据研究需要分为城乡或不同收入水平等类别。剩余账户例如政府、资本和其他地区[①]等账户，均作为统一的外生账户处理[②]。类似于投入产出模型中的直接消耗系数矩阵处理，在SAM中也可以定义平均支出倾向矩阵，并用A_n表示，同时依照简化SAM中3×3的内生账户的形式对A_n进行分块，得到：

$$A_n=\begin{pmatrix} A_{11} & 0 & A_{13} \\ A_{21} & 0 & 0 \\ 0 & A_{32} & A_{33} \end{pmatrix} \tag{6—1}$$

其中，A_{11}即投入产出模型中的直接消耗系数矩阵。根据SAM中的行列平衡关系，内生账户的收入合计y_n可以表示为：

$$y_n=A_n y_n+x \tag{6—2}$$

将式（6—2）进行变换，可以将内生账户的收入y_n与外生账户的投入x用下面数学关系式表示：

$$y_n=(I-A_n)^{-1}x=M_a x \tag{6—3}$$

M_a称为SAM账户乘数矩阵，类似于Leontief逆矩阵在投入产出模型中的作用，反映了SAM账户之间的基本关联，是SAM分析方法的核心。结合式（6—1）和式（6—2），可以求解出生产活动账户的总产出y_1，即：

$$y_1=(I-A_{11})^{-1}\ (A_{13}y_3+x_1) \tag{6—4}$$

其中，A_{13}反映了居民的消费支出模式。不难看出，SAM模型将$A_{13}y_3$纳入最终需求反映收入分配效应对生产活动最终产出的影响，从

① 开放SAM中考察贸易状况时设置的账户。

② 如果将资本内生化，意味着内部资源的流动和配置存在更大的灵活性；其他地区的内生化则意味着相对自由的区间贸易。

而使得式（6—4）是对投入产出模型得到的总产出公式[①]的拓展应用。

二、SAM账户乘数分解

为了更清晰地理解外生账户变动所产生的效应，研究进一步参照Pyatt，Round（1979）对账户乘数矩阵 M_a 加以分解，并可以表示为加法和乘法两种方式。设矩阵 $\tilde{A}_n$ 同矩阵 A_n 具有相同大小，则式（6—2）可以转变为：

$$
\begin{aligned}
y_n &= A_n y_n + x = (A_n - \tilde{A}_n) y_n + \tilde{A}_n y_n + x \\
&= (I - \tilde{A}_n)^{-1} (A_n - \tilde{A}_n) y_n + (I - \tilde{A}_n)^{-1} x \\
&= A^* y_n + (I - \tilde{A}_n)^{-1} x
\end{aligned}
\tag{6—5}
$$

其中，

$$
A^* = (I - \tilde{A}_n)^{-1} (A_n - \tilde{A}_n) \tag{6—6}
$$

在式（6—5）基础上两端同时左乘 A^*，其中，$A^* y$ 用式（6—5）的转换表达式代替，于是：

$$
\begin{aligned}
& y_n - (I - \tilde{A}_n)^{-1} x = A^{*2} y_n + A^* (I - \tilde{A}_n)^{-1} x \Rightarrow \\
& y_n = A^{*2} y_n + (I + A^*) (I - \tilde{A}_n)^{-1} x
\end{aligned}
\tag{6—7}
$$

类似的，在式（6—5）基础上两端同时左乘 A^{*2}，其中，$A^{*2} y$ 用式（6—7）的转换表达式代替，得到：

$$
\begin{aligned}
& y_n = A^{*3} y_n + (I + A^* + A^{*2}) (I - \tilde{A}_n)^{-1} x \Rightarrow \\
& y_n = (I - A^{*3})^{-1} (I + A^* + A^{*2}) (I - \tilde{A}_n)^{-1} x
\end{aligned}
\tag{6—8}
$$

结合式（6—8）和式（6—3）可以发现，账户乘数矩阵 M_a 可以用

---

① 基于IO模型的部门总产出公式为 $y = (I - A)^{-1} x$，其中 x 为最终需求，A 为直接消耗系数矩阵。

三个独立矩阵的乘积来表示[①]。

参考式（6—1）中平均支出倾向矩阵形式，可以将 $\widetilde{A}_n$ 分为生产活动、要素和机构部门（企业和家庭）三部分的对角矩阵

$$\widetilde{A}_n=\begin{pmatrix}A_{11} & 0 & 0\\ 0 & 0 & 0\\ 0 & 0 & A_{33}\end{pmatrix} \tag{6—9}$$

其中分块方阵 A_{11} 代表活动账户内部的循环效应，A_{33} 代表部门账户内部的循环效应，且（$I-\widetilde{A}_n$）是可逆的。因此，式（6—6）定义的 A^* 可以表示为：

$$A^*=\begin{pmatrix}0 & 0 & A_{13}^*\\ A_{21}^* & 0 & 0\\ 0 & A_{32}^* & 0\end{pmatrix}\text{其中，}\begin{cases}A_{13}^*=(I-A_{11})^{-1}A_{13}\\ A_{21}^*=A_{21}\\ A_{32}^*=(I-A_{33})^{-1}A_{32}\end{cases} \tag{6—10}$$

对于矩阵 A^* 而言，非零分块矩阵的位置和结构充分反映了内生账户之间的相关性。根据生产活动、要素和机构部门的不同，内生账户的总收入 y_n 可以分为三类，形成的三个非零分块矩阵反映了三类收入之间的周期性转移关系。从这三个端点中的任意一个开始，三步转移将返回到起始点。例如，收入从生产活动流向要素，然后流向部门，最终以消费需求的形式回到生产活动。进一步对账户乘数矩阵的分解可以以这种经济联系更好地体现出来。根据式（6—8），账户乘数矩阵 M_a 转化为三个乘数矩阵的乘积形式，即：

$$M_a=M_{a3}M_{a2}M_{a1}\text{其中，}\begin{cases}M_{a1}=(I-\widetilde{A}_n)^{-1}\\ M_{a2}=I+A^*+A^{*2}\\ M_{a3}=(I-A^{*3})^{-1}\end{cases} \tag{6—11}$$

---

① 事实上，上述过程可以一直进行下去，最终归纳得到 $y_n=(I-A^{*k})^{-1}(\sum_{j=0}^{k-1}A^{*j})(I-\widetilde{A}_n)^{-1}x$，$k$ 值的选取决定于内生账户集的数量。本文的内生账户归集为生产活动、要素和部门三类，因此迭代至第三步。从经济意义上讲，三步迭代也恰好反映了收入分配在经济系统中的一个完整循环。

结合式（6—9）和式（6—10）分别对 $\widetilde{A}_n$ 和 A^* 的定义，可以具体求解得到：

$$M_{a1}=\begin{pmatrix}(I-A_{11})^{-1} & 0 & 0\\ 0 & I & 0\\ 0 & 0 & (I-A_{33})^{-1}\end{pmatrix} \tag{6—12}$$

$$M_{a2}=\begin{pmatrix}I & A_{13}^*A_{32}^* & A_{13}^*\\ A_{21}^* & I & A_{21}^*A_{13}^*\\ A_{32}^*A_{21}^* & A_{32}^* & I\end{pmatrix} \tag{6—13}$$

$$M_{a3}=\begin{pmatrix}(I-A_{13}^*A_{32}^*A_{21}^*)^{-1} & 0 & 0\\ 0 & (I-A_{21}^*A_{13}^*A_{32}^*)^{-1} & 0\\ 0 & 0 & (I-A_{32}^*A_{21}^*A_{13}^*)^{-1}\end{pmatrix} \tag{6—14}$$

其中，M_{a1} 称为转移乘数矩阵，是对角矩阵，反映了 SAM 不同内生账户自身的内部交易所引起的收入流的转移变动，例如，第一块分块矩阵反映了生产活动部门间的内部交易带来的收入流变动情况，体现了生产活动部门内部的经济活动关系。第三块分块矩阵反映了企业和家庭之间经济活动，而第二块矩阵为单位矩阵则是因为生产要素之间没有任何的收入转移活动发生；M_{a2} 称为开环乘数矩阵，反映了经济系统某个内生账户受到外生冲击时对其他账户的交叉影响，并不反映账户自身内部的收入流变动，因此，对角线均为单位矩阵；M_{a3} 称为闭环乘数矩阵，也是对角矩阵，反映了当受到外生冲击时对内生账户自身带来的收入流循环转移影响，是一种非交叉影响。

从乘数分解的推导过程，我们可以看到三种效应有以下特点：如果两个互动账户来自相同的内生账户设置，如两个工业部门生产活动账户，或企业部门账户和居民，那么账户之间只有转移乘数效应，但是没有开环乘数效应；如果两个互动账户来自不同的内生账户集，如生产活动账户中的某一产业部门和某一生产要素，或某一产业部门和某一类居民，则账户之间只有开环乘数效应，而没有转移乘数效应。但是，在这两种情况下，都存在闭环乘法效应。

为了更清楚地说明乘数分解中不同效应的影响，也可以对账户乘数 M_a 作另外一种变化，通过提取初始投入矩阵，并用加法的形式反映三类不同的净效应，如式（6—15）。相比较而言，加法形式更容易被理解。

$$M_a = I + (M_{a1} - I) + (M_{a2} - I) M_{a1} + (M_{a3} - I) M_{a2} M_{a1}$$
$$= I + T + O + C \tag{6—15}$$

其中，矩阵 I 是初始投入，矩阵 T 反映了转移乘数效应的净贡献，矩阵 O 反映了开环乘数效应的净贡献，矩阵 C 反映了闭环乘数效应的净贡献，三者具有与三类乘数效应相同的特点。

三、SAM 固定价格乘数

尽管账户乘数可以很好地揭示 SAM 表中经济系统结构关系，但是，在分析居民消费问题时，由于不同收入户农村居民的收入弹性并不相同，从而导致不同收入户对不同商品（服务）的消费倾向是不一样的，所以，有必要将 SAM 账户乘数拓展为固定价格乘数。

在假设价格保持不变的前提下，根据平衡账户方程

$$y_n = n + x \tag{6—16}$$

得到：

$$dy_n = dn + dx \tag{6—17}$$
$$= C_n dy_n + dx \tag{6—18}$$
$$= (I - C_n)^{-1} dx = M_c dx \tag{6—19}$$

这里 C_n 是边际消费倾向矩阵，这里的乘数矩阵 M_c 即为固定价格乘数，其中，边际消费倾向矩阵可以通过直接消耗系数矩阵计算出来，其中，η_{ij} 是 i 对 j 的弹性。

$$C_{ij} = \eta_{ij} A_{ij} \tag{6—20}$$

一般而言，账户乘数和固定价格乘数之间的差异非常小，甚至一些

学者在研究中直接将账户乘数视为固定价格乘数。尽管如此，两者所反映的内容是不一样的，固定价格乘数拓展了边际消费倾向的应用，而账户乘数则是基于平均消费倾向基础上的。所以，在计算固定价格乘数的实际过程中，在大多数情况下都可以假设边际倾向和平均倾向是一致的，但是，在计算家庭消费时，这种假设就不再成立。因此，首先需要计算出家庭消费的弹性，然后将原平均消费倾向矩阵 A_n 中涉及家庭平均消费倾向的一块用家庭消费弹性代入，这就可以得到了边际消费倾向矩阵 C_n，最终就可以计算出固定价格乘数 M_c。类似于账户乘数的分解方法，也可以把 SAM 固定价格乘数分解为转移乘数效应 Mc_1、净开环乘数效应 Mc_2 和净闭环乘数效应 Mc_3。

第三节　基于 SAM 的结构性路径分析

当经济账户受到外生冲击式，SAM 账户乘数分析可以揭示这种外生冲击对内生账户的影响程度，并通过分解得到三种不同的影响效应，但这些都仅仅是从总体上对外生冲击影响的定量测算，至于其影响作用的具体传到机制如何无法告知。而账户之间的相互作用是一个复杂的过程，不同的传导路径其作用大小以及传播速度和效率是不一样的。这类似于账户之间的交互过程是一个黑箱，决策者无法判断其外生冲击影响是如何传导作用的，只能获取总体作用大小，无法为决策者提供更好的决策依据。因此，有必要将黑箱打开，通过结构性路径分析，研究当经济系统受到外生冲击时，内生账户之间是沿着怎样的路径发生关联的。

如图 6—2 所示，SAM 中的每个内生账户都被视为一个结点，并且两个结合点 i 和 j 之间的联系用弧（i，j）表示，当账户 i 受到外生冲击时，对账户 j 的直接影响大小可以用平均消费倾向矩阵中的元素表示，也被定义为弧（i，j）的强度。当然，起点和终点之间可以有很多条路径，如图 6—2 结点 i，k，l，…，m，j 所形成的连续的弧（i，k），（k，l），…，（m，j），被称为基本路径，若起点和终点完全重合则是回路。如图 6—2 所示，$i\to x\to y\to j$ 是一条基础路径，而 $x\to y\to z\to x$ 就是一条回路。类似的，账户之间的影响作用可以分为三类：直接影响、完全影响和总体影响。

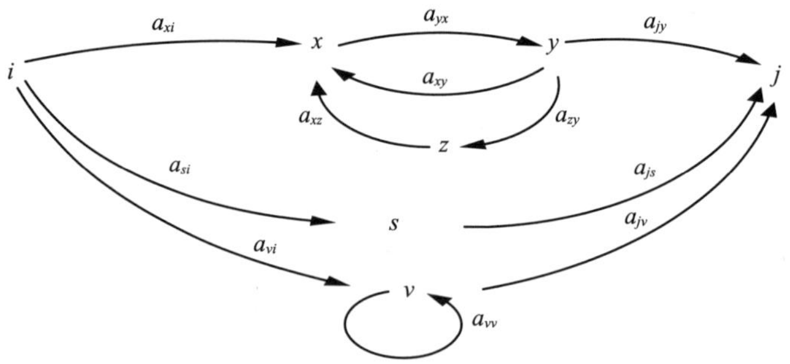

图 6—2　SAM 路径分析的基础路径与回路

一、直接影响

对于基础路径，起点为账户 i，终点为账户 i，假定所有其他的账户收入保持不变，账户 i 的收入变动 1 个单位对账户 j 收入的影响，称为直接影响，也即弧（i，j）的强度，用平均支出倾向矩阵 A_n 中第 j 行、第 i 列元素 a_{ji} 的值表示①：

$$I^D_{(i\to j)}=a_{ji} \tag{6—21}$$

因此，从结构性路径分析角度，可以将平均支出倾向矩阵称作为直接影响矩阵。

当然，从账户 i 到账户 j 的基础路径可以经过多个结点，此时，直接影响的值为构成该路径的各段弧的强度的乘积，即：

$$I^D_{(i\cdots j)}=a_{jn}\cdots a_{mi} \tag{6—22}$$

例如，在图 6—2 中，基础路径 $i\to x\to y\to j$ 产生的直接影响的值为 $I^D_{(i\to j)}=a_{xi}a_{yx}a_{jy}$。

① 根据平均支出倾向的定义以及平衡关系，在 SAM 流量间存在如下关系：$y_j=a_{ji}y_i$，那么当账户 i 变动 1 个单位产出（$\Delta y_i=1$）时，账户 j 变动的产出为 $\Delta y_j=a_{ji}$。

二、完全影响

对于一个复杂庞大的经济系统，系统内各账户之间存在着错综复杂的关联性，因此，任意两个账户结点之间的传导不仅仅体现在基础路径上，还可能和其他结点和路径链接形成回路，其影响相对于相同基础路径条件等下的直接影响有所放大。因此，沿着基础路径从起点账户到终点账户，所有的直接和间接的影响之和就是完全影响。

同样以起点账户 i，终点账户 j 为例，如图 6—2 所示，在基础路径 $i \to x \to y \to j$ 的基础上又加入了两条回路 $x \to y \to x$ 和 $x \to y \to z \to x$。也就是说，当起点账户 i 受到外生冲击时，不仅有结点 i 和结点 y 之间的直接影响 $a_{xi}a_{yx}$，而且这种直接影响又通过结点 y 到结点 x 间的两条回路反馈到结点 x，并在此影响基础上，继续通过弧（y，j）最终传导至结点 j，从而得到产生于该路径上的完全影响，即：

$$I^{T}_{(i \to j)p} = a_{xi}a_{yx}a_{jy}[1 - a_{yx}(a_{xy} + a_{zy}a_{xz})]^{-1} \qquad (6—23)$$

式（6—23）中，等号右边的第一项恰好为结点 i 传导至结点 j 的直接影响，即 $I^{D}_{(i \to j)} = a_{xi}a_{yx}a_{jy}$，第二项被定义为路径乘数 M_p，它反映了直接影响沿着基础路径传递时受到反馈回路影响而被扩大的程度。于是，式（6—23）所反映的完全影响可以转化为直接影响和路径乘数的乘积，即：

$$I^{T}_{(i \to j)p} = I^{D}_{(i \to j)p} M_p \qquad (6—24)$$

$$1/M_p = I^{D}_{(i \to j)p} / I^{T}_{(i \to j)p} \qquad (6—25)$$

其中，M_p 的值为两个行列式的比值，即 $\Delta p/\Delta$，Δ 为 SAM 表中行列式 $|I - A_n|$ 的值，Δp 为在 $|I - A_n|$ 的基础上，删除基础路径经过的各个结点后得到的子式的行列式的值。一般而言，基础路径所经过的结点越多，该路径包含反馈回路的概率就越高，路径乘数就越大，直接影响被扩大的程度就越高，相应的影响作用的传导速度便会减慢。因此，在冲击产生的影响大小和影响波及的时间这二者之间存在一个权衡。

三、总体影响

对所有路径效果的综合就是总体影响，与直接影响和完全影响不同的是，总体影响不分析具体传导路径的影响作用，从数值上看，常用账户乘数矩阵 M_a 中的元素来表示。因此，在结构型路径分析中，账户乘数矩阵又称为总体影响矩阵，即：

$$I^G_{(i\to j)}=m_{aji} \tag{6—26}$$

进一步以图 6—2 为例说明三种影响的关系。假设起点 i 与终点 j 之间有 p 条基础路径，则：

$$I^G_{(i\to j)}=m_{aji}=\sum_{p=1}^{n}I^T_{(i\to j)p}=\sum_{p=1}^{n}I^D_{(i\to j)p}M_p \tag{6—27}$$

$$\begin{aligned}I^G_{(i\to j)p}&=m_{a_{ji}}=I^T_{(i,x,y,j)}+I^T_{(i,s,j)}+I^T_{(i,v,j)}\\&=I^T_{(i\to j)1}+I^T_{(i\to j)2}+I^T_{(i\to j)3}\\&=I^D_{(i\to j)1}M_1+a_{si}a_{js}+(a_{vi}a_{jv})(1-a_{vv})^{-1}\\&=I^D_{(i\to j)1}M_1+I^D_{(i\to j)2}+I^D_{(i\to j)3}M_3\end{aligned} \tag{6—28}$$

其中，p 代表了基础路径 1、2、3。

由于经济系统中账户之间的复杂关联性，不可能将所有路径都考虑分析，所以，研究中主要是找出那些影响作用较大的路径进行结构分析，不仅有利于更好的观察经济系统中的结构性特征，同时对政策制定更为针对性和参考性。

第七章　收入分配政策对中国农村居民消费影响的情景模拟

乘数衡量的是一个部门受到外生影响而产生波动时对经济中其他部门影响的大小，结构性路径分析则进一步解释这种影响作用的传导路径和作用机制。因此，基于乘数分析和结构性路径分析方法，可以较好地对外生政策冲击进行情景模拟和冲击分析。在分析政策冲击影响时，常采用比较静态分析方法，将政策冲击后的情景与基准情景相比较，进而分析相关政策变化带来的影响。由于研究关注的农村居民消费问题，存在着不同收入户对不同商品的收入弹性不同，因此，研究主要在 SAM 固定价格乘数方法基础上进行政策冲击分析。同时，结合影响农村居民消费的主要影响因素，以及现实政策实施情况，研究将主要以收入分配政策、财政补贴政策、政府教育投资支出政策为例，分别设计不同的政策进行情景模拟，分析不同政策背景下我国农村居民消费变化及其作用传导机制。由于研究中涉及到不同收入分组农村居民、不同商品（服务）消费类别以及不同劳动力生产要素类别，在分析政策冲击效应时分析视角更广，而现实生活中政府出台的相关政策实施对象和实施范围相对单一，例如，对于农村居民的收入补贴集中于对低收入户，对于价格补贴集中于某一具体行业等。因此，为了更好地分析问题，研究中并没有以现实中政策数据为依据，而是在不同的情景模拟下进行简化处理，设定不同的情景，关键目的是通过情景模拟和冲击分析，从更为全面系统的角度探寻政策传导机制，揭示一般规律和现象。

第一节　情景设定

收入分配是影响农村居民消费变化的主要因素，因此，考虑中国农村居民消费 SAM 内生账户和外生账户的划分，设定外生政策冲击主要来自政府部门，比如，政府给予农村居民的转移支付或收入补贴，影响居民的收入再分配，通过居民收入变化进而影响农村居民消费。

假定政府对农村居民的转移支付平均增加 5%，同时，鉴于农村居民内部存在着较大的收入差距，因此，在收入分配政策设定时，根据政策实施重点不同，分别以“一视同仁”“兼顾两头”“重视弱者”“重视中层”为原则，对不同收入户转移支付增加比例设计不同情境，但均保证总体平均水平增加 5%。具体情景设定如表 7—1 所示。

表 7—1　收入分配政策情景设定　　（单位：%）

	一视同仁	兼顾两头	重视弱者	重视中层
低收入户	5	6	8	3
中等偏下收入户	5	5	7	5
中等收入户	5	3	5	9
中等偏上收入户	5	5	3	5
高收入户	5	6	2	3
均值	5	5	5	5

数据来源：作者根据按照平均增加 5%的原则设定。

结合中国农村居民消费 SAM 乘数分析，可以发现，不同收入分配政策对农村居民消费总额影响存在着差异性，总体上看，“重视弱者”的收入分配政策更有利于农村居民消费总体提升。如表 7—2 所示，“重视弱者”的政府转移支付增加政策使得农村居民消费增加 0.4305 个百分点，其次是“兼顾两头”和“一视同仁”政策，农村居民消费分别增加 0.3939 和 0.3926 个百分点。相对而言，“重视中层”的收入调整政策对提高农村居民总体消费影响并不显著，农村居民消费仅增加 0.39 个百分点。

表 7—2　不同收入分配政策对农村居民消费总额的影响　（单位：%）

	一视同仁	兼顾两头	重视弱者	重视中层
对农村居民消费总额影响	0.3926	0.3939	0.4305	0.3900

数据来源：作者计算得出。

第二节　收入分配政策的具体影响效应分析

由于“重视弱者”的收入分配政策对农村居民消费总额影响相对明显，因此，研究着重以“重视弱者”的政策为例，分别从不同收入等级农村居民角度，具体分析政策的外生冲击对居民不同商品（服务）消费带来的影响，并将影响效应分解为转移净效应、开环净效应和闭环净效应，结果如表 7—3 所示。由于收入分配政策作用下的居民账户和生产活动类账户分别来自于 SAM 模型中不同的内生账户集，所以，在 SAM 乘数效应分解时可以发现，账户之间没有转移乘数效应，仅有开环乘数效应和闭环乘数效应。同时，表 7—3 显示，对于所有收入分组的农村居民消费变化而言，均存在开环乘数净效应大于闭环乘数净效应，也就是说，“重视弱者”的政府转移支付政策的外生冲击，其对居民消费带来的影响主要是通过不同收入户农村居民账户和不同商品活动账户之间的交叉作用影响的。如表 7—3 所示，开环效应占比均达到 65%以上。相比之下，对不同收入组居民账户而言，当账户受到政策外生冲击时，其在经济系统中进行循环并最终回到起点所带来的对居民账户的非交叉影响相对较低。

具体到不同收入分组居民消费的政策冲击影响，可以发现：尽管存在着收入差距，但“重视弱者”的收入分配政策对居住消费影响均比较大，例如，低收入户农村居民获得的政府转移支付增加 8%，将使得居住消费增加 0.0414 个百分点，其中，开环净效应使得居民消费增加 0.0293 个百分点；其次是文教娱乐和食品消费，仍以低收入户为例，文教娱乐和食品消费分别增加 0.0345 和 0.0339 个百分点；相对而言，医疗保健消费受政策影响较弱，低收入户居民消费仅增加 0.0077 个百分点。可见，农村居民消费仍未摆脱以必需品为主的生存性消费模式，消费结构仍偏物质，居住、食品等生存性消费仍然占据主要比重，随着收入增加，改善居住环境和居住水平是首位。这点也可以从改革开放以来我国农村居民消费统计数据进一步体现，食品和居住一直是农村居民的主要消费支出。以 2016 年为例，农村居民年人均消费支出为 10129.8 元，其中食品消费达到 3266.1 元，居住消费达到 2147.1 元，分别占农村居民消费的 32.2%和 21.2%。当然，在满足生存型消费的同时，文教娱乐、交通通信等发展型、享受型消费逐步成为农村居民消费热点，特别是文教娱乐消费，收入分配政策影响较为明显。尽管如此，农村居民医疗保健消费意识还不是很强，收入变动政策对其消费影响相对较弱。

表 7—3　收入分配政策对不同收入户农村居民消费影响的乘数分析

起始端	终端	净效应	转移净效应	开环净效应	闭环净效应	开环效应占比（%）
低收入户	食品	0.0339	0.0000	0.0222	0.0117	65.5
	衣着	0.0152	0.0000	0.0103	0.0048	68.1
	居住	0.0414	0.0000	0.0293	0.0121	70.7
	家庭设备及用品	0.0141	0.0000	0.0095	0.0046	67.6
	交通通信	0.0217	0.0000	0.0158	0.0058	73.1
	文教娱乐	0.0345	0.0000	0.0221	0.0124	64.1
	医疗保健	0.0077	0.0000	0.0055	0.0022	71.9
中等偏下收入户	食品	0.0240	0.0000	0.0156	0.0084	64.8
	衣着	0.0121	0.0000	0.0087	0.0035	71.2
	居住	0.0301	0.0000	0.0213	0.0087	70.9
	家庭设备及用品	0.0106	0.0000	0.0073	0.0033	69.0
	交通通信	0.0137	0.0000	0.0095	0.0042	69.3
	文教娱乐	0.0268	0.0000	0.0178	0.0089	66.6
	医疗保健	0.0050	0.0000	0.0035	0.0016	69.0

续 表

起始端	终端	净效应	转移净效应	开环净效应	闭环净效应	开环效应占比（%）
中等收入户	食品	0.0145	0.0000	0.0091	0.0055	62.3
	衣着	0.0071	0.0000	0.0048	0.0023	67.9
	居住	0.0198	0.0000	0.0141	0.0057	71.3
	家庭设备及用品	0.0073	0.0000	0.0052	0.0021	70.7
	交通通信	0.0097	0.0000	0.0069	0.0027	71.7
	文教娱乐	0.0166	0.0000	0.0108	0.0058	64.9
	医疗保健	0.0034	0.0000	0.0024	0.0010	70.1
中等偏上收入户	食品	0.0077	0.0000	0.0051	0.0027	65.5
	衣着	0.0034	0.0000	0.0023	0.0011	67.2
	居住	0.0096	0.0000	0.0069	0.0028	71.3
	家庭设备及用品	0.0034	0.0000	0.0024	0.0010	69.6
	交通通信	0.0045	0.0000	0.0031	0.0013	70.4
	文教娱乐	0.0082	0.0000	0.0054	0.0028	65.7
	医疗保健	0.0015	0.0000	0.0010	0.0005	67.8
高收入户	食品	0.0044	0.0000	0.0027	0.0016	63.1
	衣着	0.0021	0.0000	0.0014	0.0007	67.7
	居住	0.0056	0.0000	0.0040	0.0017	70.4
	家庭设备及用品	0.0020	0.0000	0.0014	0.0006	69.0
	交通通信	0.0029	0.0000	0.0021	0.0008	72.2
	文教娱乐	0.0054	0.0000	0.0037	0.0017	68.2
	医疗保健	0.0008	0.0000	0.0005	0.0003	62.1

第三节 收入分配政策影响的传导路径分析

乘数分析给出了外生冲击影响的总体测算，但不同影响的具体传导路径却无法获知，有必要对其传导机制进行分析。同时，为了更好地观测不同生产活动部门之间的相互作用影响，研究将原有包括食品、衣着、居住、家庭设备及用品、交通通信、文教娱乐、医疗保健、其他共计 8 大类的生产活动部门，进一步按照投入产出表行业分类拆分细化为 32 个行业部门，在更为细化的中国农村居民消费 SAM 基础上，以低收入户农村居民为例，设计不同的传导方案，打开影响居民消费变化的黑箱。表 7—4 为实施“重视弱者”的收入分配政策对低收入户消费影响的结构性路径分析。

一、收入分配政策对农村居民食品消费影响的路径分析

第一，从与食品消费密切相关的行业部门来看，对于低收入户农村居民而言，收入分配政策使得居民对食品制造及烟草加工业消费增加明显。如表 7—4 所示，实施“重视弱者”政策使得低收入户农村居民对与食品相关的农业、食品制造及烟草加工业消费分别增加 0.341806% 和 0.409164%。

第二，从政策影响的传导路径看，收入分配政策对农村居民食品制造及烟草加工业消费影响主要依赖于点对点的直接路径传导，而对农业消费影响的传导路径相对多样化。如表 7—4 所示，“农村居民→农业”和“农村居民→食品制造及烟草加工业”，收入分配政策影响沿着这两条基础路径传导的比重都相对较高，但是，进一步研究可以发现，收入分配政策对农村居民食品制造及烟草加工业消费的影响主要通过直接路径传导，路径传导比重高达 64.1%。相对而言，对农业消费的影响除了直接路径的传导之外，路径“农村居民→食品制造及烟草加工业→农业”也发挥了很大作用，路径传导比重达到了 33.7%，仅次于 34.8% 的直接路径传导影响，剩余约 1/3 的总体影响则通过其他路径传导。可见，收入分配政策对农村居民农业消费需求的影响路径相对多样化。

第三，从路径的传导速度和效果看，收入分配政策对农村居民食品消费影响沿着直接路径传导的速度和效果均比较明显。当对低收入户农村居民实施“重视弱者”的转移支付政策时，研究发现，虽然沿着基础路径“农村居民→食品制造及烟草加工业→农业”“农村居民→农业→

食品制造及烟草加工业”产生的完全影响也比较大，但由于其路径所含回路的反馈强度较大，从而影响了政策冲击的传导速度。基础路径“农村居民→住宿和餐饮业→食品制造及烟草加工业”尽管在政策冲击时通过该路径产生影响相对较小，直接影响系数和完全影响系数分别为0.007003和0.011691，但相对于其他包含中介账户的传导路径，该基础路径所含回路反馈强度较低，传导效率相对较高。

二、收入分配政策对农村居民衣着消费影响的路径分析

第一，从与衣着消费相关的行业部门来看，对于低收入户农村居民而言，收入分配政策变动对居民纺织业和服装皮革羽绒及其制品业影响相当。如表7—4所示，实施“重视弱者”政策使得低收入户农村居民对与衣着相关的纺织业和服装皮革羽绒及其制品业消费分别增加0.065980％和0.073494％。

第二，从政策影响的传导路径看，收入分配政策对农村居民服装皮革羽绒及其制品业消费影响主要依赖于点对点的直接路径传导，而对纺织业消费影响则主要借助于中介账户进行传导。如表7—4所示，对于纺织业消费影响，通过含有中介账户的基础路径“农村居民→服装皮革羽绒及其制品业→纺织业”传导政策冲击的比重达到34.3％，明显高于直接路径“农村居民→纺织业”16％的传导比重。对于服装皮革羽绒及其制品业消费影响，主要通过直接路径“农村居民→服装皮革羽绒及其制品业”传导政策冲击，其完全影响占总体影响的比重高达59.6％。

第三，从路径的传导速度和效果看，收入分配政策对农村居民衣着消费影响沿着直接路径传导的速度和效果均比较明显。尽管对于纺织业消费而言，基础路径“农村居民→服装皮革羽绒及其制品业→纺织业”传导影响较大，但其路径所含回路的反馈强度较大，路径乘数达到2.022603，从而使得政策冲击的传导速度相对较慢。综合政策影响的传导速度和传导效果而言，直接路径“农村居民→纺织业”既有一定的传导作用影响，又能保证政策传导效率。

三、收入分配政策对农村居民家庭设备及用品消费影响的路径分析

第一，从与家庭设备及用品消费密切相关的行业部门来看，对于低收入户农村居民而言，收入分配政策变动对电器、机械及器材制造业消费需求影响相对明显。如表 7—4 所示，实施“重视弱者”政策使得低收入户农村居民对与家庭设备及用品相关的木材加工及家具制造业和电器、机械及器材制造业消费分别增加 0.024263％和 0.054257％。

第二，从政策影响的传导路径看，收入分配政策对农村居民家庭设备及用品消费影响主要依赖于点对点的直接路径传导。如表 7—4 所示，对于木材加工及家具制造业消费而言，直接路径的传导比重在总体影响中高达 52.7％，而通过房地产业为中介的传导路径比重仅为 0.5％；对于电器、机械及器材制造业消费而言，直接路径的传导比重在总体影响中高达 43.0％。可见，对家庭设备及用品消费的影响，约一半的总体影响由直接路径传导，剩余的则由其他路径分担，但影响程度均不是很高。

第三，从路径的传导速度和效果看，收入分配政策对农村居民家庭设备及用品消费影响沿着直接路径传导的速度和效果均比较明显。当对低收入户农村居民实施“重视弱者”的转移支付政策时，研究发现，沿着含有中介账户的基础路径，例如“农村居民→房地产业→木材加工及家具制造业”“农村居民→信息运输、计算机服务和软件业→电器、机械及器材制造业”“农村居民→通用专用设备制造业→电器、机械及器材制造业”，不仅受政策冲击影响较小，完全影响系数相对较低，而且路径中反馈强度较高，冲击效应的传导效率较低。

四、收入分配政策对农村居民交通通信消费影响的路径分析

第一，从与交通通信消费密切相关的行业部门来看，对于低收入户农村居民而言，收入分配政策变动对交通运输及仓储、邮政业消费需求影响相对明显。如表 7—4 所示，实施“重视弱者”政策使得低收入户

农村居民对与交通通信相关的交通运输及仓储、邮政业消费增加0.101683%，而信息运输、计算机服务和软件消费仅增加0.038053%。

第二，从政策影响的传导路径看，收入分配政策对农村居民交通运输及仓储、邮政业消费影响路径相对多样化，而对信息运输、计算机服务和软件消费影响主要依赖于点对点的直接路径传导。如表7—4所示，对于交通运输及仓储、邮政业消费影响，直接路径的传导比重在总体影响中为27.8%，通过含有中介账户的基础路径“农村居民→石油加工、炼焦及核燃料加工业→交通运输及仓储、邮政业”传导政策冲击的比重为0.2%，剩余的总体影响则由其他各种包含中介账户的基础路径分担。所以，收入分配政策对交通运输及仓储、邮政业消费影响路径相对分散。而对于信息运输、计算机服务和软件消费影响，政策冲击主要通过直接路径“农村居民→信息运输、计算机服务和软件”传导，其完全影响占总体影响的比重高达41.9%，剩余的总体影响则虽然都是通过中介账户间接传导，但这些路径传导比重均比较低，比如“农村居民→通信设备、计算机及其他电子设备制造业→信息运输、计算机服务和软件业”“农村居民→仪器仪表及文化办公用机械制造业→信息运输、计算机服务和软件业”等，传导路径比重不足0.5%，其他传导比重更小的路径。

第三，从路径的传导速度和效果看，收入分配政策对农村居民交通通信消费影响沿着直接路径传导的速度和效果均比较明显。尽管对于交通运输及仓储、邮政业消费而言，基础路径“农村居民→交通运输设备制造业→交通运输及仓储、邮政业”影响较大，路径传导比重达到11.3%，但其路径所含回路的反馈强度较大，路径乘数相对较高，达到1.865992，从而使得政策冲击的传导速度相对较慢。综合政策影响的传导速度和传导效果来看，直接路径“农村居民→交通运输及仓储、邮政业”既有很强的传导作用影响，又保证政策传导效率。

五、收入分配政策对农村居民居住消费影响的路径分析

第一，从与居住消费密切相关的行业部门来看，对于低收入户农村

居民而言，收入分配政策变动对房地产业消费需求影响相对明显。如表7—4所示，实施“重视弱者”政策使得低收入户农村居民对房地产业消费增加0.192776%，总体影响仅次于农业、食品制造及烟草加工业等食品消费。

第二，从政策影响的传导路径看，收入分配政策对农村居民居住消费影响路径主要依赖于点对点的直接路径传导。如表7—4所示，通过直接路径“农村居民→房地产业”的传导的完全影响在总体影响中比重高达68.8%，剩余20%左右的总体影响则通过其他各种包含中介账户的基础路径分担，比如传导路径比重仅为1.1%的基础路径“农村居民→金融保险业→房地产业”，以及其他传导比重更小的路径。

第三，从路径的传导速度和效果看，收入分配政策对农村居民居住消费影响沿着直接路径传导的速度和效果均比较明显。由于农村居民居住消费主要表现为居民宅基地建设、居住环境改善等方面，对于其他中间消费型服务业需求依赖相对要小，从而表现出直接路径传导较为通畅。

六、收入分配政策对农村居民文教娱乐消费影响的路径分析

第一，从与文教娱乐消费密切相关的行业部门来看，对于低收入户农村居民而言，收入分配政策变动对教育消费需求影响相对明显。如表7—4所示，实施“重视弱者”政策使得低收入户农村居民对与文教娱乐相关的教育消费增加0.043686%，而文化、体育和娱乐业消费仅增加0.017001%。

第二，从政策影响的传导路径看，收入分配政策对农村居民文教娱乐消费影响主要依赖于点对点的直接路径传导。如表7—4所示，对于教育消费而言，直接路径的传导比重在总体影响中高达65.3%，而以科学研究事业、信息运输、计算机服务和软件业等为中介账户传导的基础路径，其影响相对较弱。对于文化、体育和娱乐业消费而言，直接路径的传导比重在总体影响中达到42.6%，明显高于通过中介账户传导

的基础路径，比如“农村居民→造纸、印刷及文教用品制造业→文化、体育和娱乐业”，路径传导比重仅为0.2%。

第三，从路径的传导速度和效果看，收入分配政策对农村居民文教娱乐消费影响沿着直接路径传导的速度和效果均比较明显。通过中介账户传导的基础路径不仅总体影响相对较小，而且其路径中包含的回路反馈强度也较大，从而使得传导速度和传导效果都不理想。

七、收入分配政策对农村居民医疗保健消费影响的路径分析

第一，从与医疗保健消费密切相关的行业部门来看，对于低收入户农村居民而言，收入分配政策变动对卫生、社会保障和社会福利事业消费需求影响相对于其他商品（服务）类别来说要弱很多。如表7—4所示，实施“重视弱者”政策仅使得低收入户农村居民对卫生、社会保障和社会福利事业消费增加0.017001%。

第二，从政策影响的传导路径看，收入分配政策对农村居民医疗保健消费影响主要依赖于点对点的直接路径传导。如表7—4所示，对于卫生、社会保障和社会福利事业消费而言，直接路径的传导比重在总体影响中达到43.1%，明显高于通过中介账户传导的基础路径，比如，“农村居民→化学工业→卫生、社会保障和社会福利事业”，路径传导比重微乎其微。

第三，从路径的传导速度和效果看，收入分配政策对农村居民医疗保健消费影响沿着直接路径传导的速度和效果均比较明显。通过中介账户传导的基础路径不仅总体影响相对较小，而且其路径中包含的回路反馈强度也较大，从而使得传导速度和传导效果都不理想。

表 7—4　收入分配政策对中国农村居民消费影响的结构性路径分析

情景	路径起点（i）	路径终点（j）	总体影响	基础路径	直接影响	路径乘数	完全影响	路径传导比重（%）
Ⅰ	农村居民：低收入户	农业	0.341806	农村居民→农业	0.081673	1.456615	0.118966	34.8
				农村居民→食品制造及烟草加工业→农业	0.057647	1.999746	0.115280	33.7
				农村居民→住宿和餐饮业→农业	0.002574	1.498076	0.003856	1.1
	农村居民：低收入户	食品制造及烟草加工业	0.409164	农村居民→食品制造及烟草加工业	0.161189	1.627735	0.262373	64.1
				农村居民→农业→食品制造及烟草加工业	0.009574	1.999746	0.019146	4.7
				农村居民→批发和零售贸易业→食品制造及烟草加工业	0.000044	1.766115	0.000078	0.0
				农村居民→住宿和餐饮业→食品制造及烟草加工业	0.007003	1.669560	0.011691	2.9
Ⅱ	农村居民：低收入户	纺织业	0.065980	农村居民→纺织业	0.006128	1.721302	0.010549	16.0
				农村居民→服装皮革羽绒及其制品业→纺织业	0.011197	2.022603	0.022647	34.3
				农村居民→批发和零售贸易业→纺织业	0.000003	1.897802	0.000005	0.0
	农村居民：低收入户	服装皮革羽绒及其制品业	0.073494	农村居民→服装皮革羽绒及其制品业	0.036000	1.216022	0.043776	59.6
				农村居民→纺织业→服装皮革羽绒及其制品业	0.000027	2.022603	0.000055	0.1
Ⅲ	农村居民：低收入户	木材加工及家具制造业	0.024263	农村居民→木材加工及家具制造业	0.008281	1.544232	0.012788	52.7
				农村居民→房地产业→木材加工及家具制造业	0.000077	1.700536	0.000131	0.5
	农村居民：低收入户	电器、机械及器材制造业	0.054257	农村居民→电器、机械及器材制造业	0.018733	1.244097	0.023306	43.0
				农村居民→通用专用设备制造业→电器、机械及器材制造业	0.000031	1.629943	0.000051	0.1
				农村居民→信息运输、计算机服务和软件业→电器、机械及器材制造业	0.000508	1.456704	0.000739	1.4

续　表

情景	路径起点（i）	路径终点（j）	总体影响	基础路径	直接影响	路径乘数	完全影响	路径传导比重（%）
Ⅳ	农村居民：低收入户	交通运输及仓储、邮政业	0.101683	农村居民→交通运输及仓储、邮政业	0.022250	1.271340	0.028288	27.8
				农村居民→石油加工、炼焦及核燃料加工业→交通运输及仓储、邮政业	0.000158	1.466076	0.000231	0.2
				农村居民→交通运输设备制造业→交通运输及仓储、邮政业	0.006136	1.865992	0.011450	11.3
	农村居民：低收入户	信息运输、计算机服务和软件业	0.038053	农村居民→信息运输、计算机服务和软件业	0.013347	1.195742	0.015960	41.9
				农村居民→仪器仪表及文化办公用机械制造业→信息运输、计算机服务和软件业	0.000006	1.328877	0.000008	0.0
				农村居民→通信设备、计算机及其他电子设备制造业→信息运输、计算机服务和软件业	0.000079	1.972878	0.000156	0.4
Ⅴ	农村居民：低收入户	房地产业	0.192776	农村居民→房地产业	0.118021	1.123215	0.132563	68.8
				农村居民→非金属矿物制品业→房地产业	0.000003	1.434948	0.000005	0.0
				农村居民→金融保险业→房地产业	0.001611	1.275449	0.002054	1.1
Ⅵ	农村居民：低收入户	教育	0.043686	农村居民→教育事业	0.026640	1.070532	0.028519	65.3
				农村居民→科学研究事业→教育事业	0.000001	1.259172	0.000001	0.0
				农村居民→信息运输、计算机服务和软件业→教育事业	0.000010	1.254595	0.000013	0.0
	农村居民：低收入户	文化、体育和娱乐业	0.017001	农村居民→文化、体育和娱乐业	0.006867	1.054709	0.007243	42.6
				农村居民→造纸、印刷及文教用品制造业→文化、体育和娱乐业	0.000019	1.458937	0.000028	0.2
Ⅶ	农村居民：低收入户	卫生、社会保障和社会福利事业	0.017001	农村居民→卫生、社会保障和社会福利事业	0.006867	1.066669	0.007325	43.1
				农村居民→化学工业→卫生、社会保障和社会福利事业	0.000004	1.892423	0.000008	0.0

第四节　本章小结

第一，不同收入分配政策对农村居民消费总额影响存在着差异性，但总体上看，“重视弱者”的收入分配政策更有利于农村居民消费总体提升。可见，提升收入水平相对较低农村居民收入水平是扩大农村居民消费需求的基础。

第二，从政策冲击的影响效应来看，“重视弱者”的政策外生冲击，对农村居民消费带来的影响主要是通过不同收入户农村居民账户和不同商品活动账户之间的交叉作用影响的。同时，从不同商品（服务）消费影响比较看，“重视弱者”的收入分配政策对所有收入等级农村居民居住消费影响均比较大，其次是文教娱乐和食品消费，相对而言，医疗保健消费受政策影响较弱。所以，以食品、居住等必需品为主的生存性消费仍是农村居民的主要消费模式，但同时，文教娱乐、交通通信等发展型、享受型消费逐步成为农村居民消费热点。

第三，从政策冲击的传导路径看，大部分直接路径的传导效率相对较高。具体而言：对于食品消费，与食品相关的农业、食品制造及烟草加工业部门基础配套相对完善，从而保证了收入分配政策冲击影响的直接传导路径通畅，但同时也不能忽视与食品消费相关的住宿和餐饮业等中介账户的影响，进一步完善和发展住宿和餐饮业等消费性服务业部门，有效发挥相关部门对政策冲击影响的传导效率。

对于衣着消费，收入分配政策冲击影响依赖于纺织业和服装皮革羽绒及其制品业的共同作用。尽管相对于纺织业，服装皮革羽绒及其制品业基础配套发展相对完善，政策冲击的直接传导较为通畅，但其作为中介账户进行政策传导时由于其反馈强度过高反而制约了政策冲击的传导效率。因此，应避免以服装皮革羽绒及其制品业为中介促进纺织业消费需求的提高，从长期来看，进一步完善纺织业发展的相关基础配套设施是关键。

对于家庭设备及用品消费，收入分配政策影响主要依赖于直接路径，政策冲击的传导速度和传导效果较为明显。与家庭设备及用品消费密切相关的木材加工及家具制造业、电器、机械及器材制造业等部门基础配套设施相对完善，政策影响传导较为顺畅，相比较而言，与家庭设备及用品相关的一些消费型服务业发展还不够，通过中介账户传导的效率较低。因此，在保证家庭设备及用品直接相关行业基础发展的同时，进一步完善和配套农村市场的相关消费型服务业是关键。

对于交通通信消费，收入分配政策影响更多地体现在对交通运输及仓储、邮政业消费需求变化方面。尽管如此，农村市场的交通运输及仓储、邮政业基础设施配套还不够完善，在一定程度上影响了收入分配政策冲击的直接传导，而必须借助更多的中介账户间接传导，在一定程度上使其政策传导速度和效果减弱。因此，提升和完善农村交通通信的相关基础配套设施是关键。

对于居住消费，收入分配政策冲击影响相对于其他商品（服务）类别较为明显，总体影响系数仅次于食品消费。同时，其政策冲击传导主要依赖于直接路径，传导速度和传导效果十分显著。

对于文教娱乐消费，收入分配政策影响主要体现在教育行业，对文化、体育和娱乐业消费的影响相对要弱，这说明农村居民对文教娱乐消费仍停留在教育消费提升的基本发展型需求层面，对体育、娱乐等享受型消费需求重视程度不够。同时，随着农村基础教育的普及和重视，教育行业发展的相关基础配套相对完善，所以，政策冲击的直接路径传导效率相对较高。

对于医疗保健消费，收入分配政策影响相对于其他商品（服务）较小，尽管直接路径的传导速度和传导效果更为显著，但总体作用仍然较低。究其原因，一方面，农村居民对医疗保健的消费意识还不够，消费仍以基本生存型和发展型需求为主；另一方面，农村医疗保健的相关基础配套设施发展还不够，基本的医疗设备和医护人员配备不到位，以及相关农村医疗卫生保障发展滞后等现象，均在一定程度上限制了农村居民对医疗保健消费需求的增加。

第八章　财政补贴政策对中国农村居民消费影响的情景模拟

外生冲击往往会引起经济体系中商品或服务的价格发生改变，并通过成本推动或需求拉动传递，直接影响到经济体中不同生产活动部门、要素部门以及机构部门，从消费角度看，主要体现为对居民账户的影响。因此，本研究进一步以财政价格补贴政策为例，结合现实相关政策，对不同商品（服务）设定不同情境，情景模拟价格变动对不同收入户居民消费成本的影响效应。

第一节　情景设定

财政价格补贴又被称为“负税收”，是由价格因素引起的政府财政支出，是政府干预宏观经济运行的一种手段。常见的价格补贴政策主要体现为三方面①：一是对产品的价格补贴，如粮食直补、农业机械购置价格补贴、“家电下乡”价格补贴、新能源汽车价格补贴等；二是对企业的价格补贴，如在国际原油价格波动明显时对炼油企业的价格补贴、对新能源汽车生产企业的价格补贴等；三是对行业的价格补贴，如针对节能减排、促进资源再生利用出台的对 LED 行业、废旧行业、再生水行业、污水处理行业等的价格补贴。研究着重以产品价格补贴为例，分别分析不同商品（服务）价格补贴政策对不同收入户居民消费成本的影

① 伍世安、杨青龙：《价格补贴的经济效应分析》，《经济经纬》2009 年第 5 期。

响，并设定以下情景，如表 8—1 所示。

表 8—1　不同商品（服务）财政价格补贴政策的情景设定

产品类别	食品	衣着	居住	家庭设备及用品	交通通信	文教娱乐	医疗保健
财政价格补贴比例（%）	10	10	10	10	10	10	10

第二节　财政价格补贴政策的具体影响效应分析

基于中国农村居民消费 SAM 乘数分析方法，结合对不同商品（服务）类别财政价格补贴政策的情景设定，可以具体分析政策的外生冲击对不同收入户农村居民的消费影响，并从转移净效应、开环净效应和闭环净效应进一步解释，结果，如表 8—2 所示。由于价格补贴政策作用下的商品（服务）账户和居民类账户分别来自于 SAM 模型中不同的内生账户集，所以，在 SAM 乘数效应分解时可以发现，账户之间没有转移乘数效应，仅有开环乘数效应和闭环乘数效应。

总体上看，价格补贴政策对于所有收入分组的农村居民消费变化而言，均存在开环乘数净效应大于闭环乘数净效应，即政策对居民消费的影响主要是通过不同收入户农村居民账户和不同商品活动账户之间的交叉作用形成的。如表 8—2 所示，开环效应占比均达到 50%以上。

具体而言，对于不同收入户农村居民而言，当不同类型商品（服务）获得同等比例价格补贴时，价格变动对农村居民消费影响效应随着居民收入水平提高而降低。例如，当食品部门获得 10%的价格补贴时，低收入户农村居民消费成本将降低 0.820%，中等偏下收入户和中等收入户居民消费成本分别降低 0.467%和 0.340%，相比之下，中等偏上收入户和高收入户受价格补贴政策影响相对要小，政策的外生冲击仅使得居民消费成本降低 0.252%和 0.158%。可见，不同收入群体对价格的敏感程度不同，农村居民收入越低，物价敏感程度越高，价格补贴政策带来的物价降低会在很大程度上影响居民消费成本，而中等偏上收入户和高收入户对物价的敏感程度相对要低，相应地，产品价格降低所产生的外生冲击对其实际生活消费成本的影响不明显。

对于不同类型商品（服务）而言，当获得同等比例价格补贴政策时，交通通信类消费品价格变动对居民影响较大，其次是食品和衣着，相比之下，文教娱乐和医疗保健影响较小。以低收入户农村居民为例，当不同类型商品（服务）均获得 10%的价格补贴时，交通通信类产品价格降低将使得低收入户居民的平均生活成本减少 1.009%，食品和衣着类产品价格降低将分别使得低收入户居民的平均生活成本减少 0.820%和 0.838%，而文教娱乐和医疗保健类产品价格变动影响仅为 0.500%和 0.689%。这说明尽管食品和衣着作为农村居民生活必需品，占有很大比例开支，但随着农村居民收入水平的提高和基础设施的逐步完善，交通通信消费已逐步成为农村居民消费的重要支出类型，受价格波动影响较为明显。

表 8—2　财政价格补贴政策对中国农村居民消费影响的乘数分析

		净效应	转移净效应	开环净效应	闭环净效应	开环效应占比（%）
食品	低收入户	0.820	0.000	0.599	0.222	73.0
	中等偏下收入户	0.467	0.000	0.341	0.127	72.9
	中等收入户	0.340	0.000	0.248	0.093	72.8
	中等偏上收入户	0.252	0.000	0.183	0.069	72.6
	高收入户	0.158	0.000	0.112	0.045	71.3
衣着	低收入户	0.838	0.000	0.601	0.238	71.7
	中等偏下收入户	0.478	0.000	0.342	0.136	71.6
	中等收入户	0.348	0.000	0.249	0.099	71.4

续 表

		净效应	转移净效应	开环净效应	闭环净效应	开环效应占比（%）
衣着	中等偏上收入户	0.257	0.000	0.183	0.074	71.2
	高收入户	0.161	0.000	0.112	0.048	69.8
居住	低收入户	0.636	0.000	0.425	0.210	66.9
	中等偏下收入户	0.367	0.000	0.247	0.120	67.3
	中等收入户	0.272	0.000	0.184	0.088	67.7
	中等偏上收入户	0.208	0.000	0.142	0.066	68.5
	高收入户	0.154	0.000	0.111	0.043	72.1
家庭设备及用品	低收入户	0.700	0.000	0.481	0.218	68.8
	中等偏下收入户	0.400	0.000	0.275	0.125	68.8
	中等收入户	0.293	0.000	0.202	0.091	68.9
	中等偏上收入户	0.219	0.000	0.151	0.068	68.9
	高收入户	0.144	0.000	0.100	0.045	69.2
交通通信	低收入户	1.009	0.000	0.728	0.281	72.1
	中等偏下收入户	0.573	0.000	0.412	0.161	71.9
	中等收入户	0.415	0.000	0.298	0.118	71.7
	中等偏上收入户	0.304	0.000	0.217	0.088	71.2
	高收入户	0.181	0.000	0.123	0.057	68.2
文教娱乐	低收入户	0.500	0.000	0.291	0.209	58.2
	中等偏下收入户	0.288	0.000	0.169	0.12	58.6
	中等收入户	0.214	0.000	0.126	0.087	59.1
	中等偏上收入户	0.163	0.000	0.098	0.065	60.0
	高收入户	0.119	0.000	0.077	0.043	64.3
医疗保健	低收入户	0.689	0.000	0.37	0.319	53.7
	中等偏下收入户	0.394	0.000	0.211	0.182	53.7
	中等收入户	0.288	0.000	0.154	0.133	53.7
	中等偏上收入户	0.214	0.000	0.115	0.099	53.6
	高收入户	0.139	0.000	0.074	0.065	53.1

第三节　财政价格补贴政策影响的传导路径分析

为更好地反映不同类型产品价格是如何传导到不同收入户农村居民，并进一步影响农村居民消费的，有必要对价格补贴政策的乘数效应进行路径分解。鉴于食品和交通通信类产品价格补贴政策对农村居民影响较为显著，同时价格补贴政策对低收入户农村居民消费成本影响更大，本研究着重以这两类产品价格政策冲击为例，在中国农村居民消费细化 SAM 基础上，分别选择与该类别消费密切相关部门，设计不同的传导方案，分析相关价格补贴政策对低收入户农村居民消费影响的具体路径。表 8—3 为实施财政价格补贴政策对低收入户农村居民消费影响的结构性路径分析。

一、食品类产品财政价格补贴政策对农村居民消费影响的路径分析

情景Ⅰ选择与食品消费密切相关的农业部门为例，以农业产品获得价格补贴政策为外生冲击的起始端，以低收入户农村居民作为外生冲击的终端，并设定多条政策影响的传导路径，探讨不同路径下的政策传导作用。研究发现：

第一，从政策影响的作用方式看，食品类产品价格补贴政策对农村居民消费影响不存在点对点的直接影响，必须通过中介账户间接传导作用。这主要是由于中国农村居民消费 SAM 结构表中不存在行为居民账户、列为商品（活动）账户的经济账户元素，在经济系统中，从商品（活动）账户产生的经济影响必须通过要素账户间接传导至居民账户。因此，从表 8—3 中可以看出，价格补贴政策的外生冲击通过点对点的基础路径“农业→低收入户”传导的直接影响为 0，政策影响全部是通过包含要素账户的间接路径传导。

第二，从政策影响的间接传导路径看，食品类产品价格补贴政策对

农村居民消费影响主要依赖于以“农业劳动力”要素账户为中介的路径传导。如表8—3所示，政策冲击主要通过“农业→农业劳动力→低收入户”这条基础路径传导，其完全影响占总体影响的比重高达74.6%，剩余的总体影响则通过其他间接路径传导比重相对较低的中介账户间接传导，比如“农业→生产工人→低收入户”“农业→食品制造及烟草加工业→生产工人→低收入户”等，路径传导比重分别为3.1%、0.5%。相比之下，通过以“技术工人”“纺织业”“住宿和餐饮业”为中介账户的传导路径影响较低。

第三，从路径的传导速度和效果看，以“农业劳动力”为中介账户的路径传导速度和效果均比较明显。表8—3显示，沿着基础路径“农业→农业劳动力→低收入户”路径乘数相对较小，仅为1.460860，相比之下，基础路径“农业→食品制造及烟草加工业→生产工人→低收入户”“农业→食品制造及烟草加工业→技术工人→低收入户”等由于加长了传导路径的传输链条，路径中的回路反馈强度加大，从而表现出路径乘数高达2.2左右，不仅政策传导影响较低，而且政策传导效率也不高。

二、交通通信类产品财政价格补贴政策对农村居民消费影响的路径分析

情景Ⅱ选择与交通通信消费密切相关的交通运输及仓储、邮政业部门为例，以该部门产品获得价格补贴政策为外生冲击的起始端，以低收入户农村居民作为外生冲击的终端，并设定多条政策影响的传导路径，探讨不同路径下的政策传导作用。研究发现：

第一，从政策影响的作用方式看，同样由于中国农村居民消费SAM结构表中不存在行为居民账户、列为商品（活动）账户的经济账户元素，交通通信类产品价格补贴政策对农村居民消费影响也不存在点对点的直接影响，必须通过中介账户间接传导作用。

第二，从政策影响的间接传导路径看，交通通信类产品价格补贴政

策对农村居民消费影响的传导路径相对多样化。相比之下，基础路径“交通运输及仓储、邮政业→生产工人→低收入户”呈现出较明显的政策影响作用，传导路径比重达到24.4%。尽管如此，剩余的总体影响仍高达75.6%，而情景Ⅱ中也设定了多条包含中介账户的基础路径，比如“交通运输及仓储、邮政业→技术工人→低收入户”“交通运输及仓储、邮政业→交通运输设备制造业→技术工人→低收入户”“交通运输及仓储、邮政业→交通运输设备制造业→生产工人→低收入户”“交通运输及仓储、邮政业→石油加工、炼焦及核燃料加工业→生产工人→低收入户”等，但其路径比重均不高，仍有很大比例的总体影响是通过其他路径传导作用，但其影响作用程度都不高，政策影响的路径比较分散。

第三，从路径的传导速度和效果看，以要素账户为中介的路径传导速度和效果相对好一些。表8—3显示，沿着基础路径“交通运输及仓储、邮政业→生产工人→低收入户”“交通运输及仓储、邮政业→技术工人→低收入户”路径乘数相对较小，均为1.4左右，相比之下，基础路径“交通运输及仓储、邮政业→交通运输设备制造业→生产工人→低收入户”“交通运输及仓储、邮政业→交通运输设备制造业→技术工人→低收入户”“交通运输及仓储、邮政业→通信设备、计算机及其他电子设备制造业→生产工人→低收入户”等由于加长了传导路径的传输链条，路径中的回路反馈强度加大，从而表现出路径乘数高达2.2左右，不仅政策传导影响较低，而且政策传导效率也不高。

表 8—3　财政价格补贴政策对中国农村居民消费影响的结构性路径分析

情景	路径起点（i）	路径终点（j）	总体影响	基础路径	直接影响	路径乘数	完全影响	路径传导比重（%）
Ⅰ	农业	农村居民：低收入户	0.051113	农业→低收入户	0.000000	1.460860	0.000000	0.0
				农业→农业劳动力→低收入户	0.026116	1.460860	0.038152	74.6
				农业→生产工人→低收入户	0.000934	1.673948	0.001563	3.1
				农业→技术工人→低收入户	0.000139	1.606643	0.000223	0.4
				农业→食品制造及烟草加工业→生产工人→低收入户	0.000121	2.248127	0.000272	0.5
				农业→食品制造及烟草加工业→技术工人→低收入户	0.000042	2.184994	0.000091	0.2
				农业→纺织业→生产工人→低收入户	0.000000	2.778007	0.000001	0.0
				农业→纺织业→技术工人→低收入户	0.000000	2.675970	0.000000	0.0
				农业→住宿和餐饮业→生产工人→低收入户	0.000003	1.698278	0.000005	0.0
				农业→住宿和餐饮业→技术工人→低收入户	0.000002	1.637034	0.000004	0.0
Ⅱ	交通运输及仓储、邮政业	农村居民：低收入户	0.024272	交通运输及仓储、邮政业→低收入户	0.000000	1.273619	0.000000	0.0
				交通运输及仓储、邮政业→生产工人→低收入户	0.004015	1.477436	0.005932	24.4
				交通运输及仓储、邮政业→技术工人→低收入户	0.000750	1.411902	0.001058	4.4
				交通运输及仓储、邮政业→交通运输设备制造业→生产工人→低收入户	0.000087	2.144132	0.000187	0.8
				交通运输及仓储、邮政业→交通运输设备制造业→技术工人→低收入户	0.000035	2.059356	0.000071	0.3

续 表

情景	路径起点（i）	路径终点（j）	总体影响	基础路径	直接影响	路径乘数	完全影响	路径传导比重（%）
				交通运输及仓储、邮政业→通用、专用设备制造业→生产工人→低收入户	0.000014	1.935982	0.000028	0.1
				交通运输及仓储、邮政业→通用、专用设备制造业→技术工人→低收入户	0.000005	1.853841	0.000010	0.0
				交通运输及仓储、邮政业→通信设备、计算机及其他电子设备制造业→生产工人→低收入户	0.000002	2.423887	0.000004	0.0
				交通运输及仓储、邮政业→通信设备、计算机及其他电子设备制造业→技术工人→低收入户	0.000001	2.323299	0.000002	0.0
				交通运输及仓储、邮政业→石油加工、炼焦及核燃料加工业→生产工人→低收入户	0.000035	1.696690	0.000059	0.2
				交通运输及仓储、邮政业→石油加工、炼焦及核燃料加工业→技术工人→低收入户	0.000002	1.624430	0.000004	0.0

第四节　本章小结

第一，从政策冲击的影响效应看，价格补贴政策对居民消费的影响主要是通过不同收入户农村居民账户和不同商品活动账户之间的交叉作用产生的。同时，从不同产品类别财政价格补贴政策影响比较看，交通通信类消费品价格变动对居民影响较大，其次是食品和衣着，相比之下，文教娱乐和医疗保健影响较小。一方面，农村居民消费观念和消费方式随着生活水平的提高以及农村交通通信基础设施的大规模建设，对交通通信消费支出增长明显；另一方面，相关产品市场不断完善，新产品不断推出，吸引越来越多的农村居民消费，并逐步成为消费亮点。但是，由于交通通信类产品价格弹性相对较高，在一定程度上又影响了居民消费，因此，对该类产品实施价格补贴政策更有利于农村居民。

第二，从价格补贴政策对不同收入户农村居民影响看，价格变动对农村居民消费影响效应随着居民收入水平提高而降低。不同收入群体对价格的敏感程度不同，农村居民收入水平越低，物价敏感程度越高，从而表现出价格补贴政策对这部分群体影响较大。因此，充分发挥价格补贴政策效应是提升低收入户和中低收入户农村居民消费的重要手段。

第三，从政策冲击的传导路径看，依赖于以要素账户为中介的传导路径。价格补贴政策最直接的主要影响是要素收入变化，进而表现为对不同收入户居民的消费成本变动影响。食品类产品获得价格补贴，在促进该部门产出增加的同时，投入的劳动力要素获得的劳动者报酬也相应地增加，对应到居民主体则转化为消费成本的变化。由于农村居民中低收入户更多的是以农业劳动力的形式参与到生产活动中，所以，相比之下，实施食品类价格补贴政策更有利于低收入户农村居民收入水平的提高。

第九章　财政教育投资支出政策对中国农村居民消费影响的情景模拟

政府财政支农政策包括政府投资性、消费性和转移性支出三类，政府对农村居民的教育投资支出则属于政府投资性支农政策，通过教育、培训等途径影响不同劳动力要素类别的人力资本水平，进而对居民不同商品（服务）类别消费产生作用。因此，本研究进一步以政府教育投资支出政策为例，分析政策的外生冲击如何对农村居民消费产生影响。

第一节　情景设定

由于政府教育投资支农政策直接对参与生产活动的劳动力要素账户产生影响，然后进一步传导至居民消费，因此，对于该政策的外生冲击，研究主要针对农业劳动力、生产工人和技术工人三种不同要素账户设置相应的情景模拟，例如，分别假定政府对不同要素账户的教育投资支出均增加10%（见表9—1），进而比较不同要素账户受到政策的影响情况，并具体到不同商品（服务）的消费变化情况。

表9—1　不同要素账户获得政府教育投资支出政策的情景设定

要素类别	农业劳动力	生产工人	技术工人
财政教育投资支出增加比例（%）	10	10	10

第二节　政府教育投资支出政策的具体影响效应分析

基于中国农村居民消费SAM乘数分析方法，结合对不同劳动力要素教育投资支出政策的情景设定，可以具体分析政策的外生冲击对农村居民不同商品（服务）消费的影响，并从转移净效应、开环净效应和闭环净效应进一步解释，结果，如表9—2所示。由于政府教育投资支出政策作用下的要素类账户和商品（服务）账户分别来自于SAM模型中不同的内生账户集，所以，在SAM乘数效应分解时可以发现，账户之间没有转移乘数效应，仅有开环乘数效应和闭环乘数效应。

总体上看，与收入分配政策和财政价格补贴政策冲击影响一样，教育投资支出政策对于不同商品（服务）消费变化的影响效应，均存在开环乘数净效应大于闭环乘数净效应，即政策对居民消费的影响主要是通过不同要素类别账户和商品（服务）账户之间的交叉作用产生的。如表9—2所示，开环效应占比均达到70%左右。

具体而言，对于不同劳动力要素而言，对技术工人的财政教育投资支出政策影响更为明显。尽管对于不同商品（服务）账户，政策的外生冲击影响存在差异性，但从平均影响效应看，当农业劳动力和生产工人获得10%的政府教育投资支出，将会对商品（服务）账户平均产生1.9585%和1.9887%的净影响效应，而技术工人受政策冲击传导至商品（服务）账户的平均影响净效应达到2.0131%，政策外生冲击的影响相对显著。

对于不同商品（服务）而言，一方面，尽管政策的外生冲击分别作用于不同的劳动力要素账户，但其政策影响均呈现出相似的特征，即文教娱乐、食品、居住账户受政策影响较大；另一方面，对农业劳动力和生产工人的外生政策冲击影响使得居住类商品（服务）账户变化较大，而对技术工人的政策影响主要表现为文教娱乐账户变化。以生产工人为例，当要素获得10%的政府教育投资支出时，对居住账户的政策冲击影响效应达到3.2231%，对文教娱乐和食品账户的影响效应分别为3.1815%和2.9499%。而技术工人获得10%的政府教育投资支出时，其政策传导使得文教娱乐消费增加最多，为3.3144%，其次是食品和居住，影响效应分别为3.1939%和3.0856%。

表9—2 政府教育投资支出政策对中国农村居民消费影响的乘数分析

起始端	终端	净效应	转移净效应	开环净效应	闭环净效应	开环效应占比（%）
农业劳动力	食品	2.6468	0.0000	1.6930	0.9538	64.0
	衣着	1.2431	0.0000	0.8483	0.3948	68.2
	居住	3.3939	0.0000	2.4054	0.9884	70.9
	家庭设备及用品	1.2146	0.0000	0.8426	0.3719	69.4
	交通通信	1.6615	0.0000	1.1862	0.4754	71.4
	文教娱乐	3.0165	0.0000	2.0064	1.0100	66.5
	医疗保健	0.5331	0.0000	0.3575	0.1755	67.1
生产工人	食品	2.9499	0.0000	1.9850	0.9649	67.3
	衣着	1.2586	0.0000	0.8592	0.3993	68.3
	居住	3.2231	0.0000	2.2233	0.9998	69.0
	家庭设备及用品	1.1976	0.0000	0.8214	0.3762	68.6
	交通通信	1.5569	0.0000	1.0761	0.4808	69.1
	文教娱乐	3.1815	0.0000	2.1598	1.0217	67.9
	医疗保健	0.5536	0.0000	0.3761	0.1776	67.9
技术工人	食品	3.1939	0.0000	2.2201	0.9738	69.5
	衣着	1.2710	0.0000	0.8680	0.4030	68.3
	居住	3.0856	0.0000	2.0767	1.0089	67.3
	家庭设备及用品	1.1839	0.0000	0.8043	0.3797	67.9
	交通通信	1.4727	0.0000	0.9875	0.4852	67.1
	文教娱乐	3.3144	0.0000	2.2833	1.0311	68.9
	医疗保健	0.5701	0.0000	0.3909	0.1792	68.6

第三节　政府教育投资支出政策影响的传导路径分析

为更好地反映不同类型劳动力要素受到政策外生冲击后是如何传导到不同收入户农村居民，并进一步影响农村居民消费的，有必要对政府教育投资支出政策的乘数效应进行路径分解。由于要素部门的外生冲击，直接传导到不同的收入户居民账户，影响要素收入，并进一步传导影响居民消费，因此，在进行路径分析基础路径设定时，均设定通过不同收入户农村居民的传导路径。由于作用于要素账户的政府教育投资支出政策对文教娱乐、食品、居住账户影响较大，因此，本研究着重以文教娱乐、食品、居住为例，在中国农村居民消费细化 SAM 基础上，分别选择与该类别消费密切相关部门，设计不同的传导方案，分析政府教育投资支出政策变化对不同收入户农村居民消费影响的具体路径。表 9—3 为实施政府教育投资支出政策对不同收入户农村居民消费影响的结构性路径分析。

一、农业劳动力的教育投资支出政策对农村居民消费影响的路径分析

情景Ⅰ以农业劳动力要素获得政府教育投资支出政策为外生冲击的起始端，终端分别选择受政策影响相对较大的食品、居住和文教娱乐类密切相关的部门，并通过不同收入户居民传导，探讨不同路径下的政策传导作用。研究发现：

第一，从政策影响的作用方式看，政府教育投资支出政策对农村居民消费影响不存在点对点的直接影响，必须通过居民中介账户间接传导作用。这主要是由于中国农村居民消费 SAM 结构表中不存在行为商品（活动）账户、列为要素账户的经济账户元素，在经济系统中，从不同劳动力要素账户产生的经济影响必须通过居民账户间接传导至商品（活

动）账户。因此，从表 9—3 中可以看出，政府教育投资支出的外生冲击通过点对点的基础路径“农业劳动力→农业”“农业劳动力→房地产业”“农业劳动力→教育”传导的直接影响为 0，政策影响全部是通过包含要素账户的间接路径传导。

第二，从政策影响的间接传导路径看，以中等收入户、中等偏上收入户以及高收入户农村居民作为中介账户传导从而影响食品、居住、文教娱乐消费的基础路径比重相对较高。政府教育投资政策的实施促进了人力资本的提升，其直接影响使得通过要素投入生活活动而获得的劳动者报酬增加，特别是收入水平中等及以上农村居民群体，进而影响到食品、衣着和文教娱乐消费。以高收入户农村居民作为中介账户传导为例，当政府部门对农业劳动力教育投资支出增加 10%，通过基础路径“农业劳动力→高收入户→农业”“农业劳动力→高收入户→房地产业”“农业劳动力→高收入户→教育”影响居民消费的路径比重分别达到 14.1%、31.0%和 29.9%。相比之下，政府教育投资支出增加对低收入户和中低收入户农村居民消费影响较小，路径依赖程度较低。

第三，从路径的传导速度和效果看，以低收入户农村居民为中介账户的路径传导速度较高，但效果并不明显。低收入户农村居民对政策冲击的敏感程度相对更高，尽管人力资本提升会改善低收入户居民劳动力收入，但由于其整体水平仍然较低从而表现出来的消费变化影响相对不大。表 9—3 显示，沿着基础路径“农业劳动力→低收入户→农业”“农业劳动力→低收入户→房地产业”“农业劳动力→低收入户→教育”路径乘数相对较小，分别为 1.460860、1.255916 和 1.197175，政策外生冲击影响的传导速度相对更快，尽管如此，基于这些基础路径传导的效果却不显著，从而表现出路径依赖程度不高。而以高收入户农村居民为中介的基础路径，虽然路径依赖程度更高，政策影响传导效果更为明显，但其基础路径中回路反馈强度较大，限制了政策外生冲击的传导速度，从而表现出路径乘数相对较大。

二、生产工人的教育投资支出政策对农村居民消费影响的路径分析

情景Ⅱ以生产工人获得政府教育投资支出政策为外生冲击的起始端，终端设定上跟情景Ⅰ一样，分别选择受政策影响相对较大的食品、居住和文教娱乐类密切相关的部门，并通过不同收入户农村居民传导，探讨不同路径下的政策传导作用。研究发现：

第一，从政策影响的作用方式看，跟情景Ⅰ相同，由于中国农村居民消费SAM结构表中不存在行为商品（活动）账户、列为要素账户的经济账户元素，对生产工人教育投资支出的外生冲击政策对农村居民消费影响也不存在点对点的直接影响，必须通过中介账户间接传导作用。

第二，从政策影响的间接传导路径看，以高收入户农村居民作为中介账户传导从而影响食品、居住、文教娱乐消费的基础路径比重相对较高。也就是说，政府对生产工人的教育投资支出政策实施，对高收入户农村居民劳动者报酬影响较为明显，进而传导至农村居民消费变化。表9—3显示，当政府部门对生产工人教育投资支出增加10%，通过基础路径“生产工人→高收入户→农业”“生产工人→高收入户→房地产业”“生产工人→高收入户→教育”影响居民消费的路径比重分别达到7.5%、15.5%和12.7%。相比之下，政府教育投资支出增加对其他收入水平更低的农村居民消费影响较小，路径依赖程度较低。

第三，从路径的传导速度和效果看，跟情景Ⅰ相同，以低收入户农村居民为中介账户的基础路径同样呈现出较快的传导速度，但效果并不明显。表9—3显示，沿着基础路径“生产工人→低收入户→农业”“生产工人→低收入户→房地产业”“生产工人→低收入户→教育”路径乘数相对较小，分别为1.673948、1.312437和1.261627，政策外生冲击影响的传导速度相对更快，尽管如此，基于这些基础路径传导的效果却不显著，从而表现出路径依赖程度不高。而以高收入户农村居民为中介的基础路径，虽然路径依赖程度更高，政策影响传导效果更为明显，但

其基础路径中回路反馈强度较大，限制了政策外生冲击的传导速度，从而表现出路径乘数相对较大。

三、技术工人的教育投资支出政策对农村居民消费影响的路径分析

情景Ⅲ以技术工人获得政府教育投资支出政策为外生冲击的起始端，终端设定上跟情景Ⅰ、情景Ⅱ一样，分别选择受政策影响相对较大的食品、居住和文教娱乐类密切相关的部门，并通过不同收入户居民传导，探讨不同路径下的政策传导作用。研究发现：

第一，从政策影响的作用方式看，跟情景Ⅰ、情景Ⅱ相同，由于中国农村居民消费SAM结构表中不存在行为商品（活动）账户、列为要素账户的经济账户元素，对生产工人教育投资支出的外生冲击政策对农村居民消费影响也不存在点对点的直接影响，必须通过中介账户间接传导作用。

第二，从政策影响的间接传导路径比较看，跟情景Ⅰ相似，以中等收入户、中等偏上收入户以及高收入户农村居民作为中介账户传导从而影响食品、居住、文教娱乐消费的基础路径比重相对较高。以高收入户农村居民作为中介账户传导为例，当政府部门对技术工人教育投资支出增加10%，通过基础路径“技术工人→高收入户→农业”“技术工人→高收入户→房地产业”“技术工人→高收入户→教育”影响居民消费的路径比重分别达到7.1%、14.7%和11.9%。相比之下，政府教育投资支出增加对低收入户和中等偏下收入户农村居民消费影响较小，路径依赖程度较低。

第三，从路径的传导速度和效果看，跟情景Ⅰ、情景Ⅱ相似，以低收入户农村居民为中介账户的基础路径同样呈现出较快的传导速度，但效果并不明显，而以高收入户农村居民为中介的基础路径，虽然路径依赖程度更高，政策影响传导效果更为明显，但传导速度较慢。表9—3显示，沿着基础路径“生产工人→低收入户→农业”“生产工人→低收入户→房地产业”“生产工人→低收入户→教育”路径乘数相对较小，分别为1.606643、1.242992和1.179421。

表 9—3　政府教育投资支出政策对中国农村居民消费影响的结构性路径分析

情景	路径起点（i）	路径终点（j）	总体影响	基础路径	直接影响	路径乘数	完全影响	路径传导比重（%）
Ⅰ	农业劳动力	农业	0.255727	农业劳动力→农业	0.000000	1.446124	0.000000	0.0
				农业劳动力→低收入户→农业	0.004120	1.460860	0.006019	2.4
				农业劳动力→中等偏下收入户→农业	0.007834	1.466014	0.011485	4.5
				农业劳动力→中等收入户→农业	0.010200	1.471695	0.015011	5.9
				农业劳动力→中等偏上收入户→农业	0.014381	1.480123	0.021286	8.3
				农业劳动力→高收入户→农业	0.023940	1.501777	0.035952	14.1
		房地产业	0.144177	农业劳动力→房地产业	0.000000	1.244468	0.000000	0.0
				农业劳动力→低收入户→房地产业	0.005954	1.255916	0.007477	5.2
				农业劳动力→中等偏下收入户→房地产业	0.011321	1.261133	0.014277	9.9
				农业劳动力→中等收入户→房地产业	0.015266	1.266156	0.019329	13.4
				农业劳动力→中等偏上收入户→房地产业	0.020782	1.273483	0.026466	18.4
				农业劳动力→高收入户→房地产业	0.034594	1.292176	0.044702	31.0
		教育	0.032235	农业劳动力→教育	0.000000	1.184240	0.000000	0.0
				农业劳动力→低收入户→教育	0.001344	1.197175	0.001609	5.0
				农业劳动力→中等偏下收入户→教育	0.002555	1.201653	0.003071	9.5
				农业劳动力→中等收入户→教育	0.003649	1.206619	0.004403	13.7
				农业劳动力→中等偏上收入户→教育	0.004691	1.213988	0.005695	17.7
				农业劳动力→高收入户→教育	0.007809	1.232927	0.009628	29.9

续 表

情景	路径起点（i）	路径终点（j）	总体影响	基础路径	直接影响	路径乘数	完全影响	路径传导比重（%）
Ⅱ	生产工人	农业	0.241361	生产工人→农业	0	1.664834	0.000000	0.0
				生产工人→低收入户→农业	0.001837639	1.673948	0.003076	1.3
				生产工人→中等偏下收入户→农业	0.003494378	1.673964	0.005849	2.4
				生产工人→中等收入户→农业	0.004711915	1.675887	0.007897	3.3
				生产工人→中等偏上收入户→农业	0.006414653	1.679062	0.010771	4.5
				生产工人→高收入户→农业	0.010677965	1.687568	0.018020	7.5
		房地产业	0.136730	生产工人→房地产业	0	1.296423	0.000000	0.0
				生产工人→低收入户→房地产业	0.002655482	1.312437	0.003485	2.5
				生产工人→中等偏下收入户→房地产业	0.005049555	1.321774	0.006674	4.9
				生产工人→中等收入户→房地产业	0.006808959	1.329824	0.009055	6.6
				生产工人→中等偏上收入户→房地产业	0.009269502	1.341384	0.012434	9.1
				生产工人→高收入户→房地产业	0.015430207	1.370675	0.021150	15.5
		教育	0.036214	生产工人→教育	0	1.244595	0.000000	0.0
				生产工人→低收入户→教育	0.000599404	1.261627	0.000756	2.1
				生产工人→中等偏下收入户→教育	0.001139801	1.269747	0.001447	4.0
				生产工人→中等收入户→教育	0.001536939	1.277400	0.001963	5.4
				生产工人→中等偏上收入户→教育	0.002092341	1.288531	0.002696	7.4
				生产工人→高收入户→教育	0.003482954	1.316894	0.004587	12.7

续　表

情景	路径起点 (i)	路径终点 (j)	总体影响	基础路径	直接影响	路径乘数	完全影响	路径传导比重（%）
Ⅲ	技术工人	农业	0.241248	技术工人→农业	0	1.595585	0.000000	0.0
				技术工人→低收入户→农业	0.001819746	1.606643	0.002924	1.2
				技术工人→中等偏下收入户→农业	0.003460353	1.608415	0.005566	2.3
				技术工人→中等收入户→农业	0.004666035	1.611628	0.007520	3.1
				技术工人→中等偏上收入户→农业	0.006352193	1.616606	0.010269	4.3
				技术工人→高收入户→农业	0.010573994	1.629628	0.017232	7.1
		房地产业	0.136672	技术工人→房地产业	0	1.224922	0.000000	0.0
				技术工人→低收入户→房地产业	0.002629626	1.242992	0.003269	2.4
				技术工人→中等偏下收入户→房地产业	0.005000388	1.254159	0.006271	4.6
				技术工人→中等收入户→房地产业	0.00674266	1.263560	0.008520	6.2
				技术工人→中等偏上收入户→房地产业	0.009179245	1.277010	0.011722	8.6
				技术工人→高收入户→房地产业	0.015279963	1.311035	0.020033	14.7
		教育	0.036245	技术工人→教育	0	1.159991	0.000000	0.0
				技术工人→低收入户→教育	0.000593567	1.179421	0.000700	1.9
				技术工人→中等偏下收入户→教育	0.001128703	1.189699	0.001343	3.7
				技术工人→中等收入户→教育	0.001521974	1.198939	0.001825	5.0
				技术工人→中等偏上收入户→教育	0.002071968	1.212290	0.002512	6.9
				技术工人→高收入户→教育	0.003449041	1.246210	0.004298	11.9

第四节　本章小结

第一，从政策冲击的影响效应看，政府教育投资支出政策对居民消费的影响主要是通过不同要素类别账户和商品（服务）账户之间的交叉作用产生的。同时，从政策对不同商品（服务）影响看，文教娱乐、食品、居住账户受政策影响较大。可见，随着政府教育投资支出的增加，居民消费观念有所改变，除了对食品、居住等基本物质型产品的消费需求，农村居民越来越意识到教育的重要性，通过教育培训不断提升人力资本的同时，又进一步促进教育类消费意识和消费需求增强。

第二，从政府教育投资支出政策对不同类型劳动力要素影响看，总体来说，财政教育投资支出政策对技术工人的影响更为明显。进一步具体比较可以发现，对农业劳动力和生产工人的外生政策冲击影响使得居住类商品（服务）账户变化较大，而对技术工人的政策影响主要表现为文教娱乐账户变化。可见，尽管政策冲击对农村居民文教娱乐消费影响较大，但从要素类型上看，技术工人受政策冲击影响程度更高。

第三，从政策冲击的传导路径看，依赖于以要素账户为中介的传导路径。具体而言，政府教育投资支出政策对收入水平中等及以上农村居民收入户消费影响更大，但政策影响的传导速度不是很快。随着经济社会的发展，增加教育投资支出，通过教育、培训等途径不断提升人力资本显现出明显的推动作用，特别是收入水平相对较高的群体，劳动力要素报酬增加带来的农村居民消费增加更为显著，但政策变化的影响传导通道还不够顺畅，必须进一步改善和提升农村基础教育设施和教育环境，提高政策冲击的传导效率。而低收入户和中低收入户农村居民尽管对政策冲击的敏感度更高，劳动力收入随着人力资本提升也相应增加，但整体水平仍然不高，使得政策冲击对消费变化的影响不够明显。因此，对于低收入户和中低收入户农村居民，除了教育投资政策之外，还必须依赖更多途径，从根本上提高收入水平，改善消费相对滞后的现象。

第十章　发达国家扩大农村居民消费的经验及启示

第一节　美国经验

一、大力推行减税政策

从美国经济发展历程看，消费一直占据着主导地位，特别是当人均GDP从3000美元到10000美元期间，美国政府积极地通过减税计划实施刺激消费需求，抑制滞胀、有效需求不足等问题，推动经济飞速发展。为促进居民消费，20世纪六七十年代，美国大幅度降低个人所得税率，边际税率从原来的91%下降到70%，居民收入得以提升，有效地刺激了居民消费需求释放。2008年金融危机爆发之后，迅速演变成全球性的经济危机，大批企业关闭，工人失业，消费需求对经济增长的推动作用下降明显。对此，美国政府采取了一系列的刺激消费政策，减税计划同样在这段时期被大力推行。一方面，当时的奥巴马政府在2010年9月8日宣布到2011年底，企业新建厂房和购置设备的投资全部免税，工商业者可以将其在2008年和2009年的亏损从过去五年所缴的税金中扣除，然后政府将这部分“多缴”的税金予以返还，同时还对雇佣新员工或暂缓裁员的企业给予奖励；另一方面，针对占美国家庭98%的中产阶级实行减税优惠永久化，个人减税计划使每位工作者每周多获得10～20美元的收入。这种结构性减税的方式可以较好地改善美国居民收入分配结构，特别是能够在一定程度上降低低收入群体和中低收入群体的税收负担，进而刺激消费需求。特朗普上台后，为重振美国经济也是大力实施减税政策，并签署了《减税和就业法案》，从 2018 年 1 月开始生效。该法案主要是面向中低收入家庭提供救济、减税政策，创造就业机会，帮助中低收入家庭提高收入的同时，提升企业竞争力。

二、完善多种补贴方式

为了刺激消费，美国常采用以下两种补贴方式。第一种是现金补贴。2020 年初突如其来的疫情使得全球经济复苏受阻，为此美国实行了历史上最大规模财政刺激计划，2020 年 3 月通过规模为 2.4 万亿美元的 CARES 法案，发放总额 2500 亿美元的直接现金补助，其中，向年收入不足 7.5 万美元的每个单身成人一次性最多发放 1200 美元（年收入超过 7.5 万美元的补助递减），为年收入低于 15 万美元的每对夫妻最多支付 2400 美元（年收入超过 15 万美元的补助递减），每个儿童额外获 500 美元。另外政府还发布特殊的 Pandemic Unemployment Assistance（PUA）失业救济金，失业者每周最多 600 美元（每月 2400 美元）的额外补贴，维持四个月，纽约州甚至可持续获得 39 周。受益于联邦政府大规模的现金补贴，在很大程度上抵消了失业带来的收入损失，使得个人总收入并没有明显下降，美国居民可支配收入从 2 月的 1.4 万亿美元大幅升至 4 月的 1.6 万亿美元。大规模的直接补贴带动了美国零售快速反弹，4 月触底 6 月便回正，9 月 7.1%的增速，甚至超过疫情之前。之所以采取这种现金补贴刺激消费的方式，主要是由于美国相对完善的社会保障体系，老百姓往往没有储蓄的习惯，可支配收入主要都转移到消费上，所以，政府先进补贴后直接影响收入进而迅速反映到消费上，从而实现消费水平的相对稳定。

第二种是以某类商品为目标的价格补贴。例如，汽车产业。面对金融危机带来的全球经济危机加剧，美国的汽车产业受到很大影响。为推动实体经济恢复，美国出台削减汽车购置税，并对以旧换新的消费者给予“现金换旧车”补贴，以刺激汽车销售。又如对农业的补贴。美国自新政时代（1933年的《农业调整法案》）起就以某种形式对农民进行补贴，随后美国农业政策不停地进行改革修正，目的是为了保护农民免受价格、收入和产量波动的影响，主要通过支持性收购、差价补贴、脱钩补贴等方式。其中，支持性收购类似于我国的粮食保护价收购，农场主将粮食以支持性价格卖给国家，如果后面市场价格高于支持性价格，农场主可以把粮食要回来再到市场上按照市场价格售卖，但必须偿还先前已经支付的价格以及产生的利息。如果市场价格低于支持性价格，那么，农场主不需要做任何偿还。差价补贴是事先确定一个目标价格，当市场价格低于目标价格时，国家对农民进行补贴；补贴额是目标价格与市场价格之差，再乘以单产和面积。脱钩补贴是1996年以来新实行的办法。补贴数额只与基期（1991—1995年）的产品种类、面积和单产有关，而与现在的种植产品种类、产量和价格没有直接关系。统计数据显示，自1995年以来，联邦政府已经向美国农场提供了大约4244亿美元的现价补贴，包括农作物保险、商品支付、自然保育费用和灾害赔偿。

三、增加政府财政资金的公共支出比重

完善的社会保障体系是扩大居民消费需求的基础和根本保障。20世纪30年代，美国就逐步形成相对完善的社会保障体系，针对老年人、残疾人和穷人制订《老年医疗照顾计划》《穷人医疗援助计划》等社会福利计划；20世纪60年代面对刺激消费需求的发展目标，对处于贫困线以下的家庭给予食品券，并援建低租金公共住宅24万套；金融危机之后，美国政府大力推行医疗保险制度改革，确保低收入群体和易患病群体均能在医疗保险范畴内，主张给低收入家庭每人500美元的补贴，改善美国的医疗保健系统。

同时，为了解决失业问题，美国政府加大对重点公共工程的支出，多种途径增加居民收入初次分配和再次分配，进而扩大消费需求。在政府统筹管理的情况下，美国农村基础设施的资金投入主要是政府，形成

了以政府补贴为主，社会投资为辅的公共服务调节体系。主要是规模较大、投资数额较多的农田水利基础建设、通信和供电设施建设、农村道路建设等，这些项目对生产、生活的影响比较大，主要由联邦或州政府投资兴建，包括对大型农村基础设施的全额资助和小中型农村基础设施的大比例资助。从投资金额看，美国农业部农村公共事业服务局的财政预算从 2001 年的 48.5 亿美元增长至 2017 年的 79.8 亿美元，其中，用于农村电力计划的支出规模较大，2017 年支出金额达 63.1 亿美元，支持结构比重最大，达到 79.0%，其次是供水和废物处理计划，2017 年支出金额为 12.6 亿美元，而通信计划占比相对少一些，2017 年支出金额为 4.2 亿美元，支出比重 5%左右。随着农村和农业基础设施的建设和完善，美国农村农业发展条件不断提升，既解决了农村居民就业问题，也促进了收入水平的提高，进而在很大的程度上也促进了农村居民的消费。

四、充分发挥货币政策的积极影响

除了积极应用财政政策扩大居民消费，美国货币政策的灵活运用也起到了重要作用。美国长期的高消费更多地依赖于消费信贷模式，并成为世界上消费信贷最发达的国家。美国消费信贷占社会零售总额比例达到近 70%，消费信贷占 GDP 比重近 30%，消费信贷在扩大居民消费方面扮演着重要角色。但也正是这种信贷消费模式衍生了很多金融产品，通过金融衍生产品的快速传导，爆发出 2008 年的金融危机。面对由美国次贷危机衍生的全球性金融危机，美联储宣布将联邦基金利率降至 0～0.25%的超低水平，美国正式步入零利率政策时代。直至 2015 年 12 月，美联储宣布将联邦基金利率上调 25 个基点到 0.25%～0.5%的水平，宣告结束从 2008 年 12 月以来的零利率政策，开启货币政策正常化进程；在此之间美联储向银行金融系统注资 3.7 万亿美元，增加市场的流动性。尽管如此，美国的利率还是相对较低，并持续相当长时间。一方面，面对全球经济萧条，美国希望通过低利率支撑消费需求，在一定程度上减少一些潜在产量带来的损害，另一方面，低利率可以使得家庭负债的利息支付因此减少，可支配收入增加。同时，由于住房抵押贷款利率和汽车贷款利率非常低，又可以有效地刺激耐用消费品开支的增长。

第二节　日本经验

一、通过实施收入倍增计划提高居民收入

20 世纪 60 年代，日本经济进入“锅底萧条”阶段，双重结构、过度依赖投资带动经济增长、人口红利即将结束、个人消费不足等现象严重，日本面临着转变经济发展方式的严峻挑战。1960 年 12 月，日本适时地推出了国民收入倍增计划，要求通过充实社会资本、改善产业结构、提高人的能力、推动国际贸易和经济合作等，使得日本在 1960—1970 年十年间实现国民生产总值年平均增长率达到 7.2%，国民收入增长 1 倍。该计划以提高国民收入为导向，改善国民生活，实现充分就业和贸易自由化，为国民的消费质量和消费结构提供了良好的收入保证，进而带动经济总量增长，打破了传统用经济总量增长带动国民收入增长局面，对日本成功跨越中等收入陷阱发挥着重要作用。该计划实施十年后，日本国民收入年平均实际增长率达 11.5%，形成了近亿人的中等收入群体，使日本有效地转变成为一个消费社会。

二、加大政府财政支出力度

20 世纪 90 年代，为了摆脱泡沫经济困境，日本提出“构筑内需型产业结构”模式，通过消费需求引导产业结构变化，鼓励外向依存度高的产业转向国内，鼓励发展与新型消费需求相匹配的产业，并从资金、人才、税收等方面给予政策支持和财政支持。同时，日本政府增加社会保障方面的财政支出，继“国民收入倍增计划”实施之后，出台了一系列社保福利政策，20 世纪 60 年代初期，日本开始实施全民医保体制，

实现了“国民皆保险，国民皆年金”的目标。相应的，政府财政支出中社会保障比重不断增加，从 1958 年的 9.23%上升到 2010 年的 30.21%，社会保障支出占国民收入的比重从 1960 年的 4.86%上升到 2008 年的 26.76%，其中医疗、年金和福利等分别占 8.42%、14.09%和 4.25%。较好的社会保障制度为日本居民扩大消费提供了重要支撑。此外，日本政府在财政支出上不断增加水、电、燃气等公共基础设施支出，新建和改善居民生活环境，增加政府“住宅金融公库”的贷款额度，为扩大居民消费提供良好的消费环境。

三、改革税收制度

20 世纪 60 年代初期，为了刺激消费，日本从 1962 年开始实施“所得税扣除”的个税减免政策，日本的个税包括国税（个人所得税）和地税（住民税），实行的是六级超额累进税制，通过减免“所得扣除”“基础扣除”“社会保险费用扣除”“配偶扣除”和“扶养扣除”五个方面，增加居民可支配收入。随后，到 20 世纪 90 年代，为了应对“泡沫经济”破灭后的经济衰退，日本从 1994 年开始实行了针对个人所得税的 4.5 万亿日元“特别减税”（限当年一次性）政策，随后，1995 年又实施了 3.5 万亿日元的永久减税，并将 1994 年的“特别减税”政策改为每年 2 万亿日元“特别减税”政策。1998 年先后两次实施总额为 4 万亿日元的住民税和个人所得税减税措施，同时实施购房享受减免所得税的优惠政策鼓励消费者购买住房。2008 年金融危机之后，日本还在所得税扣除中增加住房贷款的扣除额减轻居民的所得税负担。通过上述不断调整的税制改革，实现了个人储蓄率与有支付能力需求的同步提高，为扩大消费创造了条件。

四、发放补贴补助

补贴方式主要有两种，一种是发放现金补贴。例如，新冠肺炎疫情后日本制定了史上最大规模的财政刺激项目规模约 108 万亿日元（约合人民币 7.04 万亿元)，相当于日本 GDP 的 20%。具体包括：向因疫情影响而收入减少到一定水平的家庭每户发放 20 万日元至 30 万日元(约合人民币 1.29 万至 1.93 万元)，并增加儿童生活补助金。向面临困难的中小企业和部分家庭发放超过 6 万亿日元的现金补贴，为保护就业将提高对企业的雇工补助标准，延缓困难企业约 26 万亿日元社保、纳税负担，允许企业和个人延后缴纳税款和社会保险费，设置民间金融机构实施的无息贷款、无息担保贷款制度。对资本金 10 亿日元以下的中小企业进行补助，最高 200 万日元。包括自由职业者在内的个体经营者也在发放之列，下降幅度较大者补助最多 100 万日元。给付金的用途不受限制，可自由使用。为促进旅游、运输、住宿、餐饮等商业消费拉升经济拨款 1.85 万亿日元；同时安排疫情对策特别预备费 1.5 万亿日元。

另一种是发放消费券。20 世纪 90 年代，随着日本房地产泡沫破灭，日本经济进入了倒退阶段，为了刺激消费，日本政府于 1999 年 3 月发放了面向特定人群(主要为 15 岁以下儿童、65 岁以上老人)的"地域振兴券"的消费券：每个 15 岁以下的孩子以及 65 岁以上的老人获得价值 20000 日元的购物券(约合 200 美元，使用期限 6 个月，仅限当地使用)。相比于现金补贴，发放消费券具有一定的乘数效应，相当于政府把一部分的购买力从自己手里转移到民众手里，从而能够在短时间内提升居民的边际消费倾向，使经济成倍增长。实证研究表明，这种通过对餐饮业、旅游业等发放折扣券和商品券加以扶持，能够有效促进日本居民的消费提升，边际消费倾向在 10%～20%间。尽管如此，发放消费券这种补贴方式更多地是提高居民的短期支付能力，促进短期消费，但是，如果居民对经济增长波动、收入变动的长期预期不改变的话，发放消费券刺激经济方式难以持续。

第三节 德国经验

20 世纪 80 年代和 90 年代，德国生产下滑、市场疲软、失业人数剧增。为了扩大内需、刺激经济增长，德国政府采取了一系列措施，并取得了显著的成效。

一、积极培育市场主体

德国政府在经济发展过程中，始终坚持国民经济的发展必须建立在企业发展的基础上，企业发展起来了，才能通过微观经济机制实现增加社会供给、刺激经济增长的目的。因此，德国充分发挥企业作为市场主体的作用，政府则更多地为市场正常运行提供维护和服务。例如，通过取消营业资本税等措施，减轻企业负担，特别是对占市场90%以上的中小企业，政府在生产销售、企业管理方面创造一切有利条件支持其发展壮大，并设立专门为中小企业提供服务的研发中心。大力鼓励和支持中小企业的技术研发与创新，依靠科技研发的创新带动产业和经济发展。同时，主动降低企业国有率，鼓励更多的私人企业进入相关行业领域，实行公共企业私有化，提高经济效率和创新能力。

二、充分发挥财政政策的导向作用

20世纪90年代以来，德国政府充分发挥国债、税收和政府支出等财政政策的积极影响。例如，在财政支出政策方面，增加政府采购和扩大公共工程支出方面；在税收调节方面，德国政府于1992年开始进行降低所得税税率和调整税收规模与结构的税收改革，重点以所得税改革为主，调整税收规模与结构，降低所得税税率，目的是通过税收调整降低国民税负，增加可支配收入，从而在促进投资增长，创造大量工作岗位的同时，激发个人消费需求。

为缓解新冠肺炎疫情的负面影响，德国政府启动了该国历史上力度空前的“史无前例”的一揽子经济救助计划。2020年3月，德国政府提出7500亿欧元（约合8000亿美元）的财政项目刺激计划，项目金额占到德国GDP总额的21%。该计划包括两部分，6000亿欧元的经济稳定基金，用于为大型企业和金融机构建立“保护伞”担保，其中4000

亿欧元是政府给企业的担保，企业可以利用这些担保获得贷款，每笔都是信贷授权。另外的1500亿欧元为增加社会支出，包括救助小企业和自由职业者的500亿欧元，小企业中1～5人就业的公司，包括个体户如艺术家、职业摄影师、护理员等，每月可得到9000欧元的补贴。规模5～10人的公司可获15000欧元，为期三个月。

三、注重高新技术产业的引领作用

高新技术产业的发展为经济增长提供了新的增长点，因此，德国加大对高新技术产业发展的扶持力度，从基础研究到应用研究、从人才教育到人才培养、从硬件环境到软件环境的更新完善等多方面给予资金扶持，针对高新技术产业发展培训大量的技术熟练劳动力，就研究开发、教育培训等方面发挥高新技术产业的带动作用，为经济发展培育新的经济增长点。同时，德国还提出开展“新工业革命”的主张，将今后若干年政府科技政策的中心内容定为信息高速公路，并通过此项举措产生大量相关服务行业的工作岗位。

第四节 对中国的启示

一、财政政策和货币政策协同使用

财政政策和货币政策组合起来使用具有其实际意义。第一，财政政策主要是通过财政预算发挥其主要作用，但一般来说，财政政策每年仅能使用一次，即使再加上追加预算，每年能够使用的次数也是非常有限的，然而货币政策的优点却是可以多次利用，能够随着经济形势的变化而逐步地进行调整，应激性比较强。第二，虽然在短期内，财政政策的效果显现得比较快，但长此以往的话会增加国家相应的财务分担，进而导致严重的通货膨胀，因此政策的效果并不能够长时间维持，而货币政策则能够很好地调节通货膨胀与紧缩，并且适用于中长期的运行。由此可发现，货币政策和财政政策是可以利弊互补的，适用于组合使用。

二、阶段性的特别减税有参考价值

在扩大内需中所采取的一些灵活多变的财政与税收政策具有重要的借鉴意义。其中，一次性的特别减税可视为是一种带有政策性的手段创新意义的举措。从我国来看，尽管个人直接纳税的税种增长，但是适度运用特别减税政策的可能性也还是存在的。从日本的经验来看，社会消费对于税收杠杆的灵敏度是相当高的。1989 年与 1997 年两次消费税的改革，初衷都是为了用来补充社会保障基金的不足，但是都导致了对消费明显的抑制作用。

从我国的情况来看，补充社会保障基金的任务是更为迫切的。尽管我国从收入环节当中收取的比从消费环节中收取的可能更为有利，但是仍然有必要去寻求对消费以及收入预期负面影响较小一些的实施途径。而另一方面，消费对于税收的敏感度也具有其两面性。

三、加大对新型社会公共基础设施的投资

基础设施的建设应该从传统领域转向公众的信息网络等新型基础的领域。一方面，这个领域的资本投入余地非常广阔，并且这个领域的“产出投入比”正处于逐步提高的过程；另一方面，这个领域的发展不仅能够为社会技术的进步提供相当大的便利条件，而且也更容易引导社会投资需求的扩大化，这一思路具有非常积极的意义。此外，我国也非常有必要对基础设施的传统领域与新领域进行经济性的评价，财政收入也应该考虑到转入大规模的参与新型基础设施的建设。

第十一章　构建扩大中国农村居民消费长效机制的对策性建议

“三农”问题是关系国计民生的根本性问题，特别是面对我国社会主要矛盾的转变，以及“十三五”期末全面建成小康社会目标的实现，农村发展短板问题依然是关注重点。尽管近年来为了适应经济新常态，我国经济发展结构也在逐步实现从偏重外需向偏重内需、从偏重投资需求向偏重消费需求、从偏重城镇消费向偏重农民消费的转变，但面对美好生活需要的目标追求，我国农村居民消费需求不平衡不充分现象明显。如何激活农村消费市场、提升农村居民消费层次和消费品质，是当前我国实施扩大内需政策、实施乡村振兴战略的重要方向。因此，结合前文对影响我国农村居民消费因素的局部均衡和一般均衡分析，以及对代表性政策的情景模拟和冲击分析，分别提出构建扩大中国农村居民消费长效机制的基本原则、主攻方向以及重点措施。

第一节　基本原则

一、系统性原则

扩大居民消费长效机制是多种因素共同作用的结果。一方面，居民消费长效机制本身拥有丰富的内涵，至少包括收入分配机制、市场供给机制、社会保障机制、文化支持机制和消费环境机制等。居民合理的收入分配、有效的市场供给、理性的消费文化、良好的消费环境是扩大居民消费长效机制的重要组成部分。这些机制不仅能够单独地发挥各自的作用，而且彼此相互影响，共同发挥作用，其作用的范围和结果具有系统联动性。另一方面，居民消费长效机制并不是单独存在的，它与其他体系共同存在于经济系统中，相互作用。投资是消费的前提，合理高效的投资能够研发出更具有创新性的技术，能够生产更多更高品质、适销对路的产品，从而更好地满足市场的消费需求。同时，随着我国对外开放程度的不断提升，在享受全球化带来经济增长的同时，我国居民消费也受到了很大影响，这种影响不仅表现在物质产品全球化领域，即通过投资、贸易等方式对居民的收入、就业产生影响，进而导致居民消费行为发生变化，而且还表现在精神产品全球化领域，即通过国际间文化、体育、旅游和互联网等交流影响居民消费偏好，进而使居民消费行为发生改变；反过来，居民消费升级也必然会对技术创新和产业发展及其转型升级带来深层次影响，体现为以消费观念、消费模式、消费业态变化为主要特征的消费升级，在竞争机制和价格机制的作用下，进一步影响技术创新和产业变革，促进投资效率提高，市场需求层次的提升变化能够引导投资进入回报率更高的领域，从而促使产业转型升级（扩大居民消费的传导效应分析见附录）。

二、战略性原则

扩大居民消费长效机制应当作为国民经济的长期战略目标，而不应是短期权宜之策。长期以来，我国通常采取相机抉择的宏观调控政策进行国民经济管理，灵活多变的管理方式能够及时应对各种经济失灵问题，同时导致经济政策前后不一致、执行矛盾。与许多经济决策不同的是，“十三五”规划中明确指出：“要发挥消费对增长的基础作用，着力扩大居民消费”，构建扩大居民消费长效机制已经上升到国家战略的位置。一方面，扩大居民消费是应对全球经济放缓和缓解国内市场压力的根本之策，是实现供给侧结构性改革的重要环节，是拉动国家经济发展的重要动力；另一方面，扩大居民消费面向的是社会大众，是提高居民幸福感和获得感的重要途径，是事关国计民生的长远大计。因此，无论我国的经济社会发展到何种地步，扩大居民消费长效机制始终应当摆在国家发展的重要战略位置，在长期内坚定不移地执行。

三、创新性原则

构建扩大居民消费长效机制要坚持与时俱进，不断创新手段和方式。构建扩大居民消费长效机制是一个老生常谈的话题，但时代的发展总能赋予它新的意义。在当前新的时代中，国内外的形势都已发生了深刻的变化：国内的消费者需求不断释放，需求层次日益提高，需求更新也不断加快，互联网＋不断发展，居民的消费手段也不断变化；西方国家的贸易保护越来越严密，波及我国经济发展，甚至危害国家安全。在这样的形势下，增强自主创新、提升国内企业竞争能力、不断释放并且满足国内需求成为扩大居民消费的必经之路。

四、协调性原则

扩大居民消费长效机制并不是一个孤立的体系，它存在于整个经济系统中，同时内部的不同机制又相互作用，因此，构建扩大居民消费长效机制要同时注意内外部的协调性。一方面，居民消费要与经济发展水平相适应，要与我国的具体国情相兼容。我国是人口众多的发展中国家，扩大居民消费并不意味着过度铺张浪费，而是在资源限制条件下的消费最大化。另一方面，居民消费的收入分配、社会保障、市场运行、消费环境等各内在机制应当相互协调，共同作用，从内部构建一个科学、可持续发展的居民消费长效机制。

五、共享性原则

构建扩大居民消费长效机制的首要目标应当是“发展成果由人民共享，作出更有效的制度安排，使全体人民在共建共享发展中有更多获得感”，而不应是纯粹的经济增长。消费的经济学本质是在资源有限的前提下，使得消费者效用最大化，也就实现了经济均衡，这也是经济增长的最基本要求，所以，扩大居民消费的“消费者利益优先”与经济增长的本质是一致的。共享的本质在于两点：一是提升资源限制的边界，通过提高居民收入等方式扩大居民消费总量，让更多的居民产生更多的消费需求，获得更多满足；二是优化配置结构，让居民享有更平等的消费。

六、规范性原则

构建扩大居民消费长效机制应当遵循一定的制度规范。居民消费长效机制的长期稳定性从根本上取决于体系中的一系列制度性安排。没有规范的制度和强力的贯彻执行，扩大居民消费长效机制就不可能建立起来。如收入分配制度、市场运行制度、消费文化支持制度、消费调控制度等，都是扩大消费长效机制中不可或缺的制度规定。在可能的条件下，相关规章最好上升到最高的制度层级——法律层面。目前，虽然已有《个人所得税法》《社会保险法》《消费者权益保护法》等相关法律出台，但是在扩大居民消费的法制化建设上依然任重道远。只有建立起规范的制度，才能构建更为稳固的居民消费长效机制。

第二节　主攻方向

一、收入分配机制

收入是居民消费的基础，不断提高居民收入是扩大居民消费长效机制的前提。第一，要构建居民收入的持续增长机制。长期以来，我国居民可分配收入占 GDP 的比重一直偏低，虽然“十二五”期间我国的居民收入与 GDP 同步增长，但是由于基量相差巨大，居民人均可支配收入占人均 GDP 的比重一直处于下降态势。直到党的十八大提出“两个翻番”“两个同步”的“国民收入倍增”目标，该形势才有所扭转，居民人均可支配收入占人均 GDP 的比重从 2013 年的 41.8%上升至 2016

年的44.2%[①]，而与此同时，美国的数值高达60%以上。因此，不断提高居民收入在GDP中的分配比例任重而道远。第二，完善收入保障机制。一方面要注重提高最低工资标准。2016年底，上海的最低工资标准为全国最高，为2190元/月，折合成年，只占本地GDP的22.2%；北京则只有19.5%[②]，应当完善社会保障机制，逐步提高低收入者工资水平，使得工资能够与经济水平同步增长。另一方面要注重保障特定人群的就业权益，积极引导农村劳动力就业、保障妇女就业权益、提高高校毕业生就业率等。第三，建立收入协调机制。一方面要依法保护合法收入，扩大居民财产性收入，扩大政府公共服务支出；另一方面要通过税收等经济手段缩减不同行业的收入差距，通过逐步消除城乡二元体制缩减城乡收入差距。

二、市场供给机制

产品和服务的供给是消费的物质保证，扩大市场的有效供给是扩大居民消费长效机制的客观条件。第一，要注重增加有效供给的数量。目前，我国在以高铁为代表的硬件基础设施的供给上相对充足，互联网建设也迅速发展，但是对医疗、教育、文化、金融等软件基础设施的供给相对不足，导致行业垄断、信息不对称等问题。同时，一些高新技术产品的供给也是不足的，自从2012年以来，我国的微芯片相关产品进口额超过石油，国内需求的90%来自进口，高新技术产品供给严重不足将危害国家安全和长远发展。第二，通过不断创新提高产品品质。例如，随着生育政策的放开以及职业女性压力的增大，中国奶粉的需求年增长速度达到22%[③]，然而，2007—2016年，国产奶粉品牌的市场份额却从60%下降到40%[④]，对食品安全的担忧导致国内奶粉的供给相对不

① 根据国家统计局网站数据计算。

② 数据来源于中华人民共和国人力资源和社会保障部网站。

③ 数据来源于中国首届婴幼儿奶粉创新发展论坛上中国奶业协会会长高鸿宾的发言。

④ 数据来源于智研咨询发布的《2017—2022年中国婴幼儿奶粉行业市场深度调研及投资前景分析报告》。

足。除了婴幼儿产品，女性化妆品、家居产品、洁具等均面临这样的尴尬处境，并不是供给数量不足，而是无法提供满足消费者需求的高品质产品，因此，加强自主创新，不断提高产品品质，建立品牌信誉亦是扩大有效供给的重要途径。第三，优化市场供给结构。优化产品供给结构，尤其注重农产品的进出口协调；调整产业结构，促进制造业产业升级，不断提升产品的附加值，同时不断提高服务业的供给水平；缩小城乡的市场供给差距，提升农村的商品供应能力，严厉打击农村贩卖假货问题。

三、消费文化机制

居民的消费心理和价值观对于消费需求起着决定性的作用，培育理性的消费文化是扩大居民消费长效机制的主观因素。第一，引导消费者树立绿色环保的消费观。我国正逐步由资源驱动型转变为创新驱动型，居民的消费观念也逐步发生改变，绿色、环保、低碳的消费方式逐步成为主流，共享单车、顺风车等绿色出行方式越来越被大众所接受。第二，引导文明、理智的消费风尚。随着对外开放的不断扩大和互联网的迅速发展，海外抢购、海淘现象层出不穷，这些现象在一定程度上反映了国内产品在品质、品牌方面的不足，但是同样反映了部分消费者追求奢侈、盲目跟风的消费心理。扩大消费需求并不代表过度消费，奢侈的消费行为对资源造成巨大的浪费，消费者文明节约的消费方式不仅体现高尚的精神追求，而且对于社会的可持续发展具有重要意义。同时，相关部门需加强市场监督，运用税收等经济手段引导消费者的消费习惯，通过公益活动和广告宣传文明的消费观和价值观，尤其要注重对青少年消费行为的引导。第三，增强消费者的维权意识。随着全面依法治国的进一步推进和消费者权利意识的觉醒，越来越多的消费者敢于拿起法律的武器维护自己的消费权益，客观上补充和完善了市场监督体系。

四、消费环境机制

科学的政府治理能够提供良好的消费环境，良好的消费环境是扩大居民消费长效机制的外部条件。一方面，需要加强基础设施建设，优化消费“硬”环境。相对城市，农村的基础设施较为薄弱，在很大程度上限制了农村消费能力的提升，因此要特别注重加强农村在电力、水利、道路和通信等基础设施的建设，尤其是现代互联网的建设，完善农村的消费流通环境。建立农村电商平台，不断扩大农村对城市产品的需求，同时建立农产品集散市场和可追溯系统，拓宽农产品向城市的输送，增加农民收入，提升农民的消费能力。另一方面，建立有效的消费管理制度，优化消费“软”环境。消费是自发的市场行为，政府需要把握好管理的边界，同时预防市场失灵对消费者权益造成的损害，认真履行市场监督职责，可采取两种基本方式：一种是英国、德国采用的信息公开制度。消费者可通过详细的产品标签获取产品信息，从而减少厂商与消费者之间的信息不对称问题。另一种是法国和美国采用的产品责任制度，通过消费者诉讼和产品召回追究相关责任人，有效地保障了消费者权益。在我国法制建设不完善的情况下，可采取两者相结合的方式。除了对供给方的监督和规范，还需要通过利率、税收、价格等经济手段引导和调控人们的消费行为，通过建立消费的社会心理机制提升消费道德。

第三节　重点措施

一、拓宽农村居民收入来源方式，构建稳定的农村居民增收机制

根据前文局部均衡分析以及政策冲击分析，可以发现，收入分配是影响农村居民消费变化的重要因素，但是，其影响效应存在地区差异。同时，对收入分配政策的影响效应分析表明，“重视弱者”的收入分配政策更有利于农村居民消费总体提升。因此，拓宽农村居民收入来源方式，构建稳定的农村居民增收机制是促进农村居民消费的根本保障。

（一）促进农村劳动力转移就业，增加农村居民的工资性收入

一是加强农村居民职业技能培训，增强转移就业能力。提高农村居

民工资性收入，其根本是要掌握获得相应生产性活动的职业技能，具备参与生产活动的能力，在劳动者素质和质量整体提升的基础上增加劳动收入，真正实现从“授人以鱼”到“授人以渔”。具体而言，充分发挥政府相关职能部门的组织服务职能，主动搭建多种培训服务平台，在提升整体农村居民基础就业技能的同时，结合企业用工需求以及农村劳动力的培训意愿，积极组织开展有针对性的就业创业培训、项目推介、就业指导以及政策咨询等职业技能培训。鼓励企业根据产业发展需求组织开展灵活多样的订单式培训、岗前培训、定向培训等，增强培训的针对性和有效性。积极宣传和鼓励职业院校、行业协会等社会性主体参与农村劳动力转移就业技能培训，探索多模式、多层次的培训体系，全面提高农村劳动力转移就业技能培训质量。

二是抓住贯彻落实乡村振兴战略机遇，促进农村劳动力就近就地转移就业。伴随着我国乡村振兴战略的全面实施，构建现代农业产业体系，推动农村经济发展成为重中之重，这就为农村劳动力就近就地转移就业提供新机会和新途径。因此，要加大力度招商引资，引导产业资本进入农村。重点支持和培育龙头企业，通过产业链的做大做强推动形成产业集聚，弥补农村产业链发展短板。因地制宜发展本地特色优势产业，拓展农村经济发展空间。依托农村民生工程、基础设施建设等一批重大项目建设，改善农村生产生活环境的同时，将传统农业和文化、科技、生态、旅游等相结合，大力发展休闲农业、乡村旅游、科技农业、传统工艺等乡村特色产业，拓展农村非农业就业空间。鼓励有资金、有技能的外出务工人员返乡创业，通过政府给予的金融、税收等多方面的政策扶持，推动农村形成一批家庭农场、专业养殖种植大户、乡村企业等多元化民营经济，为农村劳动力就近就地转移创造更多的就业岗位。

三是健全覆盖城乡的公共服务体系，促进农村剩余劳动力在城镇化建设中的有序转移。在城镇化建设过程中，不仅仅是农村居民流入城市，更关键的是要能留下来、生活下来，真正实现农村劳动力在城市的转型。因此，在积极提高农村劳动力就业技能，加快城镇化建设吸纳农村劳动力就业的同时，更主要的是让部分有条件、有意愿、有能力在城镇稳定就业和居住的转移劳动力在城镇有序落户，与城镇居民一样依法享受城镇公共服务。同时，健全覆盖城乡的公共服务体系，缩小社会公共资源配置的城乡差距、地区差距，从根本上保障短期转移到城镇的农村劳动力应享有的公共服务，切实解决好农村转移劳动力的基本民生性问题。

四是加强劳动执法监管力度，保障农村劳动力合法权益。提供农村劳动力就业岗位是基础，依法享有合法工资性收入是根本保障。面对部分用人企业存在的拖欠工资、克扣工资甚至不支付工资等现象，一方面，要加强农村劳动力的自我保护意识，通过宣传和学习，增强自我的法律法规意识和能力，明确应该享有的权利和义务；另一方面，加强对农村劳动者就业合同管理监制工作，强化属地政府的治理责任、行业部门的监管责任以及用人企业的主体责任，按照国家和地方相关规定，依法规范农村就业者的劳动关系。对于违反劳动合同法等相关法律法规的企业，依法给予严厉惩治，同时，对于在劳动力市场中相对弱势的农村就业者，由政府免费提供有针对性的法律法规咨询服务，重点监察、跟踪服务就业者的基本权益问题。

（二）提升农村生产经营环境和效率，增加农村居民的经营性收入

一是大力发展现代农业，推动农业产业化经营。积极优化农业和农村经济结构，把富民增收与产业结构调整相结合，按照现代农业发展要求，培育壮大新型农业经营主体，发展多种形式的适度规模经营。加大对农民合作社、龙头企业等新型农业经营主体的培育力度，按照“依法、自愿、有偿”的原则，规范农村土地流转，大力扶持家庭农场、农民专业合作社等新型经营方式，推动农业适度规模化生产经营，建立健全农业组织化、社会化服务体系，加强对农业生产经营活动的指导、培训和跟踪服务，为农户和市场之间建立有机衔接，在提高农业供给质量和效益的同时，增强农业经营活动的市场竞争力，多渠道促进农村居民经营性收入提高。

二是以科技振兴农村经济，提高农民家庭经营的投入产出效率。一方面，提高农村居民自身的劳动者素质，在继续深入推行农村义务教育的同时，积极开展成人学历教育、技术培训、职业教育等多种形式教育，推动实现科教兴农，特别是加大对欠发达地区农村的教育扶贫，帮助农村居民掌握生产经营活动的基本技能和技术，提高劳动生产率。另一方面，围绕现代农业发展要求，提高农村生产经营活动的科技水平。围绕产业发展要求和农民需求，不断增强农村生产经营活动中的科技要素含量，加大农业机械的引进与推广，在推动农村机械化生产作业，提高农村土地产出率的同时，增强自我创新能力，加快科技成果的转化应用，促进传统产业转型升级和提升，并积极培育适合农村发展的战略性新兴产业，提高农民生产经营活动的效率，从而提高现代农业发展的“含金量”。

三是夯实农村生产经营活动基础，降低经营成本。依托乡村振兴战略一系列政策，加大农村路网和互联网建设，建立区域共享性交通、信息基础设施，降低生产经营成本以及地区间的物流成本。加强农村水利设施建设，改善农村公共服务落后状况，改善生产经营环境。进一步健全农村金融体系建设，加大对不同地区政策倾斜力度，推动财政资金进入农村经济发展的同时，通过政策引导和机制创新，积极鼓励和发挥社会资本的带动作用，充分发挥好金融领域的支农服务，降低农村居民生产经营活动的融资成本。扩大农村保险业务的覆盖面，制定针对农村市场需求的产品品种，增强农村经营活动抗御风险能力。

（三）积极创造条件，增加农村居民的非劳动收入

一是深化农村产权制度改革，提高农村居民的财产性收入。尽管财产性收入占农村居民人均可支配收入比重较小，但是，党的十七大首次提出要增加居民的财产性收入，明确强调要提高相应比重，丰富居民收入来源结构，对应到农村，关键是深化农村土地制度改革。2018 年的中央“一号文件”就指出，“将完善农民闲置宅基地和闲置农房政策，放活农村宅基地与农村房屋的使用权，同时开展农村宅基地‘三权分置’工作，通过农村闲置宅基地与闲置农房的多元化利用为乡村振兴战略助力，推动农村快速发展”。在坚持耕地红线不突破、土地公有制性质不改变前提下，要进一步推进承包地所有权、承包权、经营权“三权分置”加速落地。在明确农民土地财产权、规范土地经营权流转的前提下，从农村经济发展实际出发，因地制宜，积极探索科学合理、管理高效的农村宅基地及农房的流转形式，同时鼓励社会资本参与农村宅基地制度改革中，盘活农村宅基地和农房，完善农村集体经营性建设用地入市制度，创新资源变资产的体制机制，使资源变资产、资金变股金、农民变股东，赋予农民更多财产权利，创造条件拓宽农村收益途径，增加农民财产性收入。

二是完善转移支付制度，提高农村居民的转移性收入。加大公共财政向农村转移力度，特别是增加政府民生性财政支出比重，完善农村教育、医疗、养老等基本公共资源的均衡化配置和投入力度，实现城乡公共服务均等化。其中，中央财政的民生性转移支出更要注重平衡地区间财力差异，加大对中西部地区的倾斜力度，缩小农村居民公共服务消费的区域差距。提高对农村中等以下收入户居民的政策性补贴，加大对农村低收入户居民的救助扶持，并建立监督机制，能够直接补贴给农民个人的，尽量补贴给农民个人，确保补贴政策能够真正增加农民收入，进而发挥政策性转移支出对提升农村中低收入户居民消费的推动作用。在国家出台的多个惠农财政扶贫、补贴政策的基础上，地方政府加强对相关政策的配套力度，特别是对于国家补贴没有涉及的农村地区和产业，积极探索由地方财政进行补贴的模式，不断健全“三农”补贴制度。

二、深化供给侧结构性改革，提升农村居民消费供给质量

根据前文对影响中国农村居民消费变化的一般均衡分析结论，可以发现，技术效应是推动农村居民消费水平提升和消费结构升级的主要因素，同时，对农产品的具体分析结论表明，技术效应在促进农产品消费

结构升级方面作用尤为明显。因此，强化科技引领，深化供给侧结构性改革，促进农业、工业、服务业内部产业结构转型升级，对于提升农村居民消费供给质量尤为关键。

（一）优化农村生产力布局，调整农业产业结构

一是发挥地区比较优势，加强一二三产业深度融合。乡村振兴，产业兴旺是重点，这就需要发挥不同地区的比较优势，以主体功能区规划为指导，适时调整产业发展布局，深入推进农业供给侧结构性改革，切实解决日益升级的农村居民消费需求与有效供给不足的矛盾。总的来说，要以第一产业农业为基础，进一步完善农业产业链，并向第二产业和第三产业延伸，促使农村从传统单一的农业发展向一二三产深度融合发展，在提高农业生产增加值的同时，拓展农业功能，进而满足农村居民日益升级的消费需求。

二是以技术创新、培育主体为引领，推动农产品加工业深度化和精细化。当前我国农产品加工业总体仍处于产业链低端，急需加快技术改造和模式创新，推动农产品加工业标准化、规范化、规模化和品牌化的集约发展。积极培育和扶持龙头企业改造升级，推动产业链向中高端延伸，并逐步形成多主体联动的产业集群。同时，通过农产品加工业相对较高的产业关联度链接其他产业，催生新的产业业态和消费模式，为构建现代农业产业体系提供有力支撑。

三是调整初级农产品产业结构，做大做强特色产业。在保障粮食安全的前提下，以打造“三区”即粮食生产功能区、重要农产品生产保护区和特色农产品优势区为基础，统筹调整粮经饲种植等初级农产品产业结构，优化品种品质和区域布局，做大做强优势特色产业，推动初级农产品行业向特色化、优质化和绿色化发展转变。最后，依托国家和地方出台的各项惠农政策，引导资金、人才、设备等生产要素资源注入现代农业发展，加强农业科技研发、科技推广和科技激励机制，重点加强对国家级和省级重点农业产业化龙头企业技术改造、原料基地建设等多方面扶持，促进新品种、新技术的产生和应用。

（二）强化科技引领，促进工业和服务业产业结构转型升级

一是加快培育壮大新兴产业。新一轮技术革命诱发的消费升级对互联网信息传输业、电子及通信设备制造业和电子计算机及办公设备制造业等影响显著，新材料和电气设备制造业受消费观念和消费模式变化影响也对产业升级发挥着重要作用。因此，为了更好地促进第三次工业革命背景下的产业转型升级，应着重围绕互联网信息传输、电子计算机及通信设备制造、新能源、新材料、新医药、节能环保等新兴产业，以规模化为主攻方向，通过经济规模的快速扩张，迅速达到适度产业规模，降低生产成本，扩大市场占有率，占领行业发展制高点，形成先发竞争优势。

二是大力发展先进制造业。充分发挥我国部分省份制造业发展和科教资源优势，坚持以信息化带动工业化，集中攻克制约主导产业发展的关键技术、共性技术、前沿技术，大力推进制造业向产业链高端攀升，以技术创新和产业创新引领产业结构转型升级，加快提升产业技术创新水平和产业集群竞争力，占领先进制造业的高端阵地，抢占新一轮产业发展制高点，使自主创新能力和产业整体水平迈上一个新台阶。

三是积极改造提升传统产业，运用高新技术和先进适用技术，加快对纺织业、冶金行业、轻工业、建材行业等传统行业的技术改造，严把能评、环评关，继续依法淘汰落后产能。大力实施名牌战略，加快发展产业链高端环节，形成一批在国际市场具有较高知名度和竞争力的品牌。

四是加快发展现代服务业。结合农业产业结构调整以及与第二产业和第三产业融合发展方向，促进二、三产业转型升级，形成扩大农村居民消费需求的产业发展中坚。以“生产性服务业集聚化、生活性服务业连锁化、基础性服务业网络化、公共服务业均等化”为方向，加快发展服务业优势产业，加强服务业载体建设，完善服务业发展政策，促进服务业发展提速、比重提高、结构优化，努力实现二、三产业融合、协调、互动发展，以适应农村居民消费结构不断升级、消费层次不断提

升、消费领域不断拓展、生活质量不断提高的新变化。

（三）加速提升产品结构和品质，满足农村居民日益变化的消费需求

一是构建以需求为动力的供需系统。改革开放以来，农村居民消费结构持续优化，尽管食品、居住仍是农村居民主要消费支出类别，但是，文教娱乐、交通通信等发展型、享受型消费逐步成为农村居民消费热点，农村居民消费逐步实现由生存型消费向发展型和享受型消费升级、由物质型消费向服务型消费升级、由传统消费向新型消费升级。这样的消费结构升级变化必然对产品供给结构提出了新的要求，要求整合不同产业产品结构，引导农村居民消费从追求消费数量向追求质量转变，形成以需求为动力的供需体系。

二是提升农村居民食品、衣着等生存性消费需求的中高端化、特色化产品供给。对于食品消费，在全面提升农产品质量和食品安全的同时，增加中高端产品供给，突出品牌、绿色、营养、健康导向，做大做强优势特色产品，提高食品供给质量。进一步规范发展与食品消费相关的住宿和餐饮业等消费性服务业，延伸食品消费产业链，提升产品附加值。对于衣着消费，进一步完善纺织业发展的相关基础配套设施，从研发设计到加工生产再到市场销售等各个环节都注重不同收入群体、不同地区、不同年龄人口的农村居民衣着消费需求差异，尤其是面对新生代农村居民逐步取代传统农村居民成为农村居民消费主力时，个性化、时尚化衣着产品供给逐步成为主流。

三是改善农村居民居住消费环境和质量。伴随着越来越多农村居民就近就地转移就业，对居住消费环境和质量要求不断提升。因此，要重点推进中西部偏远地区农村危房改造，保障农村基本住房安全和水电等基本生活设施建设。在保持村庄整体风貌与自然环境、传统文化相协调的前提下，大力开展村庄环境综合整治，科学分离养殖区和生活区，重点治理农村垃圾和污水，加快农村交通通信等互联网基础设施建设，稳步推进农村人居环境质量提升。

四是提供农村居民家庭设备用品及服务、交通通信等发展型消费的差异化供给。对于家庭设备用品及服务消费，要结合农村市场和农村居民消费特点，实行差异化供给。对农村中低收入居民而言，家庭设备用品及服务消费受收入限制仍严重不足，需要开发一些物美价廉、性能可靠的产品，满足基本消费需求。而部分中等以上收入农村居民家庭耐用品消费已经开始进入以旧换新时代，面向这部分群体的家电产品则要向智能型、节能环保型转变，以满足更新换代的消费需求。对于交通通信消费，进一步完善道路交通、通信网络等基础设施，改善农村居民交通工具及出行方式，提高产品服务面向农村市场的针对性。

五是完善农村居民文教娱乐和医疗保健等发展型、享受型消费的均等化供给。对于文教娱乐消费，在保证义务教育全面覆盖的同时，推动建立以城带乡、整体推进、城乡一体、均衡发展的义务教育发展机制，建好建强乡村教师队伍。继续深入推进农村职业技术教育，提高职业教育质量和水平。加大对职业技术教育的资金、教师、设施等扶持力度，规范民办和职业教育发展，将教育培训与农村居民就业需求相结合，增强应用型人才的培养。完善城乡一体化的社会保障体系，推进农民工参加工伤保险和医疗保险，扩大农民工养老保险覆盖面。大力实施脱贫攻坚工程，切实安排好困难群众的基本生活。改善基层医疗卫生服务条件，强化农村医疗卫生人员以及设备配备，完善基本公共卫生服务项目补助政策，特别是加大对中西部偏远地区农村社会保障投入，增加农村居民社会保障服务覆盖面，满足农村居民多样化的消费需求，缩小基本公共服务地区差异。

三、加强农村基础设施建设，改善农村消费基础和消费环境

根据前文中对中国农村居民消费变化的描述性统计分析，以及不同政策模拟冲击下不同商品（服务）消费变化的比较分析，可以发现，一方面，农村居民消费观念和消费方式随着生活水平的提高，农村居民对交通通信类消费支出增长明显。同时，从不同产品类别财政价格补贴政

策影响比较看，交通通信类消费品价格变动对居民影响较大，收入分配政策影响更多地体现在对交通运输及仓储、邮政业消费需求变化方面。但是，另一方面，对于政策效应的传导路径分析结果显示，由于农村市场的交通运输及仓储、邮政业基础设施配套还不够完善，政策效应的直接路径传导速度和传导效果不够明显。因此，加强农村交通通信等基础设施建设，改善农村消费基础和消费环境同样不可忽视。

（一）做好顶层设计，科学制定农村基础设施建设规划

一是因地制宜科学制定农村基础设施建设规划。影响农村生产生活的基础设施建设主要包括道路建设、污水处理、河道整治、电网改造、自来水供给、通信网络铺设等方面，其中，交通物流设施建设是基础，引导资金、劳动力等生产要素流动，水利设施建设为现代农业发展的保障，信息化设施建设是乡村产业振兴的关键，能源体系建设是绿色发展的支撑。但是，由于我国不同地区经济发展水平、自然环境以及现实需求各不相同，需要各地政府在制定规划时结合地方实际情况因地制宜地“补短板”。东部地区农村基础设施建设水平较高，在制定规划时注重从“有”向“优”，提高建设标准，做好增质增效，中西部地区农村基础设施建设仍然不足，在制定规划时注重从“无”到“有”，从“少”到“多”，做好基础的前提下做大做强总量。

二是循序渐进地推进农村基础设施建设。科学规划是第一步，从总体上给出农村基础设施建设的总体方向和建设重点，但在具体实施过程中，不能搞一刀切，要遵循循序渐进的原则，按照不同地区农村经济发展水平、基础设施建设情况及其建设需求的轻重缓急有序推进。优先保障农村居民基本生产生活的基础设施供给，例如，农村道路、供水、污水垃圾处理、供电、电信等基础设施，在此基础上进一步加以建设、管理和维护，使得农村基础设施建设向更高质量、更高层次的路径推进。

（二）协调投入主体之间的关系，完善农村基础设施建设的投融资机制

一是在理顺不同投入主体关系的基础上实行多元化投入机制。依据

农村基础设施的公共产品属性和受益范围，明确不同投入主体的权利和责任，理顺不同主体之间的关系。农村基础设施的公共产品属性决定了政府在基础设施产品供给中的主导地位，但并不意味着由政府大包大揽。对于农村道路等没有收益的基础设施，应有政府负责提供；对于农村供水、污水垃圾处理等具有准公共产品属性的基础设施，应由政府和市场共同提供；对于农村供电、电信等以经营性为主的基础设施，应有企业投入为主。同时，对于不同层级政府之间，要明晰各级政府财权和事权的分配，以事权定财权，明确界定中央政府与地方政府提供基础设施的责任和范围。其中，经济发达地区的中小型基础设施建设以地方政府投入为主，而经济欠发达地区的基础设施建设仍要以中央政府投入为主，减轻地方政府财政配套负担。

二是调整财政支持结构，加大政府对农村基础设施建设的投入力度。调整财政预算支出结构，采取直接投资、投资补助、资本金注入、财政贴息、以奖代补、先建后补、无偿提供建筑材料等多种方式，优先保障财政对农村电力、道路、交通、通信、农田水利等基础设施投入，确保投入力度不减弱、投入总量有增加。继续加大电网改造力度、降低农村电价，为空调、冰箱、洗衣机等家电大规模、全面进入农村居民家庭创造条件。对于农村用电、用水以及通信这些有投资回报、能够长期收回的投资项目，国家可用贴息贷款等方式进行投资启动，通过对农村基础设施的建设，改善农村消费环境，刺激农村消费。建立规范的地方政府举债融资机制，推动地方融资平台转型改制和市场化融资，重点向农村基础设施建设倾斜。

三是鼓励和引入资本参与农村基础设施建设。充分发挥市场作用，破除体制机制障碍，引导和鼓励社会资本投向农村基础设施领域。对于社会资本其目标是获得利润，因此，必须针对农村基础设施建设构建全面系统的标准体系和绩效评估体系，提高农村基础设施建设的市场化和专业化程度。在此基础上，鼓励按照“公益性项目、市场化运作”理念，大力推进政府购买服务，并建立运营补偿机制，保障社会资本的合理收益性。建立全社会参与农村基础设施建设的激励机制，在政府和企业投入基础上，积极引导农村居民投入到有一定收益的基础设施建设中。

（三）规范农村基础设施管理，完善运营配套制度

一是规范农村基础设施的管理维护。根据农村基础设施建设投入主体和服务性质，确定基础设施的产权归属和管理主体，明确管理责任和权限，避免出现多头管理的矛盾问题。加强农村基础设施建设后期的运营维护机制，并将运营维护成本列入财政预算中，保障基本资金来源。鼓励通过公私合营的模式，采用出让公路冠名权、广告权、相关资源开发权等方式，社会化筹集养护资金，并结合经济发展阶段和发展水平的变化适时给予和调整对农村基础设施管护的补贴标准。

二是完善农村基础设施配套制度。制定合理的定价机制，供水、供电等有一定营利性质的农村基础设施，按照补偿成本、合理盈利的原则，实行分类定价、阶梯定价、计量收费，同时，对于经济欠发达地区实行服务补偿机制，给予政策性补贴支持农村地区发展。鼓励有条件的地方先行探索建立污水垃圾处理农户缴费制度，在兼顾农村居民缴费意愿和费用承载力的基础上，合理制定政府补贴和农户分摊标准。指导和推动基础电信企业简化资费结构，降低农村居民信息获取成本，为新模式、新业态下的农村居民消费提供基础支撑。

四、加快完善农村社会保障体系建设，促使公共资源更多惠及农村弱势群体

根据前文局部均衡分析以及政策冲击分析，可以发现，政府教育科学、医疗卫生和社会保障等民生性支出对农村居民消费影响较大，但存在一定的地区差异和群体差异，所以加快完善农村社会保障体系建设，尤其促进公共资源更多惠及经济欠发达地区和农村弱势群体是基本原则和方向。

（一）推进农村社会保障制度改革，加快城乡社保制度一体化进程

一是扎实推进和完善现有各项社会保障制度运行。针对农村养老、

医疗等问题，国家陆续出台了一系列关于新型农村合作医疗、新型农村社会养老保险、最低生活保障等制度，着力破解和保障农村基本民生性问题。但是，在实际运行过程中，部分地区仍存在制度执行不到位、执行力度不够、管理服务跟不上等问题，急需加强农村社会保障制度管理和监督，提高社会保障机构办事效率和服务质量，并建立监督机制，确保资金流向透明化，让农村居民依法享有应有的基本公共服务，保证农村社会保障体系有序健康运行。同时，对于已出台的不同社会保障制度要做好衔接工作，特别是衔接好城乡社会保障制度之间的转移、续接等问题，打通城乡社会保障制度间的转换路径，消除城乡居民流动的基本障碍。

二是以改革为动力继续扩大农村社会保障类别和覆盖面。目前，相对于城镇比较完善的社会保障体系，农村社会保障项目类别明显不够，失业保险、工伤保险、生育保险等很多保障性项目在农村尚未构建，农村居民承担着更大的社会风险。因此，要继续深化农村社会保障制度改革，在已有社会保障制度基础上与时俱进地补齐农村社会保障项目的短板，逐步建立起与新型职业农民发展相配套的失业保险和退休保障制度，健全失地农民的社会保障政策，千方百计地从多个方面扩大农村社会保障覆盖面。

三是突出农村社会保障制度的地区差异性和针对性。我国不同地区农村社会保障制度与其地区发展水平有直接的关联性，从而表现出东部发达地区农村社会保障体系建设相对于中西部地区更加完善。因此，为了缩小社会保障制度的城乡差异和地区差异，各地应该因地制宜地制定农村基本公共服务均等化的目标和重点。东部地区经济发展水平相对较高，对于国家和地方政府出台的一系列农村社会保障制度执行力度相应较高，因此，在已有保障体系建设基础上，东部地区的农村社会保障更要注重如何进一步深化和扩展。中部地区经济相对欠发达地区由于财政资源约束等影响，很多农村社会保障项目执行仍不够，需要补漏和补缺，而西部地区相对贫困人口较多，经济发展较落后，其农村社会保障项目不仅仅是补缺的问题，更关键的是建立和健全基本的保障体系，加大中央财政的转移支付比重，建立和健全以救济救助、住房以及基本医疗项目为主的农村社会保障体系，保障低收入农村居民基本生活风险，并逐步摆脱贫困。

（二）加大农村社会保障投入力度，强化财力保障

一是进一步提高政府财政社会保障性支出比重。依法享有基本公共服务是公民的社会权利，为农村居民建立和健全与经济发展水平相当的农村社会保障体系是政府的责任。当前，农村社会保障投入主要由各级政府承担，但是，当前农村社会保障覆盖面还不够大、保障水平还不够高、地区差别还比较大等现象仍然存在，特别是面对大力推进乡村振兴战略过程对农村社会保障体系建设的高要求，中西部经济欠发达地区一些县（市、区）级政府财政配套和政治考核压力明显增大，急需加大中央、省级层面的财政投入，实现农村社会保障项目支出责任的省级财政统筹，避免出现因经济发展水平不同带来的农村社会保障建设的区域悬殊。

二是提高社会保障资金管理和配置效率。社会保障资金是关系农村社会保障制度能否平稳有序推进的关键支撑，因此，在加大资金投入的基础上，政府还应当加强相关财政支出项目的审计和跟踪管理工作，监督和管理好农村社会保障资金运行和使用，保证农村社会保障资金的专款专用。加强农村居民对社会保障项目运行及资金使用监管，打造透明化的农村社会保障体系制度，避免出现社会保障资金被挪用滥用等行为。此外，在保证农村社会保障资金稳定安全的前提下，进一步采取市场化的投资渠道实现资金保值增值，提高农村社会保障资金的配置效率。

三是拓宽农村社会保障资金筹集来源。在政府承担托底救助、基本公共服务体系建设责任的同时，应积极引导和支出社会资本参与进来，在明确不同主体间支出责任基础上，强化激励机制和制度保障。重视发挥慈善公益机构等社会组织作用，引导社会募集资金进入农村社会保障体系，同时鼓励经济发达地区增加对欠发达地区的资金扶持和帮助，拓宽农村社会保障资金筹资渠道，并逐步形成政府、市场、社会组织及个人等多主体全方位的资金供给机制。

（三）加强立法力度，推进农村社会保障法律体系建设

一是加快农村社会保障立法进程。尽管2010年我国就出台了《中华人民共和国社会保险法》，但覆盖范围相对较窄，对于农村居民的社会保险也只是在附则中给出概括性规定，即“国家建立和完善新型农村社会养老保险制度。新型农村社会养老保险实行个人缴费、集体补助和政府补贴相结合”，缺乏系统的法律政策规范。因此，要加快补齐农村社会保障领域法律空白，以农村现有的经济发展水平和发展速度为依据，针对农村社会保障制定相应的法律法规，大力加强失地农民、农民工的社会保障以及农村社会救助等法律制度的建设，增强农村社会保障项目的法律依据。

二是衔接好农村社会保障与其他专项法律之间的关系。在农村社会保障立法基础上，处理好与其他部门专项法之间的衔接，提高立法层次和质量。例如，完善的农村社会保障法律体系必然涉及养老保险、生育保险等方面内容，而《劳动法》中对社会保险和社会福利也有明确的法律规定，必须加大不同法律法规之间的衔接力度。

（四）加大宣传力度，提高农村居民参保率

一是纠正农村居民的传统观念，增强农村居民自我保障意识。在我国部分地区农村居民“养儿防老”“养儿防病”的传统观念仍然存在，农民对社会保障意识认识严重不足，需要进一步加强宣传力度，加强政府相关职能工作人员以及村干部上门走访、讲解、宣传，并借助媒体、广播、宣传册、宣传会等多种形式，让每一位农村居民真正认识和了解社会保障的重要性和必要性，在更新农村居民的社会保障观念的同时，让农民自愿参加社会保障项目，提高参保率。

二是加强社会保障工作指导，引导农村居民树立科学的社会保障理念。在着力培养和提高农村居民自我保障意识的基础上，政府职能部门应进一步给予具体保障项目的工作指导，针对农村经济社会发展阶段提供适度的、适宜的社会保障内容，引导农村居民对社会保障项目的合理预期，正确认识农村社会保障意义和作用，避免出现过于依赖和过度放大社会保障等现象，推动农村社会保障制度更可持续发展。

五、落实服务型政府，形成扩大消费需求的政府治理依据

根据前文分析可以发现，政府的政策变动对于农村居民消费影响作用明显，同时，良好的市场运行环境也离不开政府的宏观管理和调节，但关键是处理好市场和政府的关系。因此，落实服务型政府，形成扩大消费需求的政府治理依据，是促进农村居民消费的制度保障和软环境约束。

（一）创新社会管理，牢固服务群众意识

一是服务理念。社会管理的最佳途径是在服务中实施管理，在管理中体现服务。构建服务型政府首先要有公共服务的理念和意识，深刻理解公共服务的本质和目标，把服务群众作为社会管理创新的主要任务，在就业、养老、医疗、教育、居住等方面提供援助和服务，切实解决和保障好居民生产、生活的根本利益问题。特别是随着老龄社会的到来，迫切需要完善和改善公共服务模式和方式，解决好特殊群体的服务需要，提供特色化、差异化的社会公共服务管理。

二是以人为本的理念。牢固树立群众利益至上的观点，以群众的认同、反对、自愿和支持为社会管理的出发点和落脚点。创新政府社会服务方式，优先采取措施改善民生，切实解决好老百姓最关心、最根本的现实问题，提高人民群众幸福感，使人民群众在社会管理创新中真正享有便利和利益。

三是灵活性理念。社会管理的灵活性要求摒弃传统政府的强制管理模式，不仅仅停留在监督管理的职能上，而是要更加注重公众的认同与合作，通过多元化、人性化的手段改革和创新公共服务方式，提高社会管理效率，实现社会管理目标。积极培育市场主体，充分发挥市场机制

作用，激发市场活力，与此同时，政府更多的是行使好监管职能，进一步完善政府治理，优化政府结构，创新管理方法，营造良好的经济社会环境。

（二）强化政策配套和引导，营造良好的农村居民消费环境

一是建设和完善鼓励和引导农村居民消费的政策体系。充分发挥财税、金融、土地等配套政策对提高农村居民消费预期、增强农村消费信心等方面的积极促进作用。强化以养老保险、医疗保险、失业保险、工伤保险以及生育保险为基础的社会保障政策的落实力度，建立多层次的农村社会保障体系，并通过社会保险、社会福利、社会救助、优抚安置等政策配套体系，夯实农村居民基本生活需求底线，提升低收入群体的消费能力。完善农村居民最低生活保障制度，特别是对于经济欠发达地区，要进一步强化中央财政的分担机制，减轻市、县财政负担。同时，部分地区仍存在城乡居民最低生活保障标准不统一的现象，必须加快城乡统一进程。进一步提升金融政策对促进农村居民消费的推动作用，在促进居民消费信用制度建立的同时，积极鼓励消费金融创新，加快消费信贷法律体系建设，规范农村消费信贷，在合理控制信贷风险的前提下，积极推进资产证券化，盘活抵押资产的流动性，激发和调动农村居民的消费潜力。

二是健全市场标准和信用体系建设，营造良好的消费环境。加大城乡产品和服务的标准体系建设，在政府主动制定标准的基础上，充分发挥市场主体的协调配合，有针对性制定城镇和农村消费领域的产品标准和服务标准。面对农村居民日益升级的消费需求，进一步提升消费产品和服务质量，引导智能化、个性化、定制化等消费品在农村市场领域的标准制定。建立健全消费评价体系，加强消费产品和服务的线上线下质量监督管理制度，完善检测结果反馈和改进跟踪机制。加大执法监督力度，严厉打击假冒伪劣商品的生产、销售等行为，健全消费者维权机制。加快完善消费领域的信用体系建设，运用媒体、网络等多种形式，公布失信人员信息，特别是对于涉及生命安全的食品、医疗等领域，依法严惩相关市场主体。

三是健全消费宣传和引导机制。多层次、多渠道开展宣传、教育、引导，促使农村居民树立理性的、科学的、健康的、文明的、绿色的消费理念。以科技下乡、教育进村、教育进校、家电下乡等活动为依托，开展消费教育、宣传与规范引导工作。同时，利用微信群、QQ 群、公众号、政府热线等各级各类媒体网络平台，及时发布和宣传相关消费政策、消费预警以及消费惩治等信息，并在农村设立宣传咨询服务处，构建良好畅通的消费宣传推介和信息引导机制，形成良好的消费氛围。

附录　扩大居民消费的传导效应分析

第一节　传导机制

一、前向传导机制

“需求引致创新”，在全球范围内，居民消费需求对技术创新和产业变革的拉动作用更为明显（Zweimuller，Brunner，2005）。新技术的嵌入对传统国际分工体系的冲击和重塑，激活传统产业改造升级的内生动力，尤其在生产分配方式以及全球产业资本流向等方面的重大影响，以及新的产业群体的产生，必然会对已深深嵌入国际产业链分工的中国经济带来很大挑战，制造业和服务业逐步融合发展，新的制造业模式产生，进而打破制造环节产业链低端化格局。在新一轮科技革命背景下，随着社会消费品的增多，消费者的消费需求得到更大程度的满足，逐渐从低层次向高层次发展，消费需求多样化，消费内容丰富，消费质量提高，消费领域扩展。以舒尔茨等（2002）为代表提出的以“消费者需求”为导向的“4C 理论”认为，消费者是企业一切经营活动的核心，顾客的欲求与需要、顾客获取满足的成本、顾客购买的方便性及沟通是企业生产活动的出发点。因此，新一轮科技革命背景下的居民消费升级，必然会对技术创新和产业发展及其转型升级带来深层次影响，主要体现为以消费观念、消费模式、消费业态变化为主要特征的消费升级，在竞争机制和价格机制的作用下，进一步影响技术创新和产业变革，其传导机理可以通过附录图 1 表示。其中，居民消费升级主要体现在居民消费观念、消费模式、消费业态的变化，而这三方面的变化可以通过商品的最低消费量、收入弹性和不同商品的消费份额来反映，结合两条基本传导机制，得到如下作用形式图。

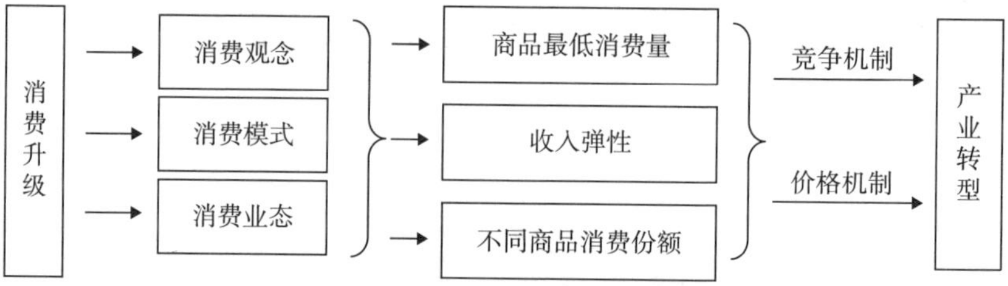

附录图 1　居民消费升级对产业转型影响的作用机理

二、后向传导机制

随着经济增长要素全球流动加剧，世界经济步入了一个新阶段，经济全球化进程进一步加快。随着我国对外开放程度的不断提升，在享受全球化带来经济增长的同时，我国居民消费也受到了很大影响，这种影响不仅表现在物质产品全球化领域，即通过投资、贸易等方式对居民的收入、就业产生影响，进而导致居民消费行为发生变化；而且还表现在精神产品全球化领域，即通过国际间文化、体育、旅游和互联网等交流影响居民消费偏好，进而使居民消费行为发生改变。对于全球化给消费带来的影响，Konya 和 Hiroshi（2004）通过全球化背景下的 OECD 国家居民的消费差异的研究发现：不仅 1985—1999 年 OECD 国家居民消费趋于收敛，而且提高贸易壁垒和 FDI 将有助于国家间消费收敛。而在精神全球化对居民消费影响方面，Jams（2000）发现全球化有助于发达国家对发展中国家消费示范作用的传导机制的实现。

第二节　前向传导：以居民消费需求变化对产业转型升级影响的传导效应为例

一、引言

新一轮科技革命已然发生，它是以互联网通信技术发展为核心，以新能源、新材料、新制造技术等重大技术突破和发展为基础，使生产方式更加智能化、数字化，是新兴科技与新兴产业的高度融合，并随着3D打印等一系列新技术的发明和运用，使得社会生产方式、生产流程、组织方式以及人们生活方式更加数字化、效率化和智能化，企业生产交易成本降低，居民消费方式发生很大变革，淘宝、阿里巴巴等电子商务运营方式逐步替代传统模式。对新一轮科技革命可以从狭义和广义两方面来理解，广义内涵指的就是波及整个制造行业的制造业革命；狭义内涵就是我国布局发展的战略性新兴产业和高新技术产业的融合。我国确定的战略性新兴产业包括七大领域，即节能环保、新一代信息技术、生物医药、高端装备制造、新能源、新材料和新能源汽车。而新一轮科技革命融合了新材料、新能源、纳米技术、生物医药和信息技术，所以新一轮科技革命引发的“制造业革命”与我国战略性新兴产业和高新技术产业有重合的地方，进一步拓宽了我国战略性新兴产业的重点和范围。随着人们对其认识的深化，将孕育出一场新的影响深远的工业革命。

在新一轮科技革命背景下，随着信息社会的发展，社会消费品的增多，消费者的消费需求得到更大程度的满足，逐渐从低层次向高层次发展，消费需求多样化，消费内容丰富，消费质量提高，消费领域扩展。这主要体现在三个方面：一是新一轮科技诱发的居民消费观念转变。居民越来越追求个性化、智能化消费，更加注重生态、环保等绿色消费，更加追求精神文化消费。二是新一轮科技诱发的居民消费模式变化。一方面，居民消费模式总体呈现出从生存型消费模式向发展型消费模式和享受型消费模式的递推，另一方面，三种消费模式内部出现结构性升级。三是新一轮科技革命诱发的居民消费业态变化。在新一轮科技革命引领下，网络更加健全，覆盖面更加广泛，通信方式更加多样化，手机、平板电脑和移动设备终端都可以方便快捷地获取信息，使得网络购物、体验式购物成为重要的新型消费业态。

新一轮科技革命诱发的居民消费升级，势必给产业转型带来了很大的发展机遇，主要体现为：一是信息技术的嵌入有利于制造业和服务业的融合发展。随着信息技术向工业和服务业的全面嵌入，传统制造的产品生产流程将会发生变化，二、三产业边界越来越模糊化，逐步从分工生产转向融合生产，产业边界渐趋模糊，制造者不单提供产品，更重要的是提供与该产品配套的包括操作程序、配套软件等在内的完整的服务系统。制造业和服务业不仅在产业链上纵向融合，产业链本身也将重组，产品从设计、生产到销售的各个环节都需要实现二、三产业的深入融合。二是催生新的产业群体，有利于战略性新兴产业进一步壮大发展。新材料、高端数控机床、工业机器人将成为制造业中最活跃的行业，为江苏新能源、新材料、生物技术和新医药、节能环保、新一代信息技术和软件、物联网和云计算、高端装备制造、新能源汽车、智能电网和海洋工程装备等战略性新兴产业的发展提供了新的产业载体。三是有利于缓解日益趋紧的要素约束。新一轮科技革命将催生一大批围绕信息技术、新制造技术、新材料技术的新兴制造业，这些产业虽然属于工业中的制造业，但要素投入量和要素结构却非常适合城市的资源供给特征。四是促使新的制造业模式产生，打破制造环节产业链低端化的格局。制造业中传统制造业和组装加工业所占的比重较大，企业多数处于中低端加工组装环节，没有自主技术和品牌，产品加工的附加值低。高新技术产业虽有一定的发展，但实际的技术含量不高，市场的竞争能力有限。新一轮科技革命的到来不仅将催生一批新兴产业，也将为传统产业的转型和发展注入新的动力。但是，这种新的模式对传统国际分工体系的冲击和重塑作用不容小觑，尤其在生产分配方式以及全球产业资本流向方面产生重大影响，这必将对已深深嵌入国际产业链分工的中国经济带来很大挑战：一是劳动力资源的结构性供需矛盾更加突出；二是外资减少进入并逐渐回流至发达国家；三是关键技术领域与发达国家的差距有可能拉大；四是理念和机制等方面还存在不少不相适应的地方。

2010 年中国地区生产总值首次超过日本，位居全球第二位，与此同时，国家创新能力稳步上升。中国科学技术发展战略研究院发布的《国家创新指数报告 2013》显示，中国国家创新指数排名在全球 40 个主要国家中已升至第19位，特别是在发明专利申请和授权等方面表现突出，知识创造排名由2012年的第24位跃升至第18位，创新环境排名由2012年的第19位提升到第14位。这意味着中国已经积蓄了足够的能量，经济总体上正在由投资驱动向创新驱动的嬗变。虽然中国产业结构调整已取得了不小的成绩，然而，在实现转变发展方式质的飞跃前，还存在着一些制约体制机制等内部问题和外在因素，如何抓住新一轮工业革命给产业转型升级带来的机遇，防止陷入因创新不足而导致经济发展长期停滞的“中等收入陷阱”十分关键。因此，面对此轮科技革命带来的新一轮居民消费升级，有必要搞清楚其对中国产业转型发展的影响，不仅对我国经济持续平稳发展，基本实现现代化具有非常重要的现实意义，而且对于其他发展中国家产业转型升级研究具有典型性和示范性。

二、理论基础

新一轮科技革命带来的居民消费升级必然会对产业转型带来深层次影响，主要表现在新技术的嵌入对传统国际分工体系的冲击和重塑，激活传统产业改造升级的内生动力，尤其在生产分配方式以及全球产业资本流向等方面的重大影响，以及新的产业群体的产生，必然会对已深深嵌入国际产业链分工的中国经济带来很大挑战，制造业和服务业逐步融合发展，新的制造业模式产生，进而打破制造环节产业链低端化格局。

（一）恩格尔效应

恩格尔效应主要是指商品需求量的比重会随经济增长发生变化。各种产品需求收入弹性不同而带来的恩格尔效应影响产业结构进而导致经济结构的变化（Acemoglu，2009；Kongsamut 等，2001）。具体而言，随着居民收入水平的提高，对各种商品的边际效用的不成比例变化，进而产品的边际替代率发生变化，人们的消费需求结构也将发生改变。需求收入弹性大的产品的市场需求空间也大，会通过市场机制和价格机制的作用激励企业进行技术创新和产品创新，率先进行技术创新的企业会先占领市场，获得利润空间越大，从而对市场供给的产品越多，企业也会根据市场竞争情况对进入或退出某个行业做出选择，并最终影响产品供应量的结构变化，从而改变生产方式和增长率（Lucas，1988；Utterback，1999），由此引起产业结构变化。

（二）社会再生产效应

根据马克思主义关于社会再生产与消费关系的理论，从消费在社会再生产总过程中的地位来看，消费需求结构是产业结构最重要的制约因素。在社会生产总过程中，消费是生产的目的和终点，又是新的生产的起点。消费资料结构的变化，会引起生产消费资料生产结构的变化，同时，通过产业关联机制、价格机制等作用，消费资料生产结构的变化又会影响到生产资料生产部门的变化，从而引起两大部类生产的变化。

三、传导路径

（一）路径设置

通过消费结构对产业结构影响的理论基础分析，研究认为新一轮科技革命背景下的消费结构升级，主要是通过以下两条传导机制对产业结构产生影响。

1. 通过竞争机制引起产业结构调整。

在新一轮科技革命背景下，由于技术进步以及互联网信息技术的发展，居民消费观念、消费模式和消费业态不断升级，同时伴随着居民个人实际可支配收入的增加，进一步追求个性化、智能化、生态环保型消费，以及对国外消费需求的“看齐”和“攀比”等因素都会促进形成新的消费需求。当这种新的消费需求达到一定规模时，就会在改变消费需求结构的同时，进而对产业结构产生重要影响。具体来说，新一轮科技革命带来的消费需求改变，使得人们对传统产品需求减少，对新产品需求快速增加，促使技术创新加快，技术的变迁使不适应需求的产品大量过剩，导致生产该产品的行业发展萎缩，从业人员相应缩减，旧产业发展受阻直至退出市场，进而引起产业结构和消费结构的重新构建。那些适应消费者需求变化的产品将会适销对路，甚至供不应求，从而进一步导致生产该产品的新产业快速成长，生产要素转移到新产业，新旧产业地位更迭，新兴产业成为主导产业，产业不断升级。

2. 通过价格机制引起产业结构调整。

新一轮科技革命背景下，消费需求变化对产业结构的实际影响主要是通过价格机制实现的。一方面，消费需求通过商品价格影响产业结构。价格体系在向生产者传递关于物品和服务需求的信息的同时，也向生产者传递关于生产成本的信息。另一方面，消费者收入份额的变动影响产业结构。需求的发展性和传递性产生了劳动收入非均衡增长效应并引导产业升级，技术性工人的工资增长率远远高于非技术性工人，技术性工人的收入份额也高于非技术性工人，这造成了对不同产业的产品需求和产业内不同产品的需求。

（二）作用形式

新一轮科技革命背景下的居民消费升级，主要表现在居民的消费观念、消费模式、消费业态的改变，其对中国产业转型升级影响的作用表现为以下三个方面。

1. 居民商品（服务）最低消费量变化到产业结构的调整。

居民商品（服务）的最低消费量反映了居民可支配收入中用于消费部分的比例。新一轮科技革命对居民消费观念产生了重大影响，反映在对个性化、科技化消费、绿色消费等消费量增加。居民的最低消费量在居民消费中的比例总体呈上升趋势，而且居民消费的重点也会发生变化，比如，从维持生存的粮食消费向营养价值更高的产品转变，甚至在外就餐服务增加。居民最低消费量的整体提升，在不改变居民的商品消费结构时，各产业产品的消费量都增加了，所有产业部门产品的相对价格也会提高，根据价格传导机制，生产者会扩大生产，增加投资，产业规模扩大。需求诱发产业供给的增加，通过市场优胜劣汰机制，所有产业在这一过程中实现了整体的发展，满足了不断增加的消费需求。

2. 收入弹性变化到产业结构的调整。

居民需求的收入弹性是指在价格和其他因素不变的条件下，由于消费者的收入变化所引起的需求数量发生变化的程度大小。在新一轮科技革命的背景下，居民收入的提高将对不同产业的产品的需求弹性产生变化，反映了居民消费模式的变化，整体上呈现出对高层次产品的需求弹性大，并导致相关产业快速壮大，对低层次产品的需求弹性变小，导致相关产业发展较慢。居民收入提高将会导致不同层次消费品产业之间的非均衡增长，收入弹性高的消费品，价格也相对较高，收入弹性低的消费品，价格也相对较低，生产者会通过价格机制对产业方向做出相应的调整，不同层次的消费品产业会打破原有的市场体系，进而实现产业升级。

3. 不同商品消费份额变化到产业结构的调整。

居民对不同商品的消费份额反映了居民消费内容和消费渠道的情况，间接反映了消费业态的变化。因此，消费者在进行消费份额内部调整时，会通过市场优胜劣汰机制和价格机制对原有产业部门产生影响，并产生一些新的生产性服务部门，导致原有产业产品内部比例发生变化，而且会通过产业间的相互关联作用促使其他产业也进行相应的调整，最终促进新兴产业产生和落后产业退出市场，实现产业的升级。

四、模型选择和数据说明

为了更好地反映出居民消费升级对产业转型影响的主要特征，本文进一步通过定量分析的方法，基于构建的可计算一般均衡（Computable General Equilibrium，CGE）模型，通过商品的最低消费量、收入弹性和不同商品的消费份额等外生变量和参数的变化体现，体现居民消费观念、消费模式和消费业态升级，并进一步从相关产业产出总量及其产业结构两个方面，估计居民消费升级的外生冲击对产业发展影响，并进行比较静态分析。研究中所采用的基本分析工具是以国务院发展研究中心与世界银行合作共同建立的中国经济可计算一般均衡模型为原型为基础，并进行了一定的修改[①]。

此外，由于新一轮科技革命直接影响作用的产业主要集中于新兴产业，与我国高新技术产业的指导目录所涉及的产业有很大的关联性，因此，在研究时充分参照我国高新技术产业规定，并结合新一轮科技革命的特点，着重对互联网信息传输业、电子计算机及办公设备制造业、电子及通信设备制造业、生物医药制造业、仪器仪表制造业、电气设备制造业、新材料制造业、航空航天制造业等新兴产业加以分析，并将其他产业归并为传统产业，结果如附录表1所示。考虑到新能源制造业在CGE模型所需的基础数据投入产出表中无法体现，所以，本文暂不考虑。

五、居民消费升级对产业转型影响的实证分析

附录表1　消费升级对产业转型影响的比较静态分析　（单位：%）

产业		消费观念影响		消费模式影响		消费业态影响	
		总量影响	结构影响	总量影响	结构影响	总量影响	结构影响
新兴产业	互联网信息传输业	9.63	8.44	5.59	4.69	4.71	3.42
	新材料制造业	0.98	0.07	1.26	0.28	0.69	0.07
	电气设备制造业	1.04	0.27	1.18	0.23	1.01	0.64
	生物医药制造业	1.13	0.3	1.3	0.34	0.78	0.01
	仪器仪表制造业	0.84	0.06	0.85	0.11	0.56	0.15
	电子及通信设备制造业	1.27	0.41	1.48	0.43	0.99	0.15
	电子计算机及办公设备制造业	1.34	0.75	1.91	0.72	1.22	0.27
	航空航天制造业	0.2	0.08	1.12	0.16	0.13	0.09
传统产业		0.94	0.02	0.80	0.45	0.58	0.17

数据来源：根据可计算一般均衡模型情景模拟得出。

从不同的消费需求变化方式看，居民消费模式变化对产业转型发展的影响作用最大。通过附录表1可以发现，居民消费模式变化对产业转

① 具体详见范金等（2008）。

型发展的影响作用最大，总量影响系数大都超过 1.2。其次是消费观念的影响，而消费业态变化对产业转型发展影响相对要小。消费模式对产业转型影响程度均大于其他两种方式。由于居民消费模式主要表现为生存型消费模式、发展型消费模式和享受型消费模式，因此，在新一轮科技革命背景下，要加强互联网信息传输、电子计算机及通信设备等新一代信息技术、生物医药、新材料等制造业的发展，不仅要有序推进生存型向发展型和享受型消费模式的转变，同时还要推动三种消费模式内部的结构性升级。

从不同影响作用看，居民消费升级对产业总产出的总量影响均大于结构影响。新一轮科技革命背景下的消费升级对产业转型的影响，更主要是通过产业总产出的变化来体现，这不仅可以从产出总量变化角度，也可以从各产业占所有产业总产出的比例变化角度来反映。因此，通过对产出变化分析可以看出，新一轮科技革命背景下，无论是新兴产业还是传统产业，居民消费升级对其总产出的总量影响均大于结构影响，相对而言，结构影响程度均在 0.25%左右。但是，就不同产业比较而言，其总量影响和结构影响却又均呈现出相应的产业特征。

从不同产业受影响程度看，居民消费升级对互联网信息传输业影响最为明显。其影响程度达到其他新兴产业的 5 倍左右。其次是电子及通信设备制造业和电子计算机及办公设备制造业，航空航天制造业和仪器仪表制造业受影响相对较弱。可见，新一代信息技术作为新一轮科技革命的核心产业，计算机、通信设备、家庭视听设备、电子器件和电子元件制造业的产品在居民消费中将占有更大的比例。例如云计算、大数据、物联网等高新技术在新一轮科技革命的背景下，将与其他产业紧密相连，实现信息共享，进而促进居民消费升级和产业转型。

相对于新兴产业，传统产业受居民消费升级影响较弱。新一轮科技革命主要是通过新兴科技与新兴产业的高度融合，实现生产、生活方式的智能化和数字化，因此，由此引发的居民消费观念、消费模式和消费业态的升级，对互联网信息传输业、新材料制造业、电气设备制造业、生物医药制造业、电子及通信设备制造业、电子计算机及办公设备制造业等新兴产业的冲击影响相对于传统产业更大。尽管如此，传统产业在产业升级中的作用不可小觑，尤其是居民消费观念升级对传统产业产出总量影响也较为明显，影响系数达到0.94。可见，传统产业在产业总体中仍占有一定的比重，消费升级对传统产业无论从总量影响还是结构影响都有一定的带动作用，因此要重视对传统产业的技术改造，提高工艺、技术和装备水平，提高附加值产品比重，淘汰落后产业，提高传统产业的节能环保水平。

从具体行业看，生物医药制造业仍需依赖于传统消费渠道的延伸和拓展。尽管消费模式升级使得居民对医疗保健消费需求增大，相应地，生物医药制造业总产出增加，但是，从消费业态看，生物医药制造业仍需依赖于传统消费渠道的延伸和拓展，新一轮科技革命催生的电子商务等新型消费业态对其影响较小，特别是从产出比例结构看，影响程度仅有0.01%，作用微乎其微。这主要与生物医药产品的特殊性有关，生物医药产品是关乎居民生命安危的产业，国家不断加强对其监管，尤其是2011年的“限医令”出台后，对一些假医务人员及非法生物医药产品利用网络虚假宣传、售卖等非法行为的网络监督和管理更为严格。

新材料和电气设备制造业受消费观念和消费模式变化影响较大，在产业转型升级中也发挥着重要作用。尽管新材料和电气设备制造业受影响程度不是最大，但总的来看，由于受到居民消费观念和消费模式变化的影响，在产业转型升级中也发挥着重要作用，总量影响系数均达到1.2左右。新材料作为高新技术产业和新一轮科技革命中的典型产业，该产业的发展能够为新能源、汽车制造、电子设备、医疗卫生器械等尖端产业发展提供性能更高的基础材料，进而能够应用到与居民消费密切相关的领域，比如运动器材和日常生活用品等。同时，随着居民消费模式和消费观念的不断升级，将会促进电气设备制造业数字化智能电网、配网扩容等技术升级应用过程中，通过与互联网信息传输的结合，进而推进产业的高端化、智能化发展。

六、结论及对策性建议

面对新一轮科技革命蓄势待发的历史性机遇，我国如何抓住先机，重塑产业分工格局，进一步强化其领先优势，形成从“中国制造”向“中国创造”转变的创新驱动战略，是我国产业转型与居民消费升级协调发展的关键所在。结合新一轮科技革命背景下居民消费升级对产业转型影响机制及其特征，本文认为应从硬环境和软环境建设两方面入手。

（一）硬环境建设

中国作为制造业大国，硬环境建设的程度直接决定了产业转型升级的程度。在新一轮科技革命背景下，我国应该从以下几个方面着手建设硬件设施环境，为推进结构调整和转型升级打好基础。

一是深度推进信息技术及其配套设施建设，充分发挥互联网信息传输业在新一轮科技革命中的牵引作用。坚持以信息化带动工业化，集中攻克制约江苏省主导产业发展的关键技术、共性技术、前沿技术，大力推进制造业向产业链高端攀升，以技术创新和产业创新引领产业结构转型升级，加快提升产业技术创新水平和产业集群竞争力，占领先进制造业的高端阵地，抢占新一轮产业发展制高点，使中国的自主创新能力和产业整体水平迈上一个新台阶。深度推进信息传输设施的建设，重点推进信息网络升级和信息公共服务平台建设，促进信息技术产业的深度发展，提升信息化和工业化融合发展。要抓住 4G 网络发展、云计算、大数据、移动互联网等新兴业态机遇，推进信息技术基础设施建设，充分利用新一轮科技革命催生的新产业和产品，推动居民信息消费升级，并实现产业转型升级。

二是继续加强文教娱乐、医疗保健等商品（服务）发展，充分发挥发展型和享受型消费模式对产业转型的积极推动作用。坚持把服务业作为推动新型工业化道路的重要手段，把服务业作为社会主义现代化建设的重要途径，以“生产服务业集聚化、生活服务业连锁化、基础服务业网络化、公共服务业均等化”为方向，整合全球资源，加快发展服务业优势产业，发展高端服务业，加强服务业载体建设，完善服务业发展政策，发展创意文化产业和知识产权服务业为制造业发展服务，促进服务业发展提速、比重提高、结构优化，努力实现二、三产业融合、协调、互动发展。尽管新一轮科技革命背景下，居民消费升级有利于生物医药产业产出增加，但其业态仍依赖于传统销售渠道，因此，要进一步加强国家对生物医药类产业监管，尤其是加强渠道建设、维护和监督，规范经营管理。此外，继续做深、做透、做强电子计算机及通信设备制造业、新材料、电气设备制造业等战略性新兴产业，拓宽战略性新兴产业的范围和重点领域，为居民消费模式升级提供硬件支持。

三是加大改造提升传统产业力度，重视传统产业在新一轮科技革命中的基础作用。尽管新一轮科技革命背景下，居民消费升级对传统产业影响相对新兴产业较弱，但其作用不可小觑。传统产业的发展程度是产业发展的重要基础，同时也是方便居民生活和实现消费升级的重要基础。因此，要把新一代信息技术新成果充分融合渗透到传统产业中，运用高新技术和先进适用技术，加快传统行业的技术改造，严把能评、环评关，继续依法淘汰落后产能；大力实施名牌战略，形成一批在国际市场具有较高知名度和竞争力的品牌，不断推进传统产业和新兴产业两化融合向纵深发展，并通过传统基础设施产业的提升优化，为发展新兴产业奠定基础。

四是继续强化各种创新平台支撑，全面优化硬环境建设。首先，作为转型升级和创新驱动的重要平台，要一步加强北京中关村、武汉东湖、上海张江以及安徽芜蚌自主创新示范区建设，加快苏南现代化建设示范区的建设。要大力发展高科技和节能环保的高端制造业和现代服务业，实现跨区域协调发展和深入一体化发展。其次，重视各地高新技术开发区、孵化器和科技创业特别社区等平台的建设。要对这些创业创新载体进行全面布局，设计高标准建设孵化器、加速器及配套设施。各产业园要结合自身资源发展重点产业和优势产业，实现有重点有特色的发展。最后，加强融资平台建设。除政府对战略性新兴产业的发展提供财政资金支持外，还要继续鼓励风险投资机构对战略性新兴产业的投资，鼓励银行等金融机构对战略性新兴产业的信贷支持，鼓励有条件的企业上市融资。

（二）软环境建设

软环境是与硬环境相对应的，除了物质条件以外的外部条件，比如政策、文化、制度、法律等都属于软环境范畴。我国产业转型升级，需要软环境建设为其营造良好的氛围，具体体现为从操作理念、政策制定、体制机制、法律规范四个方面着手，与硬环境互动发展，实现产业顺利转型。

1. 操作理念。

在政府层面，着力推动政府的扁平化管理理念，增强政府服务意识和能力。一是推动服务型政府的职能转变。面临新能源和互联网相结合的第三次工业革命所催生的创新驱动战略，既是发展方式的转变，也是体制机制的改革，必将对“以权力为中心，以控制为单位”的传统政府职能产生巨大而深刻的影响，迫切需要政府及时转变职能。政府的一些传统职能将随着向社会的转移而弱化，政府做的应该是简政放权，向服务型政府转变，即政府职能主要转化为“有效地维护国家安全和公共安全、必要的行政监督与政策法规的制定、高质量的公共服务与公共管理”。二是政府应大力营造一个激励自主创新的环境。政府通过制定科技战略规划，到制定科研投入政策、人才培育引进政策、激励政策、金融税收扶持政策、知识产权保护等政策，为企业、科研院所和个人自主创新提供最佳环境，为企业创新驱动发展，不断开拓国内外市场创造机会。

在企业生产者层面，着力推动企业成为技术创新主体，增强企业创新能力。一是强化企业技术创新主体地位。发挥经济科技政策的导向作用，推动企业树立自主创新的发展理念，增强企业技术创新的动力和活力，使企业真正成为技术创新的主体。二是妥善处理好自主创新与技术利用、技术转化之间的关系，既要引导企业加大对自主创新活动的投入力度以及对创新人才的培育力度，掌握关键技术，培育自主品牌，又要引导企业积极学习先进技术和经营理念，提升技术创新能力和管理创新能力。三是着力增强中小企业的创新活力。继续完善对中小企业科技创新的优惠政策，建立相应的专业市场以及生产力转化平台，为中小企业开展技术创新营造良好外部环境。中小企业应抓住机遇、创造条件，根据市场变化调整发展战略，加大技术研发投入，积极创新产品、拓展市场。四是第三次工业革命时代要求企业生产者更加贴近消费者与消费市场。第三次工业革命时代，消费者越来越注重个性化、定制化的各种需求，这就要求企业在生产过程中强化产品内部结构的标准化，以零部件的批量生产来降低成本，同时增加顾客可感知的外部结构的多样化，以多元化外部构造来满足个性化需求。

在居民消费者层面，着力推动居民消费的网络化、智能化和个性化转变。一是居民消费观念上更追求节能化、定制化和人性化。第三次工业革命时代下，消费者在购买产品时更注重品牌、品质、个性设计、新技术等方面，而价格不再是影响购买的最主要因素。节能低碳是大势所趋，是能源革命的重点，智能化通过网络技术和通信技术的演进不断完善，而人性化则是考虑不同的人群——老年、少年、中青年等的衣食住行特点，包括他们所居住的环境不同，根据时节的变化，都能提供定制化的产品。二是居民消费模式上追求从生存型消费模式向发展型消费模式到享受型消费模式的推进。同时，对于不同消费模式也强调内部的结构型升级。三是居民消费业态更加网络化、电子化。在第三次工业革命的引领下，互联网络势必更加健全，通信方式也会发生更多的变化，从手机、平板电脑乃至将来更为先进的移动设备等作为通信终端，消费者可以更便捷、更快速得到自己想要的信息，商家也会通过渠道的变革加快产品传送到消费者手中的速度，最终形成消费者与产品的无缝衔接。

2. 政策制定。

改变政策要比改变理念容易得多，新加坡就是受益于正确的政府政策制定而崛起的现实例证。在面临新一轮科技革命诱发的居民消费升级背景下，我国要顺利实现产业转型升级，应重点制定有利于发展战略性新兴产业的优惠政策，将促进产业转型升级与应对第三次工业革命结合起来。淘汰落后的高耗能产业，实现信息化工业化融合发展，对创业园区提供财政、税收、土地、金融支持，引进高科技人才，发展高技术企业，为制造业转型升级和高端现代服务业发展提供政策支撑，着力营造良好政策环境。要加大政府科技投入力度，引导企业和社会增加研发投入，加强知识产权保护工作，完善推动企业技术创新的税收政策，加大资本市场对科技型企业的支持力度。完善和落实促进科技成果转化应用的政策措施，实施技术转让所得税优惠政策，用好国家科技成果转化引导基金，加大对新技术、新工艺、新产品应用推广的支持力度，研究采取以奖代补、贷款贴息、创业投资引导等多种形式，完善和落实促进新技术、新产品应用的需求引导政策，支持企业承接和采用新技术、开展新技术、新工艺、新产品的工程化研究应用。完善落实科技人员成果转化的股权、期权激励和奖励等收益分配政策。综合运用买方信贷、卖方信贷、融资租赁等金融工具，引导银行等金融机构加大对科技型中小企业的信贷支持。

3. 体制机制。

市场机制和政府宏观调控有机结合，为推进产业转型升级提供制度保障。一方面，要全面规范服务型政府的组织、计划、协调、控制职能，加强科技型企业培育、科技资源配置、科技成果转化以及科技应用环境等方面的体制机制创新，有序实现我国产业转型升级。另一方面，注重科技体制改革与其他方面改革的衔接配合，注重科技体制改革与其他方面改革的衔接配合，处理好改革发展稳定关系，把握好改革节奏和进度，统筹安排，稳步推进。认真研究和妥善解决改革中遇到的新情况新问题，对一些重大改革措施要做好试点工作，积极稳妥地推进改革。加强宣传和舆论引导，大力宣传科技发展的重大成就，宣传深化科技体制改革的重要意义、工作进展和先进经验，及时回应社会关切，引导社会舆论，形成支持改革的良好氛围。

4. 法律规范。

新一轮科技革命背景下的产业转型升级，更主要的是从一般加工业向战略性新兴产业和现代服务业转变，其产业转型过程中必然涉及专利、品牌、核心技术和关键技术，而知识产权的保护是产品创新的重点，因此相应的保护知识产权的法律规范不可或缺。要适时实施标准化战略，掌握产品标准制定的话语权，对形成的自主品牌、知识产权和技术标准制定相应的法律规范，为其发展提供法律制度保障。加强知识产权的创造、运用、保护和管理，建立重大关键技术领域专利态势分析和预警机制。完善知识产权保护措施，健全知识产权维权援助机制。认真落实科学技术进步法及相关法律法规，推动促进科技成果转化法修订工作，加大对科技创新活动和科技创新成果的法律保护力度，依法惩治侵犯知识产权和科技成果的违法犯罪行为，为科技创新营造良好的法治环境。

第三节 后向传导：以全球化对居民消费需求影响的传导效应为例

一、引言

随着我国对外开放程度的不断提升，经济全球化进程进一步加快。在享受全球化带来经济增长的同时，我国居民消费也受到了很大影响，这种影响不仅表现在物质全球化领域，即通过投资、贸易等方式对居民的收入、就业产生影响，进而导致居民消费行为发生变化；而且还表现在精神全球化领域，即通过国际间文化、体育、旅游和互联网等交流影响居民消费偏好，进而使居民消费行为发生改变。长三角地区为中国经济活力最强、开放程度最高的区域之一，其引领中国经济增长的作用日益显著，研究全球化对该区域城乡居民消费行为的影响，具有重要的示范性。

伴随着资本、产品、人员和信息的全球流通，一方面，根据城乡一体化住户抽样调查，到2015年底，江苏、浙江和上海居民人均可支配收入分别达29539元、35537元和49867元，与2002年相比，分别增长了4.5倍、3.03倍和4.99倍；另一方面，长三角地区居民消费水平不断提升。以城镇居民为例，2002年以来，长三角地区城镇居民人均消费性支出以年均10%左右的增长率增长，到2015年底，江苏、浙江和上海地区城镇居民人均消费性支出分别达到20556元、24117元和34784元。可见，全球化在带来外资的同时，对居民生活也产生了很大影响，特别是居民的消费行为和消费模式。

此外，自从2007年下半年以来，受美国次贷危机以及中国宏观调控政策的影响，国内外生产、贸易环境发生了很大变化，同样对中国区域，乃至宏观经济增长和社会变迁带来重大影响，进而对居民消费产生相应冲击。所以，探讨物质全球化和精神全球化背景下中国居民消费差异性的变动规律，寻找当前经济低迷的突破口具有重大的现实意义和深远的战略意义。因此，本研究分别以反映物质全球化影响的外资流入和进口关税，以及反映精神全球化影响的边际消费倾向等指标变量的外生变化为例，对长三角地区全球化进程及其对居民消费影响进行情景模拟，并进一步对长三角内部江苏、浙江和上海地区做比较，从不同行业、不同地区等方面探讨全球化所导致的长三角地区居民消费差异。

随着经济增长要素全球流动加剧，世界经济步入了一个新阶段，全球化及其影响等问题引起了国际上越来越多学者的关注（Rothenberg，Pryor，2005；Sinn，2005；Naude，Coetzee，2004；Dutt，Mukhopadhyay，2005）。对于全球化给消费带来的影响，Konya，Hiroshi（2004）通过全球化背景下的OECD国家居民的消费差异的研究发现：不仅1985—1999年OECD国家居民消费趋于收敛，而且提高贸易壁垒和FDI将有助于国家间消费收敛。而在精神全球化对居民消费影响方面，Jams（2000）发现全球化有助于发达国家对发展中国家消费示范作用的传导机制的实现。

对于全球化对中国经济的影响，Fujita，Hu（2001）运用空间计量经济学理论，采用FDI和进出口作为全球化指标，研究了全球化对中国1985—1994年地区经济和社会产生的影响。但目前在全球化对中国居民消费影响研究方面相对较少。国内学者对于全球化的研究，主要集中在分析外资利用和跨国公司进入影响，及其带来的产业升级、数字鸿沟、收入差距等问题（刘世锦、冯飞，2002；刘志彪、吴福象，2005；万广华、张藕香，2008；李俊青、潘宇斌，2009），着重强调物质全球化领域对经济社会带来的影响，而对精神全球化影响研究尚不多见，尤其是对消费方面的影响研究相对较少，给本文研究提供了一定的研究空间。

已有消费定量分析大都采用线性支出系统、扩展的线性支出系统和几乎完美的需求系统等方法（包振强、范金，1998；威旭恒、孙文祥，2003；谭志雄等，2005），通过弹性分析，为决策者制定相关政策提供决策依据。但是，以上方法受变量数所限，特别是基于在其他条件不变下的局部均衡条件，其计算结果仅能获得局部最优，而非整体最优，从而在进行政策模拟分析时，仍存在一定缺陷。而可计算一般均衡（Computable General Equilibrium，CGE）模型，由于“具有严密的理论联系、经济范围内协调一致的相互影响作用机制、替代可能和非线性关系，以及价格内生和混合经济机制”等特点（郑玉歆、樊明太，1999），尤其是可以进行情景分析和冲击分析，已经逐步成为政策分析的一种重要工具，被研究人员广泛地应用于贸易、税收、能源、环境、经济发展和经济增长等各个领域（Brown et al.，1996；Giesecke，Madden，1997；Curler，Strelnikova，2004）。近些年来，建立中国的CGE模型已经成为我国学者们的研究热点之一。经过研究人员的努力，目前建立中国的CGE模型在中国加入WTO、环境、能源、税收改革、金融、企业改革、贸易自由化、养老保险、海峡两岸实现“三通”等政策和措施对中国经济社会可能产生的影响等方面已经取得不少研究成果（郑玉歆、樊明太，1999；李善同等，2000；周赤飞、邓述慧，1998；

Wang et a1.，2004）。CGE 模型的广泛应用为本文研究提供了一种有效地进行政策分析和情景模拟的工具。

因此，为了全面评估经济全球化对中国，特别是长三角地区居民消费情况的潜在影响，本研究拟通过构建的长三角地区 CGE 模型，分别以反映物质产品全球化影响的外资流入和进口关税，以及反映精神产品全球化影响的边际消费倾向等指标变量的外生变化为例，对长三角地区全球化进程及其对居民消费影响进行情景模拟，并进一步对长三角内部江苏、浙江和上海地区做比较，从不同行业、不同地区等方面探讨全球化所导致的长三角地区居民消费差异。

二、模型和数据

（一）CGE 模型结构

本研究所采用的基本分析工具是以国务院发展研究中心与世界银行合作共同建立的中国经济可计算一般均衡模型为原型与基础，并进行了一定的修改[①]。CGE 模型建模的基本思想：模拟宏观经济运行中“生产引发收入—收入产生需求—需求带动生产”的循环过程。在宏观经济运行过程中，各种行为主体满足一定的经济行为假设：生产者在生产技术一定的条件下通过最小化其投入成本实现利润最大化目标；消费者在受收入水平限定的条件下，通过消费物品的偏好选择，实现其消费效用最大化目标；进口产品和国产产品则在总产出水平一定的条件下，通过价格传导机制实现其在国内销售和国外销售的收益最大化目标；要素的供给和需求则是在生产的过程中完成其资源要素禀赋的最优化配置。以上的行为优化假设，通过 4 类方程模块在 CGE 模型中加以体现，分别是生产优化模块，居民消费模块，进出口贸易模块以及要素供给、需求和供求均衡模块。此外，模型中还包括了用以刻画宏观经济运行的国民收入分配模块。具体模块内容分别为：

① 具体详见范金等（2008）。

生产模块。生产模块是描述生产过程中不同要素之间各种不同的替代关系。模型采用嵌套的常替代弹性（Constant Elasticity of Substitue，CES）函数描述生产行为。假定所有部门的技术都具有规模报酬不变的特性，生产者通过在一定的生产技术条件约束下，在可替代的生产要素间进行资源优化配置，达到最小化生产成本的目的。在第一层 CES 中，合成中间投入和增加值通过 CES 函数得出总产出；在第二层 CES 函数中，假设土地可以作为加总的资本—劳动力束的替代品，增加值的投入要素分为土地和资本—劳动力束两大类；在第三层 CES 函数中资本、劳动力束被进一步分解为非熟练劳动力、熟练劳动力和资本。生产中各种要素间可替代的程度取决于它们的替代弹性和在基年生产过程中的份额。

收入分配模块。收入分配模块主要描述居民、企业和政府三大经济主体是如何获得各自的收入，以及他们之间的收入分配是如何实现的。模型包括多种收入分配渠道——要素收入，住户之间、政府和国外（汇款）的转移支付，其中也包括了作为营业盈余分配中转账户的公司。国民经济中的收入分配包括初次收入分配和收入再分配。初次收入分配中，居民和企业通过在生产过程中提供各自的要素禀赋，如劳动力和资本，获得各自的报酬，即劳动收入和资本回报。再次分配中，居民获得的收入缴纳个人所得税，部分居民获得政府转移支付，形成居民可支配收入。政府的收入主要通过征收各类直接和间接税费获得，包括生产税、企业所得税、居民所得税、进出口关税等，政府的支出包括对部分生产企业进行适当的生产补贴、对居民进行价格补贴和转移支付等。

需求模块。需求包括四大类：居民消费需求、政府消费需求、投资需求和其他地区需求。居民需求函数用扩展的线性支出系统（Extended Linear Expenditure System，ELES）表示，它将居民的收入分为两个部分：满足基本需求的部分和满足基本需求后剩余的部分。模型假设居民的边际储蓄倾向不随居民收入的变化而变化，为居民可支配收入的一个固定份额加以储存，以满足将来生活的需求。其他最终需求，如政府消费支出、投资需求等则用线性支出函数（Linear Expenditure System，LES）表示，即它们对各类商品的需求按总支出的固定份额确定，在商品价格一定的约束下，由 Cobb-Douglas 效用函数推导得出。模型采用 Annington 假设来描述进口产品和国产品间的不完全替代关系。

贸易模块。模型采用 Annington 假设来描述进口品和国产品间的不完全替代关系，同时采用嵌套的 CES 函数来描述。国内的需求者在一定的相对价格和可替代程度的条件下，选择国产品和进口品的最优组合，以达到成本最小化的目的。对于进口品的价格，采用小国假设，即中国是国际市场价格的接受者，而不会影响国际市场价格。对于商品出口，采用嵌套的常转换弹性（Constant Elasticity Transformation，CET）函数来描述出口和在国内销售之间的替代关系。国内生产者在一定的国内外市场价格的条件下，通过产品在国内销售和出口的决策，达到收入最大化的目的。同样假设，出口的数量不会影响国际价格。国外对出口商品的需求为国际价格指数与国内出口价格指数之比的指数函数。

宏观闭合模块。选择何种闭合原则涉及如何实现政府收支平衡，储蓄投资平衡、国际收支平衡。本模型采用的是新古典闭合原则，即储蓄外生确定，储蓄推动投资，投资内生地等于储蓄：各种税率和政府转移支付外生确定，政府的收入和支出差额决定政府储蓄；通过进出口商品（可贸易品）的相对价格变化来调节商品供求，进出口的差额构成贸易的顺差或逆差，从而形成外汇储备或外汇流出，最终到达国际收支平衡。模型还包括要素和商品市场的供给和需求平衡。在劳动力市场，假设劳动力供给充足，部门间的劳动力可以自由流动，劳动力存在着非自愿性失业，各类劳动力的部门工资率固定，依靠劳动就业数量的变化出清劳动力市场。在资本要素市场，短期内资本不能在部门间自由流动，依靠部门的资本回报率进行资本要素市场出清。

（二）数据来源

研究利用江苏、浙江和上海投入产出表，分别构建 2007 年长三角内部各地区社会核算矩阵（SAM），为CGE模型提供了基准数据①。其中，商品和活动账户主要根据投入产出表行业分类，要素分为劳动力和资本两类，居民分为城镇居民和农村居民两类，同时在SAM模型中引入了省外和国外账户用以描述江苏、浙江和上海各地区与国内其他地区以及国外的贸易情况。在SAM模型中，要求来自每一个账户的购买、支出或货币流在其他一个或几个账户中必须要有相应的销售、收入或货币流。在矩阵中，每一个非零元素均具有双重含义，行代表收入，列代表支出，且行所表示的收入等于相应的列所表示的支出。

（三）重要参数设定

对于CGE模型而言，参数的设定对模型估计和求解结果影响甚大。一般地，CGE模型参数的设定有两种方法：校准法与计量法。本文同时采用上述两种方法对模型中参数进行估计。其中，对于模型中的生产弹性、需求弹性、贸易弹性，本文部分采用通过基年SAM模型标定获得，部分参考国内外其他CGE模型数值，部分根据历年《中国统计年鉴》《中国进出口统计年鉴》《中国海关统计年鉴》《中国价格及城镇居民家庭收支调查统计年鉴》和《中国农村住户调查年鉴》等数据测算而得。

三、全球化对长三角地区居民消费影响的冲击分析

在CGE模型中，全球化影响可以通过一些外生变量冲击效果体现出来，因此，本文在已构建的反映长三角地区经济社会信息的江浙沪社会核算矩阵的基本数据来源基础上，分别选择外资流入和进口关税作为反映物质产品全球化影响的指标变量，以及选择边际消费倾向作为反映精神产品全球化影响的指标变量进行外生冲击，并与基准情景相比较，进而分析其不同类型的全球化冲击对长三角不同地区城镇和农村居民消费的影响，具体结果如附录表2所示。

① 限于篇幅，不提供已编制的江苏、浙江和上海地区社会核算矩阵，具体编制方法参见范金等（2010）。

（一）物质产品全球化对居民消费影响的比较静态分析

分别假设江浙沪地区外资流入增加50%、进口关税减少50%，并与基准情景相比较，研究发现，外资流入和进口关税这两种反映物质产品全球化影响的指标变量变化对长三角地区居民消费的影响具有很大的相似性，主要体现在：

从城镇和农村比较看，虽然外资流入增加和关税降低均能有效地促进长三角地区居民消费提高，但其对城镇和农村居民的影响程度却存在地区差异。附录表2显示，在外资流入增加50%和关税降低50%的情景下，不管是城镇还是农村，江苏、上海和浙江居民消费变动方向均为正，外资流入与居民消费呈现出同向变动特征，关税与居民消费呈现出反向变动特征。在经济社会系统中，以FDI为代表的外资流入变动以及进口关税的变动，主要是通过影响生产要素投入和产出变动，使得居民收入改变，进而影响到居民消费状况。之前，中国长期偏重鼓励出口，这种“宽出严进”导致中国进出口商品结构严重扭曲，造成进口受到抑制以及居民消费不足的后果，从而部分消费流失到国外，不仅造成了税收的流失，也不利于解决就业和国内商贸的发展。所以，外资流入的增加、关税的降低可以有效地刺激长三角地区居民消费。但是，这种外生冲击对不同地区城镇和农村居民消费的影响程度却不同。相比较而言，浙江和上海城镇居民消费受冲击影响程度均大于农村居民，消费变动比例相对较大，而江苏却相反，城镇居民消费变动略小于农村居民。

从长三角内部地区比较看，外资流入和关税变动对浙江居民消费影响程度最大。以外资流入增加50%为例，这种外生冲击使得浙江居民消费增加18%左右，而江苏和上海居民消费变动率均只有4%左右，外资流入对其居民消费影响相对要弱。对于这种现象的解释，主要在于全球化进程不仅带来了更多的国外资本流入，同时也促进了国内资本流入国际市场。所以，一方面，全球化使得拥有大量民营企业的浙江面临着越来越多的资本流出，另一方面，相比于江苏和上海，浙江的外商投资企业数相对较少，从而使得浙江原本就是负值的外资流入（资本净流出）绝对值更大。因此，在江苏、浙江和上海外资流入变动同样百分比时，浙江由于外资流入数值的基数较大，从而对居民消费影响作用力更强。同时，相对于江苏和上海，浙江企业主相对更多，其消费层次、消费类型相对较高，尤其是奢侈品等高端消费，所以，进口关税的降低对浙江居民消费影响程度相对较高。

从三大产业比较看，外资流入增加、关税降低更有利于促进居民对服务业消费需求的增加。这主要是由于服务业收入弹性相比于其他行业更大，所以对居民的服务业消费冲击影响更大。以城镇居民为例，若外资流入增加 50%，江苏、上海和浙江城镇居民对服务业总的消费需求将分别增加 3.68%、4.42%和 20.64%；若关税降低 50%，则江苏、上海和浙江城镇居民对服务业总的消费需求将分别增加 1.84%、4.70%和 19.22%。

从不同行业部门比较看，长三角地区城镇和农村居民对房地产业、食品制造及烟草加工业的消费需求受外资流入和关税变动影响较小，对电力、燃气，以及水的生产和供应业部门的消费需求受外资变动影响较大。以城镇居民为例，外资流入增加 50%分别使得江苏、上海和浙江居民对燃气生产和供应业部门消费增加 3.62%、5.32%和 22.68%，而对房地产业的消费仅增加 3.17%、1.58%和 15.07%，对食品制造及烟草加工业的消费增加 3.18%、2.72%和 16.65%。同时，进一步针对第三产业内部比较可以发现，外资流入和关税变动对交通运输及仓储业，文化、体育和娱乐业，金融保险业，旅游业，邮政业，其他社会服务业等消费影响比较明显，特别是对江苏邮政业消费、上海租赁商务服务业消费以及浙江批发和零售贸易业消费影响相应更大。

从消费结构看，外资流入和关税变动均能有效促进长三角地区居民消费结构升级，具体体现为居民食品消费支出比例下降。同时，从受影响程度看，上海城镇居民消费结构升级相对农村更明显，而江苏和浙江正好相反。这方面可以通过江苏、浙江和上海地区恩格尔系数（食品支出占总消费支出的比重）的变动情况体现，如附录表 2 所示，外资流入增加和关税降低都使得长三角地区恩格尔系数下降，其变动率均为负值。也就是说，通过投资、贸易等方式带来的居民收入变化，使得消费结构也相应改变，居民用于食品方面的消费支出比例减少，对其他商品或服务的消费尤其是对现代服务业的消费支出比例增加，消费结构进一步升级。

但是，由于与外资流入变动作用相比，进口关税变动对经济社会系统的影响除了通过居民收入影响消费，同时还通过关税变动带来的价格变动直接影响居民消费。因此，在分析外资流入和进口关税这两种反映全球化指标的政策变量对居民消费影响时，也存在着一定的差异。主要包括以下几个方面：

从两者作用影响效果比较看，关税降低对江苏和浙江居民消费影响程度均小于外资流入增加带来的消费影响，对上海而言，关税降低对电力、燃气，以及水的生产和供应业、服务业消费的影响程度大于外资流入增加带来的冲击，而对其他行业消费则正好相反。

从居民对具体行业部门消费变化程度比较看，对于上海居民消费，外资流入增加对房地产消费影响最小，而关税降低对食品制造及烟草加工业消费影响最小。对于江苏和浙江，外资流入增加和关税降低都分别对农业消费和房地产消费影响最小。

从消费结构影响比较看，关税降低对促进浙江和上海居民消费结构升级明显，而外资流入增加对促进江苏居民消费结构升级作用更明显。

（二）精神产品全球化对居民消费影响的比较静态分析

精神全球化的影响主要通过居民消费偏好的变化来体现，因此，本文假设居民边际消费倾向增加10%，并与基准情景相比较，研究发现：

从总的影响效果看，虽然边际消费倾向增加对长三角地区居民总消费的提高具有明显的正向作用，但是对于江苏和上海制造业消费而言，很多行业却呈现出反向特征。如附录表2所示，边际消费倾向增加10%，江苏、上海和浙江居民总消费将分别增加11.4%、12.2%和

26%左右。但是，对制造业消费影响却存在一定的地区差异，特别是江苏，边际消费倾向增加反而使江苏居民对除食品制造及烟草加工业外的其他制造业行业消费下降。

从总的影响程度看，相对于江苏和上海，边际消费倾向变动对浙江居民消费影响作用更大。附录表2显示，当居民边际消费倾向发生变化时，从居民消费变化率的绝对值看，浙江居民消费受影响程度均大于江苏和上海（居民农业消费除外）。

从三大产业比较看，居民边际消费倾向提高更有利于促进第一产业和第三产业消费增加，而制造业（食品制造及烟草加工业除外）消费受影响程度相对要小。例如，受边际消费倾向增加10%的影响，浙江居民对大部分制造业消费变化率绝对值均在10%以下，江苏和上海甚至在5%以下。

从对具体行业部门消费影响看，上海和浙江食品制造及烟草加工业消费受冲击影响最大，而江苏农业消费受影响最大。以城镇居民消费为例，边际消费倾向增加10%将会使上海和浙江对食品制造及烟草加工业消费分别增加32.84%和46.3%，江苏城镇居民对农业消费增加41.09%。同时，进一步针对第三产业内部比较可以发现，而交通运输及仓储业，文化、体育和娱乐业，金融保险业，旅游业，邮政业，其他社会服务业等消费受影响程度较大，而房地产业消费受影响程度则相对要小。

从消费结构看，边际消费倾向增加并不有利于长三角地区居民消费结构升级。尽管这似乎与一般经济学逻辑不相吻合，但由于长三角地区居民收入相对较高，居民消费类别、消费层次不仅仅停留在一般消费品，特别是像烟草等非一般性食品消费支出相对较大，这点可以从附录表2中食品制造及烟草加工业消费大幅度提高反映出来，从而导致恩格尔系数与边际消费倾向同向变动，尤其是上海，城镇和农村恩格尔系数增长率分别达到13.49%和11.65%，其次是浙江，分别为6.88%和10.96%。因此，边际消费倾向增加反而使得长三角地区居民对食品消费支出大幅增加，居民消费结构升级受到了一定程度的制约。

（三）研究结论

因此，综合以上几种情景分析结果，可以发现，全球化对长三角地区城镇和农村居民消费具有很大的影响，主要结论如下：

第一，总的来看，相比于物质全球化，精神全球化对长三角地区居民消费影响程度更明显，尤其是对电力、燃气，以及水的生产和供应业部门消费，以及交通运输及仓储业，文化、体育和娱乐业，金融保险业，旅游业，邮政业，其他社会服务业等行业。因此，长三角地区应大力发展交通、通信等基础设施建设，健全金融监管体制，加强文化、体育和娱乐等行业的信息交流，保证信息流通便利和顺畅，进一步促进居民消费水平的提高。

第二，物质全球化的发展有利于长三角地区居民消费结构的升级，而精神全球化的发展会带来食品消费支出的大幅增长，从而不利于居民消费结构的升级。因此，长三角地区应充分利用其高度集中的外向型经济的特点，继续通过加强外商直接投资和进出口贸易等方式，加快产品更新和产业升级，从而带动居民消费结构的升级。

第三，从江苏、浙江和上海地区比较看，全球化更有利于浙江居民消费的提高。因此，应进一步加大浙江外商直接投资，同时，充分发挥大量高度发展的民营企业的优势，既要走出去，又要引进来，加强对经济社会发展的带动作用；从城镇和农村比较看，一般而言，浙江和上海城镇居民消费受全球化影响较大，而江苏农村居民消费受影响较大。

第四，虽然全球化进一步发展对长三角地区居民总消费的提高具有明显的正向作用，但是，对于江苏和上海制造业消费而言，反映精神全球化影响的边际消费倾向的变化对其中很多行业却呈现出反向作用的特征，尤其是江苏。可见，面对当前低迷的经济形势，促进居民对制造业的消费需求的增加很大程度上仍需要依靠投资、贸易等方式，特别是江苏，物质全球化对制造业消费的影响更有利。

第五，全球化对长三角地区居民房地产业消费影响相对较小，而对食品制造及烟草加工业的消费，受外资流入和关税变动等物质全球化的影响相对较小，受边际消费倾向变动的精神全球化的影响却相对较大。

附录表 2　全球化对长三角地区居民消费影响的比较静态分析

（单位：%）

行业	江苏						上海						浙江					
	外资流入增加 50%		进口关税减少 50%		边际消费倾向增加 10%		外资流入增加 50%		进口关税减少 50%		边际消费倾向增加 10%		外资流入增加 50%		进口关税减少 50%		边际消费倾向增加 10%	
	农村	城镇	农村	城镇	农村	城镇	农村	城镇	农村	城镇	农村	城镇	农村	城镇	农村	城镇	农村	城镇
农业	2.93	2.89	0.65	0.60	39.97	41.09	3.27	3.62	1.76	2.44	17.08	10.78	18.17	18.49	16.32	16.66	27.00	33.42
煤炭开采和洗选业	3.62	3.51	1.65	1.55	−4.01	−4.01	0	0	0	0	0	0	19.07	19.87	17.41	18.29	5.74	9.71
石油和天然气开采业	0	0	0	0	0	0	0	0	0	0	0	0	0	0	0	0	0	0
金属、非金属矿采选业	0	0	0	0	0	0	4.01	4.23	3.90	4.10	−2.21	−4.18	0	0	0	0	0	0
食品制造及烟草加工业	3.19	3.18	1.24	1.22	13.62	11.02	2.76	2.72	0.50	0.27	30.65	32.84	16.39	16.65	14.42	14.70	42.95	46.30
纺织业	3.59	3.48	1.62	1.51	−3.81	−3.16	3.78	4.09	3.25	3.75	0.83	−2.51	18.95	19.59	17.30	18.00	5.95	10.90
服装皮革羽绒及其制品业	3.56	3.30	1.56	1.22	−2.18	4.57	3.63	3.73	2.87	2.83	4.85	4.61	18.27	18.33	16.57	16.66	11.49	19.49
木材加工及家具制造业	3.62	3.50	1.66	1.52	−4.60	−3.48	3.94	4.14	3.69	3.86	−0.59	−2.28	18.75	19.72	17.02	18.11	9.64	11.21
造纸印刷及文教用品制造业	3.63	3.46	1.67	1.47	−5.12	−2.89	3.80	3.94	3.44	3.52	1.07	0.07	19.00	19.48	17.34	17.85	6.00	12.31
石油加工、炼焦及核燃料加工业	3.63	3.51	1.68	1.55	−5.12	−4.22	3.96	4.18	3.82	4.02	−1.41	−3.41	18.98	19.61	17.30	17.98	6.26	11.55
化学工业	3.53	3.35	1.52	1.28	−2.74	−0.09	3.49	3.76	2.84	3.17	4.87	2.11	17.96	18.53	16.13	16.75	13.62	17.99
非金属矿物制品业	3.64	3.53	1.69	1.56	−5.39	−3.89	4.00	4.22	3.79	4.03	−0.79	−3.37	19.31	19.94	17.59	18.33	10.03	11.48
金属冶炼及压延加工业	0	0	0	0	0.00	0.00	0	0	0	0	0	0	19.07	19.83	17.41	18.24	5.54	10.05
金属制品业	3.64	3.52	1.69	1.56	−5.20	−4.40	3.98	4.17	3.82	3.98	−1.69	−3.36	19.10	19.86	17.44	18.28	5.33	9.81
通用专用设备制造业	3.64	3.52	1.67	1.55	−4.88	−4.28	3.99	4.21	3.84	4.06	−1.80	−3.92	0	19.87	0	18.29	0.00	9.72
交通运输设备制造业	3.61	3.50	1.63	1.52	−3.59	−3.29	3.71	3.98	2.60	3.11	2.41	−0.57	18.83	19.61	17.11	17.98	10.17	13.32
电气机械及器材制造业	3.62	3.47	1.66	1.46	−4.73	−2.23	3.79	4.01	3.25	3.50	1.42	−0.77	18.89	19.36	17.21	17.71	7.06	13.37

续 表

行业	江苏						上海						浙江					
	外资流入增加 50%		进口关税减少 50%		边际消费倾向增加 10%		外资流入增加 50%		进口关税减少 50%		边际消费倾向增加 10%		外资流入增加 50%		进口关税减少 50%		边际消费倾向增加 10%	
	农村	城镇	农村	城镇	农村	城镇	农村	城镇	农村	城镇	农村	城镇	农村	城镇	农村	城镇	农村	城镇
通信设备、计算机及其他电子设备制造业	3.59	3.42	1.61	1.37	−4.25	−1.78	3.24	3.69	2.25	3.00	7.09	2.12	18.59	18.89	16.83	17.11	8.51	15.03
仪器仪表及文化办公用机械制造业	3.64	3.52	1.69	1.55	−5.43	−4.36	3.95	4.14	3.75	3.89	−1.42	−3.09	19.05	19.84	17.39	18.25	5.58	9.88
其他制造业	3.61	3.48	1.65	1.49	−4.16	−2.37	3.91	4.09	3.75	3.91	−0.29	−1.85	18.79	19.59	17.10	17.97	8.99	12.51
废品废料	0	0	0	0	0.00	0.00	0	0	0	0	0	0	0	0	0	0	0.00	0.00
电力、热力的生产和供应业	4.01	3.83	2.30	2.10	15.29	16.88	4.67	5.04	5.33	5.76	15.69	14.64	20.38	21.11	18.98	19.75	31.66	30.74
燃气生产和供应业	3.80	3.62	1.91	1.71	14.36	16.10	5.01	5.32	5.74	6.04	19.16	16.40	22.13	22.68	21.06	21.60	35.01	35.79
水的生产和供应业	4.19	4.01	2.38	2.17	16.27	17.80	4.37	4.70	4.56	4.87	18.05	15.66	19.65	20.67	18.09	19.19	31.55	32.62
建筑业	0	0	0	0	0.00	0.00	4.12	4.44	5.21	5.55	19.64	17.50	14.83	16.79	13.80	15.76	33.06	34.56
第二产业消费变化合计	3.41	3.33	1.46	1.33	5.78	4.33	3.42	3.53	2.32	2.33	13.42	14.17	17.66	18.28	15.84	16.53	25.47	28.13
交通运输及仓储业	3.99	3.81	2.14	1.93	15.33	16.31	4.91	5.26	5.10	5.44	12.17	10.56	21.84	22.32	20.55	21.05	30.61	31.29
邮政业	4.17	3.99	2.17	1.97	15.37	16.79	4.69	5.03	5.04	5.37	19.08	16.90	19.96	20.96	18.42	19.52	30.88	33.55
信息运输、计算机服务和软件业	3.97	3.79	2.16	1.95	14.40	15.45	4.61	4.91	4.75	5.05	12.02	9.98	20.13	20.77	18.49	19.22	26.77	24.93
批发和零售贸易业	3.89	3.72	2.07	1.87	13.40	14.79	3.98	4.24	4.12	4.48	7.62	9.24	21.38	21.78	20.03	20.45	25.54	26.04
住宿和餐饮业	3.82	3.64	2.03	1.82	13.96	14.66	4.46	4.77	4.76	5.08	10.88	9.25	20.65	20.65	19.21	19.18	26.20	19.17
金融保险业	3.95	3.75	2.17	1.94	14.02	13.89	4.49	4.83	4.91	5.28	12.78	11.61	21.06	21.63	19.57	20.20	29.09	29.20
房地产业	3.41	3.17	1.49	1.23	8.39	14.06	2.28	1.58	2.56	2.06	6.32	8.60	12.57	15.07	11.09	13.66	21.94	24.26

续 表

行业	江苏						上海						浙江					
	外资流入增加 50%		进口关税减少 50%		边际消费倾向增加 10%		外资流入增加 50%		进口关税减少 50%		边际消费倾向增加 10%		外资流入增加 50%		进口关税减少 50%		边际消费倾向增加 10%	
	农村	城镇	农村	城镇	农村	城镇	农村	城镇	农村	城镇	农村	城镇	农村	城镇	农村	城镇	农村	城镇
租赁商务服务业	0	0	0	0	0	0	5.67	6.04	5.68	6.04	20.04	17.84	0	0	0	0	0	0
旅游业	0	3.77	0	1.98		16.97	4.87	5.36	5.23	5.80	15.03	15.85	0	21.97	0	20.71	0	32.97
科学研究事业	0	0	0	0	0	0	0	0	0	0	0.00	0.00	0	0	0	0	0	0
综合技术服务业	0	0	0	0	0	0	0	0	0	0	0	0	0	0	0	0	0	0
其他社会服务业	4.06	3.89	2.40	2.21	14.95	16.60	4.50	4.80	4.93	5.21	17.71	14.82	21.19	21.72	19.90	20.44	31.76	31.00
教育事业	3.84	3.67	2.00	1.80	15.10	16.80	4.28	4.69	4.29	4.73	9.52	11.94	19.58	20.52	18.01	19.03	23.39	26.12
卫生、社会保障和社会福利事业	3.95	3.76	2.25	2.04	15.43	16.30	4.36	4.64	4.63	4.90	10.68	8.44	20.47	20.99	19.09	19.60	29.30	26.31
文化、体育和娱乐业	3.97	3.78	2.13	1.92	15.77	16.73	4.70	5.01	5.02	5.32	16.38	13.88	20.39	21.28	18.98	19.93	32.66	33.99
公共管理和社会组织	0	0	0	0	0	0	0	0	0	0	0.00	0.00	0	0	0	0	0	0
第三产业消费变化合计	3.75	3.68	1.90	1.84	12.21	15.13	4.13	4.42	4.36	4.70	10.60	10.41	19.71	20.64	18.26	19.22	26.40	25.52
总消费变化合计	3.49	3.41	1.54	1.43	11.40	11.42	3.75	3.94	3.26	3.40	12.40	12.21	18.47	19.36	16.78	17.75	26.01	27.56
恩格尔系数变化	−0.21	−0.13	−0.20	−0.09	2.03	0.27	−0.53	−0.71	−1.59	−1.95	11.65	13.49	−1.08	−1.04	−1.25	−1.19	10.96	6.88

参考文献

1. Acemoglu D，*Introduction to Modern Economic Growth*，Princeton University Press，2009.

2. Baumol W J，“Macroeconomic of Unbalanced Growth：the Anatomy of Urban Crisis，” *American Economic Review*，1967（57）：415-426.

3. Blanchard O，Perotti R，“An Empirical Characterization Of The Dynamic Effects Of Changes In Government Spending And Taxes On Output，” *Quarterly Journal of Economics*，2002（4）：1329-1368.

4. Brown D K，Deardorff A V，Fox A K，et al.，“The Liberalization of Services Trade：Potential Impacts in the After-math of the Uruguay Round，” in W. Martin and L. A. Winters，eds.，*The Uruguay Round and the Developing Countries*，Cambridge，England：Cambridge University Press. 1996.

5. Carroll C D，“The Buffer Stock Theory of Saving：Some Macroeconomic Evidence，” *Brookings Papers on Economic Activity*，1992（2）：61-156.

6. Chai A，Rohde N，Silber J，“Measuring the diversity of household spending patterns，” *Journal of Economic Surveys*，2015（3）：423-440.

7. Coenen S，“Does Government Spending Crowd in Private Consumption? Theory and Empirical Evidence for the Euro Area，” *International Finance*，2005（3）：435-470.

8. Cover J, "Asymmetric Effects of Positive and Negative Money Supply Shocks," *Quarterly Journal of Economics*, 1992 (4): 1261-1282.

9. Curler H and Strelnikova L, "The Impact of the US Sales Tax Rate on City Size and Economic Acctivity: A CGE Approach," *Urban Studies*, 2004, 41 (4): 875-885.

10. Deaton A, Muellbauer J, "An Almost Ideal Demand System," *American Economic Review*, 1980 (3): 312-326.

11. Defourney J, "Thorbeke E. Structural Path Analysis and Multiplier Decomposition within a Social Accounting Matrix framework," *The Economic Journal*, 1984 (94): 111-136.

12. Denison E F, "Sources of Postwar Growth in Nine Western Countries," *The American Economic Review*, 1967 (57): 325-332.

13. Dusenberry J S, "Income, Saving and the theory of consumer behaviors," *Cambridge*: *Harvard University Press*, 1949.

14. Dynan K E, "Habit Formation in Consumer Preferences: Evidence from Panel Data," *The American Economic Review*, 2000 (3): 391-406.

15. Dutt A K and Mukhopadhyay K, "Globalization and the inequality among nations: A VAR approach," *Economics Letters*, 2005, 88 (3): 295-299.

16. Echevarria C, "Changes in Sectoral Composition Associated with Economic Growth," *International Economic Review*, 1997 (38): 431-452.

17. Ferson W E, "Constantinides G. M. Habit persistence and durability in aggregate consumption: Empirical tests," *Journal of Financial Economics*, 1991 (2): 199-240.

18. FoellmiR, Zweimueller J, Engel' s Consumption Cycles and Kaldor Faets of Economic Growth, CERP Discussion Paper, No. 3300, 2007.

19. Fujita M and Hu D, "Regional disparity in China 1985-1994: The effects of globalization and economic liberalization," *The Annals of Regional Science*, 2001, 35 (1): 3-37.

20. Ganelli G, Tervala J, "Can government spending increase private consumption? The role of complementarity," *Economics Letters*, 2009 (1): 5-9.

21. Golan A, Vogel S J, "Estimation of non-stationary social accounting matrix coefficients with supply-side information," *Economic Systems Research*, Vol. 12, 2000 (4): 447-471.

22. Gualerzi D, "Natural Dynamies, Endogenous Stuctural Change and the Theory of Demand: A Comment on Pasinettil," *Stuctural Change and Economic Dynamies*, 1996 (7): 345-368.

23. Giesockej A and Madden J R, "Regional government economic policy assessing the policy instruments," *Australasian Journal of Regional Studies*, 1997 (3): 3-18.

24. Hall R, "Stochastic implications of the life cycle-permanent income hypothesis: theory and evidence," *Journal of Political Economy*, 1978 (86): 971-987.

25. Hanson K A, Robinson S, "Data, linkages models: US national income and product accounts in the framework of a social accounting matrix," *Economic Systems Research*, 1991 (3): 215-232.

26. Hubbard G R, Skinner J, Zeldes P S, "Precautionary Saving and Social Insurance," *Journal of Political Economy*, 1995 (2): 360-399.

27. Jams J, *Consumption, Globalization and Development*, London: Macmillan Press, 2000.

28. Karras G, "What Causes the Asymmetric Effects of Monetary Policy: Size or Sign of Money Supply Shocks," *Journal of Economic*

Asymmetries, 2007 (1): 57-72.

29. Kongsamut P, Rebelo S and Xie D, "Beyond Balanced Growth," *Review of Economic Studies*, 2001 (68): 869-882.

30. Konya I and Hiroshi O, "Globalization and Consumption Patterns among the OECD Countries," Boston College Working Papers in Economics, No. 596, 2004.

31. Leontief W, *Structure of the American economy*, New York: Oxford University Press, 1941.

32. Leppman E J, "Urban-rural contrasts in diet: the case of China," *Urban Geography*, 1999 (6): 567-579.

33. Lucas R, "On the Mechanics of Economic Development," *Journal of Monetary Economics*, 1988 (22): 3-42.

34. Muellbauer J H, "Rationality and myopia in the life cycle consumption function," *Annales d' Economie et de Statistique*, *ADRES*, 1988 (9): 47-40.

35. Ngai R, Pissarides C, "Structural Change in a Multi-sector Model of Growth," *American Economic Review*, 2007 (97): 429-443.

36. Nicholas R L, "China: Toward a Consumption-Driven Growth Path," *Social Science Electronic Publishing*, 2006, (10): B06-6.

37. Nieh C C, Ho TW, "Does the expansionary government spending crowd out the private consumption?: Cointegration analysis in panel data," *Quarterly Review of Economics & Finance*, 2006 (1): 133-148.

38. Naude W and Coetzee R, "Globalisation and inequality in South Africa: modeling the labour market transmission," *Journal of Policy Modeling*, 2004, 26 (8): 911-925.

39. Paul G, Carlos H, "The Asymmetric Effects of Monetary Policy in General Equilibrium," *Journal of Centrum Cathedra*, 2008, 37 (1): 28-46.

40. Pyatt G, "ASAM approach to modeling," *Journal of Policy Modeling*, 1988 (3): 327-352.

41. Pyatt G, "Fundamentals of Social Accounting," *Economic Systems Research*, 1991 (3): 315-341.

42. Pyatt G, "SAMs, the SNA and national accounting capabilities," *Review of Income and Wealth*, 1991 (2): 177-198.

43. Pyatt G, "Some Early Multiplier Models of the Relationship Between Income Distribution and Production Structure," *Economic Systems Research*, 2001 (2): 139-164.

44. Pyatt G, Round J I, "Accounting and fixed price multipliers in a Social Accounting Matrix framework," *The Economic Journal*, 1979 (89): 850-873.

45. Ray Y, "Can 'Tax-for-Fee' Reform Reduce Rural Tension in China? The Process, Progress and Limitations," *The China Quarterly*, 2004, (5): 42-70.

46. Roberts B M, "Structural change in Poland, 1980-1990: evidence from social accounting multipliers and linkage analysis," *Economic Systems Research*, 1995 (3): 291-308.

47. Robinson S, Cattaneo A, El-Sais M, "Updating and estimating a social accounting matrix using cross entropy methods," *Economic Systems Research*, 2001 (1): 47-64.

48. Rostow W W, *The Stages of Economic Growth: A Non-Communist Manifesto*, Cambridge: Cambridge University Press, 1990.

49. Rothenberg D and Pryor W J, *Writing the World: On Globalization*, Cambridge and London: MIT Press.

50. Schclarek A, "Fiscal policy and private consumption in industrial and developing countries," *Journal of Macroeconomics*, 2007 (29): 912-939.

51. Stone R, "Multiple classifications in social accounting," *Bulletin del' Institut Ineternational de Statistique*, 1962 (39): 215-233.

52. Stone R, "The dissaggregation of the household sector in the national accounts," *World Bank Conference on Social Accounting Methods in Development Planning*, Cambridge, 1978.

53. Sinn H W, "Migration and social replacement incomes: How to protect low-income workers in the industrialized countries against the forces of globalization and market integration," *International Tax and Public Finance*, 2005, 12 (4): 375-393.

54. Tagkalakis A, "The asymmetric effects of fiscal policy on private consumption in recessions and expansions," *Journal of Public Economics*, 2008 (5): 1486-1508.

55. Wendner R D, "Habits raise consumption growth?" *Research in Economics*, 2003 (2): 151-163.

56. Wang Y, "Options and Impact of China' s Pension Reform: a Computable General Equilibrium Analysis," *Journal of Comparative Economics*, 2004, 32 (1): 105-127.

57. Zwemuller J and Brunner J K, "Innovation and Growth With Rich and Poor Consumes," *Metroecomomica*, 2005 (56): 233-262.

58. 艾春荣、汪伟:《习惯偏好下的中国居民消费的过度敏感性》,《数量经济技术经济研究》, 2008 (11): 98-114。

59. 白重恩、李宏彬、吴斌珍:《医疗保险与消费: 来自新型农村合作医疗的证据》,《经济研究》, 2012 (2): 41-53。

60. 白重恩、钱震杰:《谁在挤占居民的收入——中国国民收入分配格局分析》,《中国社会科学》, 2009 (5): 99-115。

61. 卞红飞、王必好:《我国城镇居民恩格尔系数与消费者价格的变动关系分析》,《中国统计》, 2013 (4): 13-15。

62. 包振强、范金、沈洁:《江苏农村居民消费结构线性支出系统建模与应用》，《管理工程学报》，1998（1）：29-34。

63. 蔡兴、刘淑兰：《人口结构变化对我国农村居民消费结构的影响——基于LA/AIDS拓展模型的实证分析》，《消费经济》，2017（6）：56-61。

64. 查道中、吉文惠：《城乡居民消费结构与产业结构、经济增长关联研究——基于VAR模型的实证分析》，《经济问题》，2011（7）：19-22。

65. 陈赤平、丰倩：《动态视角下我国农村社会保障制度变革对农村居民消费的影响》，《消费经济》，2014（6）：7-13。

66. 陈冲：《人口结构变动与农村居民消费——基于生命周期假说理论》，《农业技术经济》，2011（4）：26-32。

67. 陈东、刘金东：《农村信贷对农村居民消费的影响——基于状态空间模型和中介效应检验的长期动态分析》，《金融研究》，2013（6）：160-172。

68. 陈华帅、曾毅：《"新农保"使谁受益：老人还是子女?》，《经济研究》，2013（8）：55-67。

69. 陈佳贵、黄群慧、钟宏武：《中国地区工业化进程的综合评价和特征分析》，《经济研究》，2006（6）：4-15。

70. 陈建宝、李坤明：《收入分配、人口结构与消费结构：理论与实证研究》，《上海经济研究》，2013（4）：74-87。

71. 陈钰芬：《我国居民收入、人口、教育、财政政策和货币政策与居民消费模型的实证分析》，《数理统计与管理》，2004（2）：10-14。

72. 陈治国、李成友、辛冲冲、刘向晖、李红：《基于OPLS回归模型的农村金融对农村居民消费支出的影响效应研究》，《经济与管理评论》，2016（2）：91-97。

73. 迟福林：《走向消费主导的中国经济转型与改革战略》，《经济社会体制比较》，2012（4）：1-12。

74. 储德银、闫伟：《地方政府支出与农村居民消费需求——基于1998—2007年省级面板数据的经验分析》，《统计研究》，2009（8）：

38-44。

75. 楚尔鸣、许先普：《消费习惯偏好、政府支出扩张与产出效应》，《财贸经济》，2013（8）：27-46。

76. 楚永生、丁子信：《农村公共物品供给与消费水平相关性分析》，《农业经济问题》，2004（7）：63-66。

77. 崔海燕、范纪珍：《内部和外部习惯形成与中国农村居民消费行为——基于省级动态面板数据的实证分析》，《中国农村经济》，2011（7）：55-62。

78. 党玮：《价格传导机制及其对农村居民收入分配的影响——基于新疆 SAM 的实证分析》，《西北人口》，2009（30）：94-98。

79. 范辰辰、李文：《“新农保”如何影响农村居民消费——以山东省为例》，《江西财经大学学报》，2015（1）：55-65。

80. 范金、王亮、坂本博：《几种中国农村居民食品消费需求模型的比较研究》，《数量经济技术经济研究》，2011（5）：64-77。

81. 范金、杨中卫、赵彤：《中国宏观社会核算矩阵的编制》，《世界经济文汇》，2010（4）：103-119。

82. 范金、袁小慧、徐浩然：《江苏农村居民收入差距、消费差异与消费潜力研究——基于江苏农村细化 SAM 的乘数分析》，《系统工程理论与实践》，2006（11）：53-62。

83. 范金、伞锋、王艳等：《中国城乡居民消费取向的情景分析和政策研究》，中国社会科学出版社 2008 年版。

84. 方福前、邢炜：《居民消费与电商市场规模的 U 型关系研究》，《财贸经济》，2015（11）：131-147。

85. 方福前、张艳丽：《城乡居民不同收入的边际消费倾向及变动趋势分析》，《财贸经济》，2011（4）：22-31。

86. 封福育、赵梦楠：《货币政策对农村居民消费的非线性影响研究——基于 PSTR 模型的实证分析》，《中央财经大学学报》，2016（1）：92-98。

87. 耿晔强：《消费环境对我国农村居民消费影响的实证分析》，《统计研究》，2012（11）：36-40。

88. 郭菊娥、邢公奇、何建武：《黄河流域水资源空间利用结构的实证分析》，《管理科学学报》，2005，8（6）：37-42。

89. 郭新强、汪伟、杨坤：《刚性储蓄、货币政策与中国居民消费动态》，《金融研究》，2013（2）：46-59。

90. 韩洪云、梁海兵：《农村居民消费行为的收入约束效应分析》，《浙江社会科学》，2013（1）：108-113。

91. 杭斌、郭香俊：《基于习惯形成的预防性储蓄——中国农村居民消费行为的实证分析》，《统计研究》，2009（3）：38-43。

92. 杭斌、申春兰：《习惯形成下的缓冲储备行为》，《数量经济技术经济研究》，2008（10）：142-152。

93. 杭斌：《城镇居民的平均消费倾向为何持续下降——基于消费习惯形成的实证分析》，《数量经济技术经济研究》，2010（6）：126-138。

94. 杭斌：《习惯形成下的农户缓冲储备行为》，《经济研究》，2009（1）：96-105。

95. 洪源：《政府民生消费性支出与居民消费：理论诠释与中国的实证分析》，《财贸经济》，2009（10）：51-56。

96. 胡发刚：《中国农村居民食品消费行为与消费结构分析——基于二阶段需求系统模型与二次几乎完美需求系统模型》，《财经科学》，2016（2）：93-102。

97. 胡日东、钱明辉、郑永冰：《中国城乡收入差距对城乡居民消费结构的影响——基于LD/AIDS拓展模型的实证分析》，《财经研究》，2014（5）：75-87。

98. 胡蓉、劳川奇、徐荣华：《政府支出对居民消费具有挤出效应吗》，《宏观经济研究》，2011（2）：36-41。

99. 胡永刚、郭新强：《内生增长、政府生产性支出与中国居民消费》，《经济研究》，2012（9）：57-71。

100. 黄春燕、蒋乃华：《食品价格上涨、生活水平下降与政策方案选择》，《农业经济问题》，2013（12）：65-71。

101. 黄海峰、丰齐同：《政府公共基础设施投资与居民消费：基于省级面板数据的分析》，《郑州大学学报（哲学社会科学版）》，2014（4）：68-71。

102. 黄群慧：《中国的工业化进程：阶段、特征与前景》，《经济与管理》，2013（7）：5-11。

103. 黄容、毛中根：《劳动力流动对农村居民消费的影响》，《消费经济》，2013（4）：3-8。

104. 黄险峰：《真实经济周期理论》，中国人民大学出版社 2003 年版。

105. 纪江明、赵毅：《中国区域间农村社会保障对居民消费的影响》，《中国人口、资源与环境》，2013（5）：93-97。

106. 金春雨、程浩、黄敦平：《基于持久收入假说的我国农村居民消费行为研究》，《农业经济问题》，2012（5）：65-73。

107. 金艳鸣、雷明：《居民收入和部门产出变化的研究——基于中国社会核算矩阵的乘数分析应用》，《南方经济》，2006（9）：15-24。

108. 江青虎、颜清阳、张慧：《全球化背下产业集群的升级——以浙江慈溪、义乌、桐乡典型产业集群为例》，《经济地理》，2007（1）：44-45。

109. 〔美〕James M. Utterback：《把握创新》，清华大学出版社 1999 年版。

110. 兰永生：《财政支农支出对农村居民消费的影响分析——基于经济周期视角》，《财政研究》，2015（3）：11-15。

111. 雷钦礼：《财富积累、习惯、偏好改变、不确定性与家庭消费决策》，《经济学（季刊）》，2009（3）：1029-1046。

112. 雷潇雨、龚六堂：《城镇化对于居民消费率的影响：理论模型与实证分析》，《经济研究》，2014（6）：44-57。

113. 黎东升、何蒲明：《我国农村公共品供给对农民消费影响的实证研究》，《农业技术经济》，2009（6）：26-30。

114. 李春琦、张杰平：《中国人口结构变动对农村居民消费的影响研究》，《中国人口科学》，2009（4）：14-22。

115. 李芳琴、杨洁：《农村金融发展对农村居民消费的影响研究》，《消费经济》，2015（4）：25-29。

116. 李广众：《政府支出与居民消费：替代还是互补》，《世界经济》，2005（5）：38-45。

117. 李强、陈宇琳、刘精明：《中国城镇化“推进模式”研究》，《中国社会科学》，2012（7）：82-100。

118. 李锐：《我国农村居民消费结构的数量分析》，《中国农村经济》，2003（5）：12-17。

119. 李善同、李强、齐舒畅、翟凡：《中国经济的社会核算矩阵》，《数量经济技术经济研究》，1996（1）：42-48。

120. 李生辉：《中国农村恩格尔系数的影响因素分析》，《经济论坛》，2011（7）：138-139。

121. 李香菊、卫帅弟：《扩大我国农村居民消费的财税政策研究》，《长白学刊》，2016（5）：91-98。

122. 李翔、朱玉春：《农村居民收入与消费结构的灰色关联分析》，《统计研究》，2013（1）：76-78。

123. 李晓嘉：《财政支农支出与农村居民消费的动态效应分析》，《经济学动态》，2010（9）：31-34。

124. 李晓楠、李锐：《我国四大经济地区农户的消费结构及其影响因素分析》，《数量经济技术经济研究》，2013（9）：89-105。

125. 李燕凌、欧阳万福：《县乡政府财政支农支出效率的实证分析》，《经济研究》，2011（10）：110-122。

126. 李俊青、潘宇斌：《产业链全球化配置下我国民营企业培育自主品牌策略研究》，《生产力研究》，2009（12）：110-112。

127. 李善同、翟凡、徐林：《中国加入世界贸易组织对中国经济的影响，动态一般均衡分析》，《世界经济》，2000（2）：3-14。

128. 林义、郑军：《完善农村社会保障，启动消费需求增长引擎》，《消费经济》，2010（1）：31-34。

129. 刘纯彬、桑铁柱：《农村金融深化与农村居民消费增长：假说与实证》，《江西财经大学学报》，2010（2）：62-66。

130. 刘东皇：《居民消费与经济增长》，光明日报出版社 2012 年版。

131. 刘根荣：《电子商务对农村居民消费影响机理分析》，《中国流通经济》，2017（5）：96-104。

132. 刘湖、张家平：《互联网对农村居民消费结构的影响与区域差异》，《财经科学》，2016（4）：80-88。

133. 刘建国：《二十世纪九十年代以来我国农户消费倾向偏低的原因分析》，《社会科学》，2002（7）：23-26。

134. 刘灵芝、潘瑶、王雅鹏：《不确定性因素对农村居民消费的影响分析——兼对湖北省农村居民的实证检验》，《农业技术经济》，2011（12）：61-69。

135. 刘灵芝、夏春萍：《地区收入差距对农村居民消费的影响分析——来自湖北的经验证据》，《广东农业科学》，2012（1）：196-199。

136. 刘伦武：《农村基础设施发展与农村消费增长的相互关系——一个省际面板数据的实证分析》，《江西财经大学学报》，2010（1）：77-81。

137. 刘起运、彭志龙：《中国 1992—2005 年可比价投入产出序列表及分析》，中国统计出版社 2010 年版。

138. 刘婷文、叶松奇、刘志雄：《城乡居民食物消费结构特征与差异——以北京为例》，《中国市场》，2015（21）：121-126。

139. 刘世锦、冯飞：《汽车产业全球化趋势及其对中国汽车产业发展的影响》，《中国工业经济》，2002（6）：5-12。

140. 刘志彪、吴福象：《全球化经济中的生产非一体化——基于江苏投入产出表的实证研究》，《中国工业经济》，2005（7）：12-19。

141. 龙志和、王晓辉、孙艳：《中国农村居民消费习惯形成实证分析》，《经济科学》，2002（6）：29-35。

142. 骆永民、樊丽明：《农村基础设施的经济效应及农民满意度研究——基于山东省44个行政村的实地调查分析》，《经济问题探索》，2008（12）：67-73。

143. 吕开宇、张雪梅、邢鹂：《不同收入等级农村居民粮食消费的演变——基于住户收入分布函数的模拟分析》，《农业经济问题》，2012（6）：44-48。

144. 马俊龙、宁光杰：《互联网与中国农村劳动力非农就业》，《财经科学》，2017（7）：50-63。

145. 马双、臧文斌、甘犁：《新型农村合作医疗对农村居民食物消费的影响》，《经济学（季刊）》，2010（1）：249-270。

146. 毛盛勇：《我国居民消费需求分析》，《统计研究》，2007（6）：48-52。

147. 梅洪常：《居民消费增长和结构优化路径分析》，《中国工业经济》，2008（8）：36-45。

148. 孟兆娟：《农村金融发展对农民消费需求的影响研究》，《内蒙古农业大学学报（社会科学版）》，2017（2）：16-21。

149. 南永清、臧旭恒、王立平：《非正规金融、过度敏感性与中国农村居民消费——基于2003至2014年省际面板数据的经验分析》，《山东大学学报（哲学社会科学版）》，2017（5）：101-108。

150. 倪红福、李善同、何建武：《人口结构变化对消费结构及储蓄率的影响分析》，《人口与发展》，2014（5）：25-34。

151. 宁军：《促进农村居民消费增长的政策评估与方向选择》，《消费经济》，2010（1）：7-10。

152. 潘彬、罗新星、徐选华：《政府购买与居民消费的实证分析》，

《中国社会科学》，2006（5）：68-76。

153. 彭海艳：《影响中国农村居民消费结构的多因素实证分析》，《财贸研究》，2009（1）：30-35。

154. 彭友山、王亮、郭平、洪源：《刺激我国居民消费需求有效增长的税收政策研究》，《湖南社会科学》，2009（6）：129-133。

155. 齐福全、王志伟：《北京市农村居民消费习惯实证分析》，《中国农村经济》，2007（7）：53-59。

156. 祁鼎、王师、邓晓羽、孙武军：《中国人口年龄结构对消费的影响研究》，《审计与经济研究》，2012（7）：95-103。

157. 〔美〕钱纳里、〔以〕赛尔昆：《发展的型式：1950—1970》，经济科学出版社1988年版。

158. 〔美〕钱纳里：《工业化和经济增长的比较研究》，上海三联书店、上海人民出版社1989年版。

159. 孙虹乔：《农村基础设施建设与消费需求的增长——基于1978—2009年经验数据的实证》，《消费经济》，2011（5）：33-36。

160. 孙宁华、周扬：《消费习惯形成、货币政策与中国经济波动——MIU模型与校准分析》，《金融研究》，2013（2）：60-76。

161. 谭涛、张燕媛、唐若迪、侯雅莉：《中国农村居民家庭消费结构分析：基于模型的两阶段一致估计》，《中国农村经济》，2014（9）：17-56。

162. 谭志雄、尹希果、梁艳菊：《重庆市城镇居民消费结构的扩展线性模型分析》，《统计与决策》，2005（10）：72-75。

163. 陶醉、易发云：《不同来源收入对农村居民消费结构的影响分析》，《统计与决策》，2016（7）：112-113。

164. 〔美〕唐·舒尔茨等：《整合行销传播》，中国物价出版社2002年版。

165. 涂玉华：《农村社会保障支出对促进农民消费需求的影响研究》，《经济经纬》，2012（4）：36-40。

166. 万广华、史清华、汤树梅：《转型经济中农户储蓄行为：中国农村的实证研究》，《经济研究》，2003（5）：181-201。

167. 万广华、张藕香：《全球化与国家间的收入差距：来自81个国家面板数据的实证分析》，《世界经济文汇》，2008（2）：28-45。

168. 汪昌云、钟腾、郑华懋：《金融市场化提高了农户信贷获得吗？——基于农户调查的实证研究》，《经济研究》，2014（10）：33-45。

169. 汪旭晖、顾晶：《中国农村居民消费与收入关系的实证研究》，《北京工商大学学报（社会科学版）》，2009（1）：58-63。

170. 王芳：《不确定性因素对我国农村居民现金消费支出的影响分析》，《数理统计与管理》，2006（4）：379-385。

171. 王桂荣、苏贵良：《消费对经济增长的拉动作用研究——基于城乡消费结构的比较》，《南京审计学院学报》，2014（2）：39-47。

172. 王宏伟：《中国农村居民消费的基本趋势及制约农民消费行为的基本因素分析》，《管理世界》，2000（4）：163-174。

173. 王健宇：《收入不确定性的测量方法研究》，《统计研究》，2010（9）：58-64。

174. 王金安：《居民消费影响因素的实证研究》，《福建论坛（人文社会科学版）》，2014（9）：39-43。

175. 王克稳、李敬强、徐会奇：《不确定性对中国农村居民消费行为的影响研究——消费不确定性和收入不确定性的双重视角》，《经济科学》，2013（5）：88-96。

176. 王茜：《“互联网+”促进我国消费升级的效应与机制》，《财经论丛》，2016（12）：94-102。

177. 王小华、温涛、朱炯：《习惯形成、收入结构失衡与农村居民消费行为演化研究》，《经济学动态》，2016（10）：39-49。

178. 王小华、温涛：《城乡居民消费行为及结构演化的差异研究》，《数量经济技术经济研究》，2015（10）：90-107。

179. 王艳、范金：《中国城乡居民消费乘数效应的比较研究》，《系统工程学报》，2007（22）：239-247。

180. 王艳萍、张瑜：《基于PanelDate的中部农村居民消费结构实证分析——以山西省为例》，《经济地理》，2012（9）：126-131。

181. 魏建、杨志明、张广辉：《财政支农支出对农村居民消费结构的影响：基于中国省际面板数据的分析》，《农业技术经济》，2011（11）：45-54。

182. 温涛、孟兆亮：《我国农村居民消费结构演化研究》，《农业技术经济》，2012（7）：4-14。

183. 温涛、田纪华、王小华：《农民收入结构对消费结构的总体影响与区域差异研究》，《中国软科学》，2013（3）：42-52。

184. 文洪星、韩青：《非农就业如何影响农村居民家庭消费——基于总量与结构视角》，《中国农村观察》，2018（3）：91-109。

185. 文启湘：《消费结构与产业结构的和谐：和谐性及其测度》，《中国工业经济》，2005（8）：14-19。

186. 肖立：《基于PanelData模型的农村居民消费结构及变动趋势分析》，《宏观经济研究》，2012（9）：93-99。

187. 肖立：《我国农村居民消费结构与收入关系研究》，《农业技术经济》，2012（11）：91-99。

188. 肖忠意：《城镇化、农村金融深化对农村居民消费及结构的影响》，《统计与决策》，2015（6）：101-105。

189. 谢顺利、周翼璇：《我国农村金融发展对居民消费的影响研究》，《消费经济》，2014（1）：28-32。

190. 谢文、吴庆田：《农村社会保障支出对农村居民消费的影响的实证研究》，《财经理论与实践》，2009（5）：27-32。

191. 徐斌、陈建宝：《财政支农支出、经济增长、收入差距与区域农村居民消费——基于非参数可加模型的实证研究》，《数理统计与管理》，2015（5）：769-783。

192. 徐秋艳、李秉龙：《基于AIDS模型的中国农村居民消费结构分析》，《统计与信息论坛》，2015（1）：71-75。

193. 徐盈之、张全振：《中国制造业能源消耗的分解效应：基于LMDI模型的研究》，《东南大学学报（哲学社会科学版）》，2011（4）：55-60。

194. 薛鹏、徐康宁、王倩：《中国城乡居民消费状况比较研究：1978—2010》，《西安电子科技大学学报（社会科学版）》，2012（1）：55-65。

195. 闫新华、杭斌：《内、外部习惯形成及居民消费结构——基于中国农村居民的实证研究》，《统计研究》，2010（5）：32-40。

196. 杨丽、陈超：《教育医疗公共品供给对我国农村居民消费的影响分析——基于人力资本提升的视角》，《农业技术经济》，2013（9）：4-12。

197. 尹华北、姬恒：《社会保障对农村居民消费支出影响的实证分析》，《消费经济》，2011（2）：27-30。

198. 于文超、殷华：《财政补贴对农村居民消费的影响研究——基于"家电下乡"政策的反事实分析》，《农业技术经济》，2015（3）：61-70。

199. 俞忠英：《中国内需结构调整的实证分析》，山西经济出版社2003年版。

200. 袁芳英：《政府支出对居民消费的影响——对Barro-Ricardo等价之谜的中国经验分析》，《上海经济研究》，2010（1）：12-18。

201. 袁小慧、范金、王凯、严斌剑：《中国居民农产品消费变化的因素分解：基于产出角度》，《中国农业大学学报（社会科学版）》，2015（4）：73-82。

202. 袁小慧、范金、王凯：《探析江苏经济发展变化的源泉：基于SDA的分析》，《管理评论》，2011，23（4）：25-32。

203. 臧旭恒：《持久收入、暂时收入与消费》，《经济科学》，1994（1）：44-49。

204. 臧旭恒、裴春霞：《转轨时期中国城乡居民消费行为比较研究》，《数量经济技术经济研究》，2007（1）：65-72。

205. 臧旭恒、孙文祥：《城乡居民消费结构：基于ELES模型和AIDS模型的比较分析》，《山东大学学报（哲学社会科学版）》，2003（6）：122-126。

206. 张邦科、邓胜梁：《持久收入理论与我国农村居民消费——基于省级面板数据的实证分析》，《农业技术经济》，2011（7）：16-24。

207. 张斌：《扩大消费需求的税收政策》，《财贸经济》，2012（9）：33-39。

208. 张丹：《食品价格变动对城乡居民消费行为的影响——基于2012年中国社会核算矩阵分析》，《财经科学》，2015（10）：132-140。

209. 张芳芳、陈习定、林学宏、周秝宸：《“新农保”对农村居民消费的影响？——基于浙江省的调查数据》，《农业经济问题》，2017（8）：17-24。

210. 张红伟、向玉冰：《网购对居民总消费的影响研究——基于总消费水平的数据分析》，《上海经济研究》，2016（11）：36-45。

211. 张磊、范淑娟、赵悦辰：《我国农村恩格尔系数影响因素的研究》，《华东经济管理》，2013（2）：42-46。

212. 张攀峰：《财政农业支出对农村居民消费影响的经验分析》，《财经问题研究》，2012（2）：104-109。

213. 张书云、周凌瑶：《公共物品供给对农村居民消费影响的实证分析——基于农村面板数据》，《北京理工大学学报（社会科学版）》，2011（6）：54-57。

214. 张万兴、郭晓梅：《基于VAR模型的农村金融深化对农村居民消费的影响——以湖北省为例》，《金融理论与实践》，2016（8）：61-64。

215. 张晓慧、梁海兵：《基于农村居民消费结构的农村公共品供给实证分析》，《农业技术经济》，2010（9）：30-36。

216. 张治觉、吴定玉：《我国政府支出对居民消费产生引致还是挤出效应——基于可变参数模型的分析》，《数量经济技术经济研究》，2007（5）：53-61。

217. 赵洪丹、赵宣凯、陈丽爽、郑琛誉：《农村金融发展对农村居民消费影响的实证研究》，《价格理论与实践》，2017（7）：109-112。

218. 赵洪丹：《中国农村金融发展与农村经济发展的关系——基于1978—2009年数据的实证研究》，《经济学家》，2011（11）：58-63。

219. 中国经济的社会核算矩阵研究小组：《中国经济的社会核算矩阵》，《数量经济技术经济研究》，1996（1）：42-48。

220. 周冬：《互联网覆盖驱动农村就业的效果研究》，《世界经济文汇》，2016（3）：76-90。

221. 周晓时、李谷成：《对农村居民"食物消费之谜"的一个解释——基于农业机械化进程的研究视角》，《农业技术经济》，2017（6）：4-13。

222. 周赤飞、邓述慧：《中国金融可计算一般均衡模型》，《系统工程理论与实践》，1998（4）：8-17。

223. 朱小梅、田贤亮、王红玲：《人民币汇率变动对中国农产品对外贸易影响的实证分析——以中国与日本农产品贸易为例》，《中国农村经济》，2006（9）：51-62。

224. 祝仲坤、冷晨昕：《互联网与农村消费——来自中国社会状况综合调查的证据》，《经济科学》，2017（6）：115-128。

225. 郑玉歆、樊明太：《中国CGE模型及其政策分析》，社会科学文献出版社1999年版。